부모의 인성 공부

父子有親
부모와 자식 간에는
'친함(親친)'이 있어야

君臣有義
조직의 상사와 부하 사이에는
'옳음(義의)'이 있어야

내 아이의 인생을 바꾸는
동서양 3천 년의 '본성' 여행

夫婦有別
남편과 아내는 서로의 개별적
'다름(別별)'을 인정해야

부모의
인성공부

신동기 지음

長幼有序
더 갖춘 자와 덜 갖춘 자 간에는
배려와 감사의 '질서(序서)'가 있어야

朋友有信
'믿음(信신)'이 있어야
친구다

생각
여행

율곡 이이,
성균관 학생들의 '인성'을 염려하다

율곡 이이가 대화 형식을 빌려 왕도정치를 설파한 《동호문답》〈논교
인지술〉 편에 나오는 내용입니다.

"'성균관은 선善을 으뜸으로 하는 곳인데, 선비들의 행동이 날로 교활
해지고 공부는 뒷전인 채 오로지 영예와 이익만을 탐합니다. 어떻게 하
면 그것을 개선할 수 있겠습니까?'라고 손님이 묻자, 주인이 '이것은 유
생들의 잘못이 아닙니다. 나라가 그들을 이끄는 방법이 잘못되었습니
다. 인재들을 모으면서 오로지 글재주만 높이 사고 도덕과 의로움을 중

히 여기지 않기 때문입니다'라고 답한다."

客曰 今之泮宮 首善之地 而士習日偸 不知學問 徒慕榮利 亦何術而可
救耶 主人曰 此非儒生之過也 朝廷之導率 未得其道也 今之取人 只以
文藝爲重 不以德義爲貴
객왈 금지반궁 수선지지 이사습일투 부지학문 도모영리 역하술이가
구야 주인왈 차비유생지과야 조정지도솔 미득기도야 금지취인 지이
문예위중 불이덕의위중[1]

　당시 국가 최고 교육기관인 성균관에서 공부하는 학생들의 '인성'에
문제가 많다는 지적입니다. 지금으로부터 450여 년 전인 1569년에 쓰여
진 내용입니다. 그때도 '인성'이 문제였던 모양입니다.

'인성'은 내 아이 그리고
나 본인의 문제

　'인성'이 문제입니다. 초·중·고등학생의 친구 따돌리기나 학교 폭력,
일부 학부모의 살인적인 교사 괴롭힘부터 시작해 하루가 멀다 하고 수
시로 발생하는 엽기적인 사건들, 일부 재벌가의 상상을 초월하는 안하
무인적 행동, 그리고 일부 위정자들의 뻔뻔하기 이를 데 없는 습관적 거
짓말과 부끄러움을 상실한 저열한 행동들, 사회 전반적으로 '인성'이 위
기입니다.

'인성' 문제는 학교 그리고 사회 일각의 문제만이 아닙니다. 내 아이 그리고 나 본인의 문제이기도 합니다. 아니, 바로 정확히 내 아이 그리고 나 자신의 문제입니다.

　상식적인 사회에서는 '능력'은 '천재'지만 '인성'은 '천치'인 이들의 치명적 결함이 선명히 드러납니다. '능력 만점' '인성 빵점'의 괴물이 사회에 얼마나 큰 해악을 끼치고 또 어떻게 자신의 삶을 스스로 망가트려 가는지를 우리는 심심치 않게 봅니다. 내 아이가, 그리고 스스로가 불행한 삶을 살기를 원하는 이는 세상 그 어디에도 없습니다. 누구나 자신이 추구하는 가치 실현을 통해 사회에 기여하면서 주변 사람들로부터 존중받는, 그런 의미 있는 행복한 삶을 살기를 원합니다. '인성'이 중요시될 수밖에 없는 이유입니다.

인간의 정신활동은 '본성'과 '이성'으로 이루어진다

아리스토텔레스는 《정치학》에서 말합니다.

"인간을 선량하고 도덕적이게 하는 것과 관련된 요소 세 가지가 있다. 바로 '본성'과 '습관' 그리고 '이성'이 그것들이다. '본성'에 있어 인간은 다른 동물이 아닌 인간으로서 육체, 그리고 인간으로서 일정한 특성을 갖춘 정신을 지니고 태어난다. 그런데 태어날 때부터 지닌 이런 속성 중 어떤 것들은 현실에서 별 의미를 갖지 못한다. 바로 '습관'에 의해 바꾸기 때문이다. '본성' 중 어떤 것들은 두 가지 가능성을 지니는데 이것들은 습관에 의해 선善 또는 악惡으로 발전한다. 인간 아닌 다른 생명체들은 오직 본성에 따라 살며 일부는 어느 정도 습관의 영향을 받기도 한다. 반면 인간은 '이성'에 따라 산다. 유일하게 '이성'을 지닌 존재인 인간은 다른 두 요소와 함께 '이성'을 조화롭게 사용할 필요가 있다. 인간은 어떤 대안이 더 윤리적이라고 이성적으로 확신할 경우 손해를 보더라도 기꺼이 그것을 선택한다. '이성'이 '습관'과 '본성'을 통제함으로써 가능한 일이다."[2]

인간의 정신 속성은 둘로 나뉩니다. '본성'(동양철학의 주류인 맹자에서는 본성을 착한 마음인 선성善性으로 파악)과 '이성'입니다. '본성'은 완성된 상태로 주어지고, '이성'은 개발 가능 상태로 주어집니다. 우리는 '이성' 개발이 거의 완성된 상태로 여겨지는 사람을 '성인'이라 부르고, 아직 개발 중인 상태의 사람을 '미성년'이라 부릅니다.

인간의 '본성'은 육체를 지니고 세상에 태어나면서 두 가지 '감정' 상태로 나타납니다. 본래의 선한 '본성'(동양철학의 주류인 맹자의 주장을 따른다면)을 따르는 '선한 감정'과, 육체를 지닌 존재로서의 '악한 감정'입니다. '선한 감정'은 '남도 위하는 마음과 태도'로 작용하고, '악한 감정'은 '자기만을 위하는 마음과 태도'로 작용합니다.

인간은 육신을 갖추고 세상에 던져진 순간부터 선한 '본성'을 그대로 따르지 못하기도 하고 따르지 않기도 합니다. 그것은 먹을 것을 마련해

머리말

007

육신을 유지해야 하고, 나아가 인간에게만 주어진 자유의지로 생명 유지 이상의 쾌락과 인정을 욕망하게 되기 때문입니다. 먹을 거리 등 물질이 한정되어 있는 상황에서 생명 유지 또는 생명 유지 이상의 쾌락·인정 추구는 타인에 대한 '악한 감정', '악한 행동'으로 이어지기 쉽습니다. 그리고 여기에 인간만의 뛰어난 기억력과 상상력이 더해지면 욕망은 무한대로 확장되고, '악한 감정', '악한 행동'은 거악巨惡으로 자라나 한 사회를 뒤흔들기도 합니다.

올바른 인성은 선한 '본성'의 습관화와 '이성' 능력의 향상에서 비롯된다

현실에서 '올바른 인성'을 갖추기 위한 기본 방향은 분명합니다. 바로 '선한 감정'의 원천인 선한 '본성'을 권장하고 습관화함으로써 '악한 감정'을 약화시키고, 아울러 잠재 상태인 '이성' 능력을 향상시키는 것입니다. 그렇게 함으로써 공동체가 공존·번영할 수 있고 개인의 삶 역시 진정한 행복 성취와 함께 의미를 지닐 수 있게 됩니다. 타인에 대한 배려가 없고 범죄가 난무하는 환경에서 인간은 결코 행복할 수 없으며, 인간의 가치 지향 속성상 몰이성 속에서 개인의 건강한 삶 유지는 불가합니다. 올바른 인성이 개인과 공동체 모두를 행복하게 합니다.

그러면 어떻게 해야 선한 '본성'과 '이성'은 키우면서 '악한 감정'은 약화시킬 수 있을까요?

조선 시대 후기 조선왕조의 르네상스를 연 조선 21대 왕 영조는《대학》서문에서 일찍이 고대 동양에서는 8세가 되면 소학小學에 들어가 공부하고, 15세가 넘으면 대학大學에 들어가 공부를 했다고 말합니다.[3]

성리학의 주창자인 중국의 주희는, 중국 고대시대 소학小學에서 가르쳤으나 주희 생존 당시 멸실되었던 소학小學에서의 가르침들을 찾아내책《소학》을 썼습니다.《소학》은 다름 아닌 인간의 선한 '본성'을 다루고 있습니다.

또한, 주희는 중국 북송시대 사마광(1019-1086)이《예기》의 일부 내용(제42편)을 따로 떼어내 독립시킨 책《대학》을 경經 1장, 전傳 10장으로 새로 편집하고, 여기에 자신의 해설을 더합니다. 주희에 의해 유교의 핵심 4서 중 하나가 된《대학》은, 개인이 사회에 대한 기여를 목표로 '지식 및 사고능력'과 '윤리의식'을 갖춘 다음 그것을 사회에 확산해 나가는, 인간의 '이성' 개발 및 실천 과정을 다루고 있습니다.

인성 공부는 기본적으로 두 단계로 나뉩니다. 인간의 선한 '본성' 강화와 '이성' 능력 향상입니다.《소학》은 기본적으로 '본성'을,《대학》은 '이성'을 다루고 있습니다. 그래서 고대 동양에서는 일찍이 8세가 되면 소학에 입학시키고, 15세가 되면 대학에 들어가게 했습니다. 바로 저자가 인성에 대한 탐구의 기본 틀을《소학》과《대학》을 중심으로 나누어 잡은 이유입니다.

고전은 시대 상황에 맞게
새롭게 해석되어야

그런데 아직 문제가 하나 남아 있습니다. 인성에 대한 기준이 고대 또는 주희 때의 그것과 지금이 같을 수 있겠는가 하는 의문입니다. 당연히 다를 수밖에 없습니다. 그러나 그 다른 부분은 주로 '신분별 역할'과 '사람 관계', 그리고 '지식의 의미' 정도입니다.

근대 이전 사회는 왕정이었고 지금은 민주주의 사회이고, 근대 이전 사회는 신분제 사회였고 지금은 평등사회·계약사회입니다. 당연히 근대 이전 사회의 '신분별 역할'과 '사람 관계'는 오늘날 민주주의·계약사회와 맞지 않습니다. 새롭게 해석되어야 합니다.

또한 근대 이전의 경제환경은 농업 공동체적이었고 지금의 경제환경은 자본주의와 함께 고도로 분업화된 사회입니다. 따라서 근대 이전, 윤리의 시종이자 신분 공고화의 핵심 수단이었던 '지식'의 의미 역시 21세기 경제환경에 맞게 새롭게 해석되어야 합니다.

인仁·의義·예禮·지智와 같은 인간의 '본성에 대한 통찰', '사고 활동', 그리고 '자유의지에 의한 윤리적 행위'의 강조와 같은 것들은 시대·환경 변화에도 불구하고 불변입니다. 인간이 '더불어 살아야 하는' '이성적 존재'인 한 그것들은 앞으로도 영원히 불변입니다. 장자가 《장자(외편)》〈천운〉 편에서 말한, "예의와 법도는 시대에 따라 바뀐다"⁴의 대상은 대체로 신분에 따른 역할이나 사람 관계, 그리고 지식의 의미 정도입니다.

흰 비단이 마련된 뒤,
그 위에 그림을 그린다

공자는 일찍이 말했습니다.

"흰 비단이 마련된 뒤, 그 위에 그림을 그린다."

繪事後素
회사후소[5]

인류 역사를 통틀어 최고의 인성 전문가인 공자가 인성 공부의 정곡을 찌르고 있습니다. '흰 비단'은 다름 아닌 선한 '본성'입니다. 그리고 '그림'을 그리는 것은 그 위에 '이성' 능력을 높이는 것입니다.

인성 공부은 선한 '본성' 함양과 '이성' 능력 향상 둘을 목표로 합니다. 따라서 〈신동기의 인성 공부 시리즈〉는 《소학》 내용을 중심으로 한 '본성' 편인 《부모의 인성 공부》와 《대학》 내용을 중심으로 한 '이성' 편인 《어른의 인성 공부》 둘로 나뉩니다.

율곡 이이는 유가의 핵심 경전으로 《논어》, 《맹자》, 《대학》, 《중용》에 《소학》을 더해 오서五書를 주장했습니다. 정몽주로부터 시작되는 조선 유학사 정통을 잇는 김굉필은 《소학》에 반해 스스로를 '소학 동자'라 일컬었습니다. 조선의 르네상스를 연 영조는 《소학》을 직접 강론하고 그 내용을 엮어 72세에 〈어제소학지남御製小學指南〉이라는 《소학》 해설서를 직접 펴내기까지 했습니다.

　《소학》이 그만큼 '인성' 함양에 절실했다는 의미입니다. 먼저 《소학》을 중심으로 한 《부모의 인성 공부》입니다.

자운을 기다리며

신동기

차례

머리말 ··· **004**

전체 구성 안내 ··· **016**

독자 참고 사항 ··· **020**

Ⅰ편·본성本性 | 가르침의 바탕을 세우다

들어가는 말 ·· **022**

1장. 4덕四德
인간의 본성은 선하다

들어가는 말 ·· **027**

1. 공감 | 남을 사랑하는 마음 '인仁' ········· **029**

2. 양심 | 옳음을 추구하는 마음 '의義' ······· **038**

3. 배려 | 예의 바름 '예禮' ···························· **049**

4. 지혜와 공정 | 올바른 분별력 '지智' ········ **060**

2장. 교육教育
선한 '본성'을 몸에 익히는 것이 교육의 출발이다

들어가는 말 ·· **070**

1. 태교 | 교육은 태교로부터 시작한다 ········· **072**

2. 모범 | 아이는 부모와 스승의 입이 아닌 등을 보고 자란다 ······ **081**

3. 환경 | 성장 환경이 교육의 절반이다 ··········· **091**

II편 · 명륜明倫 | 윤리를 밝히다

들어가는 말 ·· **102**

3장. 부자유친父子有親
부모와 자식 간에는 '친함(親친)'이 있어야

들어가는 말 ·· **110**
1. 자녀의 역할 | 자녀는 자식으로서의 기본 도리를 해야 ········· **112**
2. 부모의 역할 | 부모는 인내에 인내를 더해야 ····················· **124**
3. 현명한 부모
    | 자녀에 대한 객관적 인식이 자녀와의 단절을 막는다 ········· **135**

4장. 군신유의君臣有義
조직의 상사와 부하 사이에는 '옳음(義의)'이 있어야

들어가는 말 ·· **148**
1. 기업 | 경영진과 기업 문화가 '옳음(義의)'을 추구해야 ············ **150**
2. 지속 가능 경영 | 사회와 함께하는 기업 조직이 되어야 ········ **158**
3. 조직구성원
    | 조직구성원 각자가 스스로 '옳음(義의)'을 선택해야 ············· **169**
4. 능력 있는 조직구성원
    | 조직의 '옳음(義의)'에는 일을 잘하는 능력도 포함되어야 ········ **179**

5장. 부부유별 夫婦有別
남편과 아내는 서로의 개별적 '다름(別별)'을 인정해야

들어가는 말 …………………………………………………… 194
1. 평등 | 부부간 역할은 환경 변화에 따라 달라져야 ………… 196
2. 다름 | 남편과 아내는 서로의 개별적 '다름(別별)'을 인정해야 …… 208
3. 결혼 | 결혼의 의미에 대하여 …………………………………… 223

6장. 장유유서 長幼有序
더 갖춘 자와 덜 갖춘 자 간에는
배려와 감사의 '질서(序서)'가 있어야

들어가는 말 …………………………………………………… 239
1. 형제자매 | 사랑하고 공경해야 ………………………………… 242
2. 스승과 제자 | 사랑하고 존경할 수 있어야 ………………… 253
3. 더 갖춘 자와 덜 갖춘 자 | 배려와 감사의 '질서(序서)'가 있어야 …… 273

7장. 붕우유신 朋友有信
'믿음(信신)'이 있어야 친구다

들어가는 말 …………………………………………………… 284
1. 믿음 | '믿음(信신)'이 있어야 친구다 ………………………… 287
2. 배움과 성장 | 친구 간에는 배움과 성장이 있어야 …………… 298

맺음말 …………………………………………………………… 307
주석 ……………………………………………………………… 310
참고문헌 ………………………………………………………… 318

전체 구성 안내

800여 년 전 주희가 편집한 《소학》은 6편으로 구성되어 있습니다. 바로 다음과 같은 순서입니다.

Ⅰ편 가르침의 바탕을 세우다(立敎입교)
Ⅱ편 윤리를 밝히다(明倫명륜)
Ⅲ편 올바른 자세를 갖다(敬身경신)
Ⅳ편 성현들의 가르침(稽古계고)
Ⅴ편 아름다운 말들(嘉言가언)
Ⅵ편 본받을 만한 선한 행동들(善行선행)

Ⅰ편 '가르침의 바탕을 세우다'에서는 태교로부터 시작되는 가정교육

등을 다루고 있고, Ⅱ편 '윤리를 밝히다'에서는 '부모와 자식 간의 관계' 등 5가지 기본적인 사람 관계를 다루고 있고, Ⅲ편 '올바른 자세를 갖다'에서는 마음 자세 등 사람이 기본적으로 갖춰야 할 4가지 자세들을 다루고 있습니다.

그리고 Ⅳ편의 '성현들의 가르침'에서는 앞 Ⅰ편과 Ⅱ편 그리고 Ⅲ편 내용과 관련된 한漢나라 이전 중국 고대 성현들의 교훈과 사례를 담고 있고, Ⅴ편 '아름다운 말들'과 Ⅵ편 '본받을 만한 선한 행동들'에서는 한나라 이후 송나라 때까지의 Ⅰ편과 Ⅱ편 그리고 Ⅲ편과 관련된 좋은 말이나 사례들을 담고 있습니다. 따라서 주희의 《소학》은 Ⅰ-Ⅵ까지의 여섯 편 중, 앞의 Ⅰ-Ⅲ 세 편이 중심이고, 뒤의 Ⅳ-Ⅵ 세 편은 앞 세 편을 위한 보조여서, Ⅳ-Ⅵ 편은 별도 장으로 다루기에 적절치 않습니다.

그리고 추가적으로, Ⅲ편 '올바른 자세를 갖다'의 4개 주제인 '마음(心術심술)', '자세(威儀위의)', '복장(衣服의복)', '식사(飮食음식)'는 여기서 별도 편으로 다룰 필요가 없거나 다루기에 적절치 않습니다. 왜냐하면 '마음'과 '자세'는 사람이 취해야 할 마음 자세와 행동의 요체로, 앞의 'Ⅰ편 가르침의 바탕을 세우다'와 'Ⅱ편 윤리를 밝히다'의 세부 내용에 이미 담겨 있어 내용이 중복되는 부분이 있습니다. 그리고 '복장'과 '식사'는 고대 엄격한 신분제 사회에서 상하 간에 지켜야 할 경직된 의례와 형식들이 주된 내용으로, 오늘날의 민주주의 가치 및 시민 정신과 부딪히는 내용이 많습니다.

따라서 《부모의 인성 공부》에서는 앞 Ⅰ-Ⅱ의 두 편으로만 차례를 구성하고, 뒤 Ⅲ-Ⅵ 네 편의 의례, 교훈 및 사례 등은 필요에 따라 Ⅰ-Ⅱ편 내용에 선택적으로 채용하는 방식을 취합니다.

따라서 이 책은 크게 아래와 같이 두 편으로 구성됩니다.

인간의 '본성'을 다룬 'Ⅰ편 본성本性-가르침의 바탕을 세우다'
인간의 '관계'를 다룬 'Ⅱ편 명륜明倫-윤리를 밝히다'

주희(1130-1200)는 중국 고대시대 소학小學에서 가르치다 진시황제의 분서갱유 이후 멸실된 소학의 교육 내용들을 이리저리 찾아 《소학》을 꾸몄습니다. 주희 이후 분서갱유는 없었으나 왕정은 민주정으로, 신분제 사회는 평등사회 및 계약사회로 바뀌었습니다. 하·은·주 중국 고대시대는 물론, 800여 년 전 주희 때의 윤리가 21세기의 지금 윤리 그대로일 수 없습니다.

공자는 일찍이 말했습니다.

'옛것을 새겨 새로운 것을 안다.'

溫故而知新
온고이지신[6]

공자의 '온고이지신溫故而知新' 정신 그대로, 《소학》도 마찬가지로 오늘날의 민주주의 그리고 평등사회에 맞게 새롭게 해석되어야 합니다. 이 책에서는 2,500여 년 전, 그리고 800여 년 전 인간의 인성을 다룬《소학》을 오늘날의 정치·경제·문화 환경에 맞춰 새롭게 해석할 것입니다. 각각의 주제들을 어떻게 해석할 것인가에 대해서는 각 편과 장의 '들어가는 말'에서 정리합니다.

독자 참고 사항

1. 한자 등의 번역
인용 또는 참조, 주석 글 중 한문 등의 원문이 함께 나온 내용은 저자가 직접 번역하였습니다. 번역 시 선학들의 여러 훌륭한 번역을 참조했음은 물론입니다. 번역 원칙은 '원문의 의도에 충실'하면서, 동시에 '현대 언어와 문장 감각에 어색하지 않고, 오늘날의 정치·경제·문화 환경에 어울리게 재해석'하는 것이었습니다. 따라서 이 책에서 한문 등의 한글 번역에 대한 책임은 전적으로 저자에게 있음을 밝힙니다.

2. 한자 또는 한글 덧붙이기
책 내용이 기본적으로 고전을 바탕으로 한 만큼, 먼저 고전 원문을 궁금해할 독자들을 위해, 또 내용 전개상 중요한 핵심어일 경우 한글에 한자 덧붙이기를 하였습니다. 그리고, 한자에 대한 한글 덧붙이기는 한자 원문을 밝힘과 동시에 그 한글 음을 나타내기 위한 것입니다. 이 책에서 한자는 참조일 뿐으로, 책 내용을 이해하는 데 반드시 필요한 것은 아님을 알려드립니다. 아울러 최소한에 그치기 위해 각 꼭지 단위로 같은 용어가 반복될 경우 가급적 한자 덧붙이기를 피했습니다.

3. 인용
인용문 중 내용이 길거나 새겨두면 좋을 문장은 읽기 편하고 눈에 잘 띄도록 앞뒤로 줄을 띄워 나타냈습니다. 그리고 동일 내용의 인용문이 본문 다른 곳에서 중복해 나오는 경우가 있습니다. 해당 주제를 충실히 설명하는 데 필요한 경우 중복해 인용했습니다.

본성
本性

·

가르침의
바탕을 세우다

주희는 《소학》의 첫 문장을 《중용》에서 가져옵니다. 이 문장은 《중용》에서도 마찬가지로 첫 문장입니다.

"하늘이 명령한 것을 '성性'이라 하고, 성을 따르는 것을 '도道'라 하고, 도를 익히는 것을 '교敎', 즉 '가르침'이라 한다."

天命之謂性 率性之謂道 修道之謂敎
천명지위성 솔성지위도 수도지위교[1]

조선 중기의 학자 정지운(1509-1561)은 〈천명도天命圖〉를 그렸습니다. 퇴계 이황(1501-1570)과 고봉 기대승(1527-1572) 간의 '사단칠정四端七情 (사단四端 : 측은지심·수오지심·사양지심·시비지심, 칠정七情 : 희喜·노怒·애哀·구懼·애愛·오惡·욕欲)' 논쟁을 촉발시켰던 바로 그 〈천명도〉입니다. 〈천명도〉는 '하늘의 명령이 인간에 내재되어 있다'는 것을 한 장의 도표로 일목요연하게 나타낸 그림입니다. 〈천명도〉에는 세 가지 생명체가 등장합니다. '식물'과 '동물' 그리고 '인간'입니다.

풀이나 나무와 같은 '식물'은 머리를 땅에 거꾸로 박고 삽니다(草木逆生초목역생). 그리고 땅으로부터 양분을 끌어 올려 생명을 유지합니다. 따라서 식물은 위의 하늘과 전혀 통할 수 없습니다(全塞不通전색불통).

새나 짐승과 같은 '동물'은 몸이 옆을 향하고 있습니다(禽獸橫生금수횡생). 머리 역시 옆을 향합니다. 따라서 동물은 부분적으로 하늘과 통할 수도 있습니다(或通一路혹통일로).

'인간'은 직립보행을 합니다(平正直立평정직립). 둥그런 머리는 하늘을 향하고 네모난 발은 땅을 딛습니다(頭圓足方두원족방). 따라서 인간은 머리는 하늘과 맞닿아 있고, 하늘로부터 직접 명령을 받습니다(天命천명). 그 하늘이 내린 명령이 바로 '성性'이고, 그 성性이 다름 아닌 '인仁', '의義', '예禮', '지智'입니다. 바로 인간의 선한 '본성' 네 가지입니다.

인간의 머리가 하늘을 향하고 있어 특별한 존재가 될 수 있었다는 주장은 동양에 그치지 않습니다. 고대 로마의 정치가이자 철학자인 키케로(BC106-BC43) 마찬가지로 자신의 저서 《법률론》에서 천명설을 주장합니다.

"천계의 영원한 순환과 회귀 가운데 인류의 씨앗이 뿌려질 어떤 적기가 존재했다 -중략- 그리하여 우리는 인간을 천상존재들과 친족 관계라고 부르거나 아니면 신들의 족속 내지 씨족이라고 부를 수 있다. -중략- 동일한 덕성이 인간에게도 신에게도 있는데 그 밖의 다른 종류에게는 그것이 없다. 무릇 덕이란 완전한 자연 본성, 최고에 이른 자연 본성 외에 다른 것이 아니다. 이렇기 때문에 인간에게는 신과 유사한 면이 있다. -중략- 다른 동물들은 풀을 뜯어야 하기 때문에 몸을 숙이도록 만들었음에 비해 인간만은 똑바로 세웠고, 자기와 친근하고 자기의 이전 처소를 바라보듯이 하늘을 쳐다보게 추켜 세워놓았다."[2]

정지운의 〈천명도〉와 키케로식 천명 논리는 인류학을 통한 사실로도 뒷받침됩니다. 인간은 직립보행하는 존재이기 때문에 손이 자유로워지고, 그 손으로 도구를 조작할 수 있습니다. 그리고 그 결과 대뇌가 발달되어 지혜를 갖게 되었습니다. 인간의 직립보행이 곧 '지혜를 지닌 슬기로운 사람(Homo Sapiens)'으로 가기 위한 전제 조건이었던 셈입니다. 〈천명도〉에서 말한, 머리가 하늘을 향하고 직립보행하는 것이 바로 인간을 다른 생명체들과 근본적으로 다른 만물의 영장으로 만든 것입니다.[3]

'I편 본성本性-가르침의 바탕을 세우다' 편에서는 인간의 선한 '본성'인 인仁·의義·예禮·지智 자체와 그 인仁·의義·예禮·지智에 대한 교육 방식을 다룹니다.

주희의 《소학》 I편은 인간의 '본성本性'과 그 본성을 따르는 '도道', 그리고 그 도에 대한 가르침인 '교敎'로 시작하지만, 정작 인간의 타고난 선한 '본성'인 인仁, 의義, 예禮, 지智, 네 가지 자체에 대한 설명은 생략하고 있습니다. 그리고 태교부터 시작해 스승으로부터 배우는 자세까지 다루고 있지만, '일곱 살이 되면 남녀가 자리를 함께하면 안 된다'든지 '남자는 학문을 추구하고 여자는 남자에게 순종적이어야 한다'는 등 오늘날 민주주의 가치와는 크게 동떨어진 내용을 포함하고 있습니다.

따라서 이 책 I편에서는 인仁, 의義, 예禮, 지智에 대한 개념 설명과 함께 인간의 본성인 인仁·의義·예禮·지智가 오늘날 민주주의 환경에서는 어떻게 이해되어야 할지에 대해 다룹니다.

주희는 800여 년 전 본성으로서의 인성 교육에 유용한 내용들을 여러 동양 고전에서 찾아 《소학》을 편집하였습니다. 저자 마찬가지로, I편 내용을 위해 주희의 《소학》 I편을 중심으로 다른 동양 고전은 물론 서양의 지혜에서 오늘날 인성 교육에 도움이 되는 여러 내용을 함께 길어 올릴 것입니다.

1장

4덕
四德

·

인간의
본성은
선하다

맹자는 《맹자》〈등문공장구상〉에서 "인간의 본성은 선하다"[1]고 하였습니다. 순자는 《순자》〈성악편〉에서 "인간의 본성은 악하다"[2]고 하였습니다. 인간의 본성은 선善할까요 악惡할까요? 인간에 대한 가장 원초적인 질문입니다.

일단 확실한 것은 인간의 본성이 선한지 악한지 '사실적으로' 확인할 방법은 없다는 것입니다. 본성은 눈에 보이지도 않고, 본성은 흔히 육체와 같은 물질(氣기)이 배제된 상태를 전제[3]하는데, 이 세상에 육체 없이 존재하는 인간은 단 한 명도 없기 때문입니다. 그러나 '사실적으로' 확인할 수는 없지만 '논리적으로' 추정해 볼 수는 있습니다.

맹자는 ① 어린아이가 우물가로 기어가 우물에 빠지려 할 때 사람들이 모두 깜짝 놀라면서 안타까워하는 모습을 보고 사람들에게 선한 '본성'이 있다는 생각을 하게 됩니다. 또 ② 사람들이 잘못을 저질렀을 때 양심의 가책을 느끼고, ③ 다른 사람을 먼저 배려하고, 또 ④ 옳고 그름을 따져 자신의 행동 기준을 삼기도 한다는 것을 발견합니다.
모든 인간이 언제나 반드시 그렇게 행동하는 것은 아니지만, 사람 사는 세상이라면 언제 어디서나 그리 어렵지 않게 찾아볼 수 있는 행동들입니다. 인간 아닌 다른 동물 세계에서는 절대로 찾아볼 수 없는 인간만의 고유한 행동 특징들이죠. 맹자는 이 네 가지 인간의 선한 행동들을 실마리(단서端緒) 삼아 네 가지 인간의 본성을 추정합니다. 바로 ① 남을 사랑하는 마음인 '인仁'의 '공감', ② 옳음을 추구하는 마음인 '의義'의 '양심', ③ 예의 바름인 '예禮'의 '배려' 그리고 ④ 올바른 분별력인 '지智'의 '지혜와 공정'입니다.

인간은 본성이 선하든 악하든 교육을 필요로 합니다. 본성이 선할 경우, 본성은 선하지만 물질인 육체의 필요에 따라 악해질 수 있으니 선한 본성을 계속 잘 보존하도록 교육할 필요가 있고, 본성이 악하다면 그 악한 본성을 선하게 교화시키기 위해 또 교육이 필요합니다.

주희는 《주자어류》〈성리삼〉 편에서 자기 생각과 태도가 굳어지기 전인 어릴 때 이 네 가지 '본성'을 자연스럽게 몸과 마음에 익히게 할 것을 권합니다. 그렇게 하면 나중에 성인이 되어 말과 행동에 이 네 가지 선한 본성이 자연스럽게 배어 나오게 될 거라는 거죠.[4]

이 장에서는 인간의 선한 '본성' 네 가지에 대해 알아봅니다.

공감

남을 사랑하는 마음 '인仁'

남의 불행을 외면하지 못하는 것은
인간의 본성이다

사람들은 슬픈 영화나 드라마를 보면 자기도 모르게 눈물을 흘립니다. 바로 감정이입 때문입니다. 영화나 드라마 내용에 집중하다 자기도 모르는 사이 주인공 입장이 되어 주인공이 겪고 있는 슬픈 상황을 온몸으로 그대로 느끼게 되는 것이죠.

어린아이의 경우는 감정이입이 더 강하고 순수합니다. 어른들은 주로 사람을 대상으로만 감정이입을 하지만 어린아이들은 동물, 심지어는 인형이나 로봇과 같은 사물을 대상으로도 감정이입을 합니다. 강아지가 고통스러워하는 모습을 보면 마치 자신이 아픈 것처럼 눈물을 흘리고,

인형이나 로봇의 팔다리가 부러지면 진짜 사람의 팔다리가 부러지기라도 한 것처럼 인형과 로봇을 위로하면서 슬퍼합니다. 어른보다 어린아이가 인간의 본성에 더 가깝기 때문입니다.

맹자는 《맹자》 〈공손추장구상〉 편에서 이렇게 말하고 있습니다.

"사람이라면 누구나 다른 이들의 입장을 생각하는 마음을 지니고 있다. 갑자기 어린아이가 우물에 빠지려 할 때 사람들은 깜짝 놀라면서 슬퍼하고 안타까워한다. 이런 마음을 갖는 것은 그 어린아이의 부모와 좋은 관계를 맺기 위해 그러는 것도 아니고, 동네 사람들이나 친구들로부터 좋은 소리를 듣기 위해 그러는 것도 아니고, '혹시라도 주위에서 나를 나쁘게 말하면 어떻게 하지' 하고 걱정이 되어서 그러는 것도 아니다. 이런 행위로 미루어 볼 때 사람이라면 누구나 타인의 불행을 슬퍼하고 안타까워하는 마음인 측은지심을 지니고 있다."

人皆有不忍之心者 今人乍見孺子將入於井 皆有怵惕惻隱之心 非所以
內交於孺子之父母也 非所以要譽於鄕黨朋友也 非惡其聲而然也 由是
觀之 無惻隱之心 非人也
인개유불인지심자 금인사견유자장입어정 개유출척측은지심 비소이
내교어유자지부모야 비소이요예어향당붕우야 비오기성이연야 유시
관지 무측은지심 비인야[5]

그리고 결론을 맺습니다.

"측은지심으로 미루어 볼 때, 사람은 본성적으로 '인仁'을 가지고 태어 났다."

惻隱之心 仁之端也
측은지심 인지단야[6]

'인仁'은 다름이 아닙니다. 맹자가 단서를 측은지심惻隱之心에서 찾았듯 이 '인仁'은 '남의 불행을 같은 입장에서 공감하는 마음'입니다. 곧, 공자 가《논어》〈안연〉편에서 '인仁'에 대해 말한, "남을 사랑하는 것"[7]입니다. 사람들이 영화나 드라마를 보면서 눈물을 흘리고, 어린아이가 팔이 부 러진 로봇을 위로하면서 슬퍼하는 것은 타인의 불행을 내 불행으로 여 기고 '공감'하는, '남을 사랑하는 마음'인 '인仁'을 본성으로 가지고 태어났 기 때문입니다.

인仁·의義·예禮·지智 중 으뜸은 '인仁', 즉 '남을 사랑하는 마음'이다

맹자가 인간의 타고난 본성으로 주장한 것은 남을 사랑하는 마음인 '인仁' 외에 세 가지가 더 있습니다. 바로 '옳음을 추구하는 마음'인 '의義', '예의 바름'인 '예禮', '올바른 분별력'인 '지智'입니다.

주희는《주자어류》〈성리삼〉편에서 이 네 가지 본성 중에서도 특히 '인仁'을 앞세웁니다. '사람이 하늘에서 직접 부여받은 본성은 마땅히 오로지 인仁 하나이며,'[8] 이 '인仁'에서 '인仁' 자체와 함께 다른 세 가지 본성인 '의義', '예禮', '지智'가 나왔다[9]고 말합니다. 그리고 더불어 설명합니다.

"남을 사랑하는 마음인 '인仁'은 '인仁' 그 자체이고, 옳음을 추구하는 마음인 '의義'는 '인仁'의 적절한 결단이고, 예의 바름인 '예禮'는 '인仁'의 적절한 절차이고, 올바른 분별력인 '지智'는 '인仁'의 적절한 분별이다."

仁者 仁之本體 義者 仁之斷制 禮者 仁之節文 智者 仁之分別
인자 인지본체 의자 인지단제 예자 인지절문 지자 인지분별[10]

한마디로 '인仁'이 인仁·의義·예禮·지智 네 본성의 근원이라는 것입니다. 인간의 선한 본성 네 가지 중에서도 남의 입장을 헤아리며 공감하는 사랑의 마음인 '인仁'이 모든 인간 본성의 바탕이고 으뜸이라는 이야기입니다.

'인仁', 즉 '남을 사랑하는 마음'은 동양사회에서만 인간의 최우선 가치로 세우고 있는 것이 아닙니다. 서양도 마찬가지로 일찍부터 '사랑'을 그 어떤 것보다 사람에게 중요한 것으로 보고 있습니다. 서양문화의 근간인 성서의 〈고린도전서3:1-13〉에서는 사랑은 사람이 취해야 할 '가장 좋은 길'이고, 사랑이 전제되지 않는 말과 지식과 행위는 아무런 의미가 없으며, 이 세상 다하는 날까지 남을 가장 위대한 것은 다름 아닌 사랑이라고 말하고 있습니다. 동서양 모두 사람이 지녀야 할 최우선 가치로 '남을 사랑하는 마음', 즉 '인仁'을 꼽고 있습니다.

사람들은 '공감' 능력이 뛰어난 이를
기꺼이 따르고자 한다

《맹자》〈양혜왕상〉 편에서 제나라 선왕이라는 인물이 맹자에게 자기와 같은 사람도 백성을 잘 다스릴 수 있겠는지 묻습니다. 맹자는 잘 다스릴 수 있을 것이라고 대답합니다. 그리고 선왕이 과거에 했던 "그 소를 놓아주어라. 아무 죄 없이 죽으러 가면서 벌벌 떠는 모습을 내가 차마 볼 수가 없구나"[11]라는 말을 그 근거로 듭니다.

일찍이 신하가 새로 제작한 종鐘에 소 피를 바르기 위해 소를 도살장에 끌고 가는 모습을 보고 선왕이 그 신하에게 했던 말입니다. 왕의 말에 난감해하는 신하에게 왕은 그 소 말고 다른 양을 잡아 그 양의 피를 사용하도록 하라고 지시합니다. 눈앞에서 도살장으로 끌려가는 소에게는 본능적으로 연민의 정을 느끼고, 보이지 않는 양에게는 그런 정을 느끼지 않은 것입니다. 선하고 자연스런 인간의 마음 작용입니다.

맹자는 여기에서 선왕의 측은지심惻隱之心을 읽습니다. 소 입장에 서서 소의 슬픔과 억울함을 헤아릴 정도면 백성의 입장에서 백성들의 삶을 살피는 것도 충분히 가능할 것으로 생각한 거죠. 또 백성들이 그런 왕을 자신들의 왕으로 환영하고 받아들이지 않을 까닭이 없겠고요.

맹자는 같은 〈양혜왕상〉 편에서 자신의 왕도王道 정치론의 요체를 밝힙니다.

"왕이 백성을 사랑하는 마음인 '인仁'으로 정치를 해 천하의 선비들이 모두 이 왕 아래서 벼슬하기를 원하고, 농사짓는 이들이 모두 이 왕의 땅에서 농사짓기를 원하고, 장사하는 이들이 모두 이 왕이 다스리는 곳에서 장사하기를 원하고, 여행하는 이들이 모두 이 왕이 다스리는 곳을 지나고자 한다면, 자기들의 왕을 미워하는 다른 나라 백성들이 모두 이 왕에게 달려와 고통을 하소연하려 할 것이니 그렇게 된다면 그 무엇으로 그들의 발걸음을 막을 수 있겠는가?"

今王 發政施仁 使天下仕者 皆欲立於王之朝 耕者 皆欲耕於王之野 商 賈 皆欲藏於王之市 行旅 皆欲出於王之途 天下之欲疾其君者 皆欲赴 愬於王 其如是 孰能禦之
금왕 발정시인 사천하사자 개욕입어왕지조 경자 개욕경어왕지야 상 고 개욕장어왕지시 행여 개욕출어왕지도 천하지욕질기군자 개욕부 소어왕 기여시 숙능어지[12]

직장생활을 하다 보면 유난히 따르고 싶은 상사가 있습니다. 그 상사가 다른 상사들보다 밥이나 술을 더 잘 사주는 것도 아니고 더 자상하게 대해주는 것도 아닌데 말이죠. 아니 오히려 퉁명스럽고 까칠하기까지 하는데요. 그런데 왠지 다른 상사들보다 더 정이 가고 따르고 싶은 마음이 우러납니다. 왜일까요? 곰곰이 이유를 따져보면 다름이 아닙니다. 무심한 듯 던지는 말 한마디, 작은 행동 하나에서 상대방 입장에 서서 상대방의 문제를 자신의 일처럼 진심으로 걱정하고 위해주는 진정성이 읽혔기 때문입니다. 바로 '인仁' 말입니다.

주희는 《주자어류》 〈성리삼〉 편에서 "인仁을 몸에 잘 보존하게 되면 족히 리더가 될 수 있다"[13]라고 말합니다. 다른 사람의 입장을 헤아리며 공감하는 마음인 인仁이 좋은 리더가 되기 위한 충분조건이라는 이야기입니다. 물론 리더 자격 여부를 떠나 '남을 사랑하는 마음'인 인仁을 간직하고 있으니 언제 어디서나 주위 사람들로부터 항상 환영받고 우호적인 대접을 받을 것은 당연하고요.

'공감'은 자신의 욕심을 줄이고 다른 이들의 입장을 먼저 헤아리는 데서 시작된다

그렇다면 리더의 충분조건이기도 하고 모든 이들로부터 사랑받는 사람이 되게 하는 선한 본성인 이 '인仁'을 어떻게 하면 잘 갖출 수 있을까요?

남의 입장을 헤아리고 남을 사랑하는 마음인 인仁을 갖추기 위한 기본은 다름 아닌 《맹자》 〈고자상〉 편에서 말하고 있는 '구방심求放心'[14], 즉 '잃어버린 자신의 마음을 찾는 것'입니다. '잃어버린 마음을 찾는다'는 것은 없던 마음을 새로 만드는 것이 아니라 원래 있었는데 자신도 모르는 사이 어디론가 사라져버린 본래 마음을 다시 되찾는다는 뜻입니다.

인간은 누구나 선한 본성인 인仁을 가지고 태어납니다. 그런데 현실의 삶을 사는 중에 그것을 자꾸만 상실합니다. 착한 마음인 인仁이 사라진 것은 다름 아닌 '사람의 욕심'과 '다른 사람의 입장은 아랑곳없이 자신의 입장만 챙기는 태도' 때문입니다. 답은 언제나 원인에 담겨 있습니다. 원인을 알아내 그것을 제거하면 문제는 저절로 해결됩니다.

공자는 《논어》〈안연〉 편에서 인仁을 되찾기 위한 방법으로, 총론이라 할 수 있는 '극기복례克己復禮'와 구체적인 행동 원칙인 '기소불욕 물시어인己所不欲 勿施於人' 두 개념을 제시합니다.

"욕심을 버리고 인간으로서 지켜야 할, 그리고 사람 간에 지켜야 할 도리를 회복하면 그것이 바로 인仁이다."

克己復禮爲仁
극기복례위인[15]

"자신이 원하지 않는 것을 다른 사람에게 시키지 마라."

己所不欲 勿施於人
기소불욕 물시어인[16]

공자의 인仁에 대한 가르침은 성서(마태복음 7:12)의 "너희는 남에게서 바라는 대로 해주어라. 이것이 율법과 예언서의 정신이다"라는 황금율과 정확히 일치합니다. 성경 전체가 주는 메시지 역시 '인仁', 곧 '남을 사랑하는 마음'입니다.

맹자는 《맹자》〈고자상〉 편에서 '학문의 길은 사실 다른 것이 없다, 바로 잃어버린 마음을 되찾는 것일 뿐이다'[17]라고 말하고 있습니다. 잃어버린 마음은 '인仁'입니다. 바로 인간이 태어날 때부터 장착하고 태어난 선한 본성, '인仁'입니다.

고대의 학문 방법인,《중용》20장의 '널리 배우고, 자세히 질문하고, 신중하게 따져보고, 명확하게 판단하고, 그리고 진득하게 행동으로 옮긴다'[18]는 것도《주자어류》〈성리삼〉편에서 주희가 말하고 있는 것처럼, 결국 '인仁'을 되찾기 위한 것입니다.[19]

따져보면 그렇습니다. '남을 사랑하는 마음' 없이 어떻게 사회가 존재하고, 또 사람들이 행복할 수 있겠습니까? 그 '남을 사랑하는 마음'인 '인仁'이 배움의 중심이 아니라면, 그 무엇이 배움의 가운데 자리를 차지할 수 있겠습니까?

《소학》은 어린아이가 배우는 학문입니다. 그런데 율곡 이이, 김굉필 그리고 조선 시대 후기 조선왕조의 르네상스를 연 조선 21대 왕 영조와 같은 이들이 모두《소학》을 높이 평가했습니다. 그것은 바로《소학》에서 다루는 인간의 선한 본성, 그중에서도 특히 '인仁'을 회복하는 것이 사실 학문의 알파이자 오메가라고 생각했기 때문일 것입니다. 그렇습니다, '인仁'입니다.

양심

옳음을 추구하는 마음 '의義'

인간과 동물의 갈림길,
'부끄러움'

성경 〈창세기〉에서 인간이 동물과 달리 한 최초의 행위는 자신들의 중요한 부위를 무화과나무 잎으로 가리는 것이었습니다. 그 전에는 동물과 다름이 없었습니다.

신은 아담을 만든 다음 그에게 에덴 동산을 돌보는 일을 맡깁니다. 그러면서 동산에 있는 어떤 열매든 마음대로 따 먹을 수 있지만 선악과만은 따 먹어서는 안 된다고 이릅니다. 아담이 혼자 있는 것을 가엾게 여긴 신은 아담의 갈빗대로 그의 짝인 하와를 만듭니다. 아담 내외는 알몸이면서도 서로 부끄러운 줄을 모릅니다. 그러던 어느 날 하와는 뱀의 꼬임에 넘어가 선악과를 따 먹고 남편인 아담에게도 먹게 합니다. 갑자기 눈이 밝아진 두 사람은 자기들이 알몸인 것을 알고 무화과나무 잎을 엮어 앞을 가립니다. 저녁이 되어 산들바람이 불자 신이 동산 산책에 나섭니다. 언제나 보이던 아담과 하와가 보이지 않자 신이 소리 내어 아담을 찾습니다. 아담은 "당신께서 동산을 거니시는 소리를 듣고 알몸을 드러내기가 두려워 숨었습니다"(창세기3:10)라고 대답합니다. 신이 "네가 알몸이라고 누가 일러주더냐? 내가 따 먹지 말라고 일러둔 나무 열매를 네가 따 먹었구나!(창세기3:11)"라고 말합니다. 인간이 최초로 '부끄러움'이라는 것을 인식한 순간입니다.

주희는 《맹자》 〈진심장구상〉에서 '부끄러워하는 마음(恥치)'에 대해 이렇게 말합니다.

"부끄러워하는 마음(恥치)을 지니고 있으면 성현과 같이 훌륭한 사람으로 발전해 나갈 수 있고, 부끄러워하는 마음(恥치)이 없으면 짐승의 길로 들어서게 된다."

存之則進於聖賢 失之則入於禽獸
존지즉진어성현 실지즉입어금수[20]

아담과 하와가 선악과를 먹고 눈떴던 바로 그 '부끄러워하는 마음(恥치)'입니다. 인간과 동물의 갈림길이자 동물로부터의 인간 독립선언, '부끄러움'입니다.

자신의 잘못을 부끄러워하고
다른 이들의 잘못을 미워할 수 있어야

맹자는 《맹자》 〈공손추장구상〉에서 잘라 말합니다.

"자신의 잘못을 부끄러워하고 다른 이의 잘못을 미워하는 마음인 수오
지심羞惡之心을 지니고 있지 않다면 그는 인간이라 할 수 없다."

無羞惡之心 非人也
무수오지심 비인야[21]

이제 겨우 걸음마를 시작하는 어린아이가 엄마 눈을 피해 잘못을 저
질렀을 때 표정이나 태도가 부자연스러워지면서 눙치기까지 합니다. 성
인들도 마찬가지입니다. 성인들도 떳떳지 못한 행동을 하면 어딘지 모
르게 태도가 어색해지고 눈빛이 불안정해집니다. 어린아이나 성인 모두
자기가 한 행동이 옳지 못하다는 것을 스스로 의식하고 있다는 증거입
니다. 길거리에서 함부로 바닥에 침을 뱉거나 지하철에서 큰 소리로 전
화통화를 하는 사람을 보면 사람들은 눈살을 찌푸립니다. 그의 옳지 못
한 행위를 경멸하고 증오하기 때문입니다.

'자신의 잘못을 부끄러워하고 다른 이의 잘못을 미워하는 마음', 즉 '수오지심羞惡之心'은 어린아이, 어른 할 것 없이 사람이라면 일반적으로 소유합니다. 그래서 맹자는 《맹자》〈공손추장구상〉에서 이렇게 말합니다.

"'수오지심羞惡之心'으로 미루어 볼 때, 사람은 본성적으로 '옳음을 추구하는 마음'인 '의義'를 가지고 태어난다."

羞惡之心 義之端也
수오지심 의지단야[22]

동물이 아닌 인간이라면 아담과 하와가 그랬던 것처럼 그리고 어린아이와 어른들이 일반적으로 그러는 것처럼, 부끄러움을 인식했을 때 스스로 마음이 불편해지고, 다른 사람의 잘못된 행동을 보았을 때는 마땅히 그들을 미워합니다.

《맹자》〈이루장구상〉에서 맹자가 "인간이 다른 동물들과 다른 것이 사실 그리 크지 않다"[23]고 했는데, 그 별로 큰 것이 아니면서 결정적인 것이 바로 '자신의 잘못을 부끄러워하고 다른 이의 잘못을 미워하는 마음'인 '의義'입니다. 따라서 그리 크지 않은 차이일 뿐인 '의義' 정도를 간직하지 못한다면, 그이는 바로 짐승으로 전락하고 맙니다. '부끄러움'을 모르고 동물들과 동산을 벌거벗고 뛰어다니던, 선악과를 먹기 전 인간의 모습처럼.

'적극적 의義'는 인간을 존엄하게, 사회를 품격 있게 한다

'옳음을 추구하는 마음'인 '의義'는 둘로 나눌 수 있습니다. 하나는 '소극적 의義', 다른 하나는 '적극적 의義'입니다. '소극적 의義'는 '부끄러운 짓을 하지 않는 것'이고, '적극적 의義'는 '옳은 일을 나서서 하는 것'입니다.

'소극적 의義'는 사람으로서 기본적으로 갖춰야 할 태도이고 인간관계 상 지켜야 할 최소한의 도리입니다. 거짓말을 하지 않고, 어려움에 처해 있는 이를 외면하지 않는 것과 같은 행위가 여기에 해당됩니다. 사람들은 거짓말을 할 때 마음에 불편을 느낍니다. 가까운 이의 어려움을 외면했을 때는 죄책감 비슷한 느낌을 한동안 떨치지 못합니다.

그런데 어떤 이들은 일부러 마음의 불편함을 갖지 않으려 애쓰고 죄책감 비슷한 느낌도 갖지 않기 위해 노력합니다. 그리고 어느 때가 되면 실제로 마음의 불편함이나 죄책감을 전혀 느끼지 않게 되기도 합니다. 맹자는 이런 사람들의 태도를 '자포자기自暴自棄'로 표현합니다. '자포자기'하면 사람들은 일반적으로, '하던 노력을 그만두고 목표도 버리고 되는 대로 사는 것' 정도로 이해합니다. '자포자기自暴自棄'의 원래 의미는 좀 더 깊습니다.

맹자는 《맹자》〈이루장구상〉에서 말합니다.

"예의 바름인 예禮와 옳음을 추구하는 마음인 의義를 비난하는 것을 '자포自暴'라 하고, 남을 사랑하는 마음인 인仁과 옳음을 추구하는 마음인 의義를 따를 수 없다고 하는 것을 '자기自棄'라 한다."

言非禮義 謂之自暴也 吾身不能居仁由義 謂之自棄也
언비예의 위지자포야 오신불능거인유의 위지자기야[24]

'자포자기自暴自棄'는 한마디로, 인간의 타고난 선한 본성인 인仁, 의義, 예禮를 스스로 부정하고 따르지 않겠다는 것입니다. '소극적 의義'에서, 양심의 가책을 아예 느끼지 않기 위해 자신의 양심을 일부러 애써 외면하는 태도입니다. 즉, 다른 동물들과 얼마 차이 나지 않는 그 약간의 인간만의 본성을 버리려 애쓰는 것입니다. 스스로 짐승에 가까워지기를 힘쓰고 있는 경우입니다.

'적극적 의義'는 자기의 안락한 삶 또는 생명 자체를 포기하면서까지 옳은 일을 선택하는 것입니다.

맹자는《맹자》〈고자장구상〉에서 말합니다.

"삶은 내가 바라는 것이지만 사는 것 이상으로 절실한 것이 있다. 그러기에 삶을 구차하게 얻으려 하지 않는다."

生亦我所欲 所欲有甚於生者 故不爲苟得也
생역아소욕 소욕유심어생자 고불위구득야[25]

"삶도 내가 바라는 바요 '의義'도 내가 바라는 바이지만, 불가피하게 하나만을 취해야 한다면 삶을 버리고 '의義'를 취할 것이다."

生亦我所欲也 義亦我所欲也 二者 不可得兼 舍生而取義者也
생역아소욕야 의역아소욕야 이자 불가득겸 사생이취의자야[26]

국가와 사회를 위해 평생을 또는 생명을 바친 이들의 삶이 여기에 해당됩니다. '적극적 의義'입니다. '소극적 의義'가 인간된 삶에 필수라면 '적극적 의義'는 자기 선택으로, 인간이란 존재 그리고 그 인간들로 이루어진 사회에 등불이 되고 희망으로 높이 섭니다. '소극적 의義'가 인간이 인간으로 존재하고 사회가 유지될 수 있게 한다면, '적극적 의義'는 인간을 존엄한 존재로 높이고 사회를 보다 품격 있게 합니다.

'양심'은 '개인'을 옳은 길로 인도하고, '공리주의功利主義'는 '사회'를 최선으로 이끈다

그렇다면 인간의 타고난 본성으로, 인간이 인간답게 살기 위해 반드시 보존해야 할 '의義', 즉 '옳음'은 구체적으로 무엇일까요? 또 옳고 그름은 무엇으로 판단할 수 있을까요?

맹자는 《맹자》〈진심장구상〉에서 말합니다.

"사람이 생각하지 않고도 알 수 있는 바가 바로 '양지良知'다."

所不慮而知者 其良知也
소불려이지자 기양지야[27]

주희는 해설에서 "'양良'은 인간의 타고난 선善이다"[28]라고 말합니다. '양良'이 '선善'이라면 '선善'의 반대인 '악惡'은 '그릇된 것'이니 '선善'은 '옳음'이 되고, '양지良知'는 '옳음(또는 옳음이 무엇인지)을 안다'가 됩니다. 따라서 '양지良知'는 '양심' 또는 '양심의 작용'으로 이해할 수 있습니다.

'양지良知', 즉 양심은 칸트(1724-1804)의 선험적先驗的 도덕론과 통합니다. 《실천이성비판》에서 칸트 역시 인간은 태어날 때부터 도덕적 선한 마음을 지니고 태어난다[29]고 보았습니다. 맹자와 칸트는 '옳음' 자체를 곧 '양심', '도덕적 본성'으로 보았습니다. 따라서 양심 또는 도덕적 본성에 비추어보면 무엇이 옳은지, 즉 무엇이 '의義'인지를 곧 알 수 있다는 입장입니다.

맹자의 '양심'과 칸트의 '도덕적 본성'은 자기 자신의 이해가 관련되고, 개인의 이기주의가 문제의 관건일 때 매우 효과적입니다. 스스로, 그리고 자기 한 사람만의 '양심' 또는 '도덕적 본성'에만 비추어보면 어떻게 해야 옳은지, 또는 무엇을 선택해야 하는지 바로 명확히 드러나니까요. 그러나 여러 사람이 관련되고, '바람직한 것'과 '바람직한 것' 중 하나는 반드시 포기해야 하거나 '바람직하지 않은 것'과 바람직하지 않은 것' 중

하나는 반드시 취해야 하는 것과 같은 딜레마 상황에서는 무력해지고 맙니다. 이런 상황들은 흔히 '개인 차원'에 해당되지 않을 뿐만 아니라, '양심'을 잣대로 삼는 판단의 범위를 벗어나기 때문입니다. 그러면 이때 는 무엇으로 '옳음'의 기준을 삼을 수 있을까요?

주희는 《맹자》〈양혜왕장구상〉에서 말합니다.

"'옳음', 즉 '의義'는 마음이 규정하는 바, 일의 마땅함이다."

義者 心之制 事之宜也
의자 심지제 사지의야[30]

그리고 《주자어류》〈성리삼〉 편에서 말합니다.

"만물을 이롭게 하면 '의義', 즉 '옳음'과 잘 어울릴 수 있다."

利物足以和義
이물족이화의[31]

'만물을 이롭게 하면'의 대상이 선명치는 않지만 '이롭게 하는 것', 즉 '이익'을 기준으로 '옳음'을 판단한다는 차원에서 주희의 주장은 제러미 벤담(1748-1832)의 '공리주의功利主義(Utilitarianism)'와 통합니다. 사회를 한 단위로 가정할 때, 공리주의功利主義는 '그 사회 전체에 가장 큰 이익이 되거나 가장 큰 행복을 주는 것이 바로 그 사회의 선善이다'라는 원칙입니다. 오늘날 모든 사회에서 그 사회 규칙을 정할 때 우선적으로 적용하는 기본 원칙입니다.

개인의 이기주의와 관련된 문제들은 맹자의 '양심'과 칸트의 '도덕적 본성'으로 주로 해결하고, 사회 전체의 이익이나 행복과 관련된 일은 주희와 벤담의 '이익(또는 행복) 총량 비교 원칙'으로 주로 해결할 수 있습니다. 옳고 그름을 가르는 기준이 '옳음을 추구하는 마음'인 '의義'의 '양심', '도덕적 본성'에 더해, '공리주의'의 '이익(또는 행복) 총량 비교 원칙'이 추가되었습니다.

'의義'는 '날카로운 칼'이다.
사람의 마음을 자유롭게 하는 날카로운 칼

애덤 스미스는 《도덕감정론》에서 양심을 '악마와 복수의 여신'[32]이라고 부릅니다. '양심'이라는 존재가 죄를 지은 사람들에게 마음의 평정과 안식을 절대로 허용하지 않을 것이라는 의미입니다.

사람은 누구나 마음의 평정과 안식을 원합니다. 주희는 《주자어류》〈성리삼〉에서 말합니다.

"옳음을 추구하는 마음인 '의義'는 날카로운 칼과 같아, 가슴속의 수많

은 근심과 혼란을 단칼에 잘라낸다.”

義如利刀相似 胸中許多勞勞攘攘 到此一齊割斷了
의여리도상사 흉중허다로로양양 도차일제할단료[33]

‘의義’가 바로 우리에게 마음의 평정과 안식을 가져다줄 것이라는 이야
기입니다. 물론 마음의 평정과 안식을 구하는 데는 아예 양심을 외면해
없애버리는 방법도 있습니다. 그러나 그 길은 짐승의 길입니다. 맹자가
《맹자》〈이루장구상〉에서 “의義’가 사람의 바른 길이다”[34]라고 말한 것처
럼, 그것은 사람이 택할 길이 아닙니다. 물론 나의 부모가 낳은 것도 사
람이지 짐승이 아니고요. ‘의義’가 사람의 마음을 자유롭게 합니다.

배려

예의 바름 '예禮'

|

널리 공부하되 그 공부는
'예禮'로 집약되어야

공자는 《논어》 〈옹야〉 편에서 말합니다.

"널리 공부하되 그 공부는 '예禮'로 집약되어야 한다."

　博學於文 約之以禮

　박학어문 약지이례[35]

모든 배움의 목적이자 유용성은 결국 '예禮'라는 이야기입니다. 아니,

반드시 '예禮'가 되어야 한다는 이야기입니다.

공자의 이 말은 우리에게 그리 어렵지 않게 와 닿습니다. 다른 사람에 대한 배려, 즉 '예禮'가 전혀 되어 있지 않은 소위 암기 천재들이 사회에 얼마나 큰 해악을 끼치고 또 주위에 얼마나 끊임없이 독을 내뿜고 사는지를 언론 등을 통해 심심치 않게 봐왔기 때문입니다. '예禮'가 제대로 안되어 있는 데다 공부도 뛰어나지 않았더라면 자기 자신만 망치는 데 그쳤을 터인데, 하필 '예禮'는 바닥이면서 암기 실력이 뛰어나 주위 사람들을 억울하게 만들고 사회의 신뢰 체계를 통째로 뒤흔드는 것을 두 눈으로 똑똑히 보았습니다.

궁극적으로 남을 배려하는 '예禮'로 집약될 공부가 아니라면 아예 처음부터 없는 것이 더 낫습니다. 사회는 물론 자기 자신에게도 해악을 끼칠 일이 훨씬 줄어들 것이기 때문입니다. '박학어문 약지이례博學於文 約之以禮' 또는 간단히 '박문약례博文約禮'라는 한자 말로 회자되는, 공자의 "널리 공부하되 그 공부는 '예禮'로 집약되어야 한다"는 가르침은 바로 이런 의미에서 매우 현실적입니다.

공자는 《논어》〈안연〉 편에서 잘라 경고합니다.

"'예禮'가 아니면 보지도 말고, '예禮'가 아니면 듣지도 말고, '예禮'가 아니면 말하지도 말고, '예禮'가 아니면 움직이지도 않아야 한다."

非禮勿視 非禮勿聽 非禮勿言 非禮勿動
비례물시 비례물청 비례물언 비례물동[36]

'예禮가 아닌 것'은 마치 몹쓸 전염병이라도 대하듯 아예 처음부터 상대하지도 말고 얽이지도 말라는 이야기입니다. '예禮'에 대한 고전 중의 고전이자 집대성인 《예기》〈곡례〉 편에서는 사람들에게 준엄하게 묻습니다.

"사람에게 '예禮'가 없다면 말을 할 수 있을 뿐, 짐승의 정신 상태와 하등 다를 것이 무엇 있겠는가?"

人而無禮 雖能言 不亦禽獸之心乎
인이무례 수능언 불역금수지심호[37]

'예禮'를 갖추고 있지 않다면 그 사람은 말하는 짐승에 불과할 뿐이라는 이야기입니다. 현실에서는 짐승 이하인 경우도 많습니다. '짐승만도 못하다'는 표현을 실제로 우리는 심심치 않게 사용합니다. 사람이 '예禮'가 없어도 매우 없는 경우입니다.

가슴 저린 사랑만을 남긴 채
흩날리는 꽃잎 되어

2001년 1월 26일 저녁 7시, 일본 도쿄의 신오쿠보역에서 지하철을 기

다리던 취객 한 명이 선로에 떨어졌습니다. 사람들이 모두 발만 동동 구르고 있을 때 20대 청년 한 명이 철로로 뛰어들었습니다. 청년은 취객을 끌어 올리려 애쓰지만 결국 달려오는 차에 취객과 함께 희생되고 맙니다. 청년은 26세의 한국인 유학생 이수현이었습니다. 술 취한 어느 낯모르는 외국인의 곤경에 꽃 같은 나이의 20대 한국인 청년이 자신의 목숨을 던진 것입니다. 한일 양국은 한동안 깊은 슬픔에 빠졌습니다. 그로부터 5년이 지난 2006년, 의인 고 이수현을 기리는 영화 〈너를 잊지 않을 거야〉(일본명: あなたを忘れない, 26 Years Diary)가 한일 합작으로 제작됩니다.

2014년 4월 16일 476명의 승객을 태우고 인천에서 제주도로 향하던 세월호가 진도 앞바다에서 침몰했습니다. 선장을 비롯한 몇몇 선원들이 승객들을 내팽개친 채 가장 먼저 배를 빠져나왔고 해경과 정부 당국은 이상하리만치 승객 구조에 적극적이지 않았습니다. 그 결과, 수학여행을 가던 단원고 학생 250명을 포함한 304명의 귀한 목숨이 희생되는 끔찍한 대참사가 벌어졌습니다.

어린 학생들의 희생에 더해 사람들의 가슴을 더욱 아프게 한 것은 생사의 갈림길에서 다른 이들에게 살 기회를 양보하고 자신은 다시 돌아오지 못할 길을 떠난 이들의 숭고한 인간애였습니다.

자신보다 몇 살밖에 어리지 않은 학생들을 위해 자신의 구명조끼를 양보하고 한 떨기 봄꽃 되어 떠나버린 23세의 여승무원, 선실에 갇힌 친구를 구하겠다고 어둠의 물속으로 들어갔다 끝내 친구들의 가슴 속 아픈 기억으로 잠들어 버린 10대 학생, 제자들을 먼저 탈출시키다 다시는 그리운 학교로 돌아오지 못한 12명의 선생님들이 바로 그들입니다. 생사가 갈리는 순간 승객을 위해, 친구를 위해, 그리고 어린 제자들을 위해 자신의 삶을 양보한 것입니다.

사람들은 이기적이지만 항상 그렇지는 않습니다. 인간을 진정으로 사랑했던 청년 고 이수현 그리고 4월의 봄날, 남은 이들에게 가슴 저린 사랑만을 남긴 채 흩날리는 꽃잎 되어 하늘 높이 떠나버린 세월호의 의인들과 비교할 수는 없지만, 사람들은 자신의 것을 남에게 양보하는 선한 마음을 어느 정도는 다 가지고 있습니다. 모두가 목마른 상황에서 다른 이에게 물을 양보하기도 하고 함께 배고픈 상태에서 음식을 양보하기도 합니다. 소소한 양보이지만 오직 인간에게서만 찾아볼 수 있는 선한 마음입니다. 인간의 본성, '예禮'입니다.

맹자는《맹자》〈공손추장구상〉에서 '예禮'에 대해 말합니다.

"남에게 양보하는 마음인 사양지심으로 미루어 볼 때, 사람들은 태어날 때부터 예의 바름인 '예禮'를 본성적으로 가지고 태어났다."

辭讓之心 禮之端也
사양지심 예지단야[38]

'예禮'는 시대에 따라
달라진다

'예禮'는 시대에 따라 달라집니다. 《예기》〈교특생〉 편에서는 여자의 일생을 이렇게 정리하고 있습니다.

"여자는 남을 따르는 자이니 어려서는 아버지를 따르고, 결혼해서는 남편을 따르고, 남편이 죽은 뒤에는 아들을 따른다."

婦人 從人者也 幼從父兄 嫁從夫 夫死從子
부인 종인자야 유종부형 가종부 부사종자[39]

또 《예기》〈곡례하〉에서는 사람의 죽음에 차별을 두고 있습니다.

"천자의 죽음을 '붕崩'이라 하고, 제후의 죽음을 '훙薨'이라 하고, 대부의 죽음은 '졸卒'이라 하고, 선비의 죽음은 '불록不祿'이라 하고, 그리고 일반 서민의 죽음은 '사死'라 한다."

天子 死曰崩 諸侯曰薨 大夫曰卒 士曰不祿 庶人曰死
천자 사왈붕 제후왈훙 대부왈졸 사왈불록 서인왈사[40]

이런 남녀 차별이나 신분 차별은 옛날에는 '예禮'였지만 지금은 몰상식일 뿐입니다. 그때는 신분제 사회였고 오늘날은 모든 사람이 평등한 민주사회이기 때문입니다. 남녀 간에 우열을 두고, 사람 간에 신분 차이를 두는 '예禮'는 오늘날 더 이상 '예禮'일 수 없습니다.

'예禮'의 기준, '합리성'

그렇다면 '예禮'의 기준은 무엇일까요?

첫 번째, '예禮'의 근거는 기본적으로 '합리성'입니다. 그 시대 그 상황에서 나름대로 이치를 따져 행동 원칙으로 정한 것이 바로 '예禮'입니다.

전통 유교에서는 부모님이 돌아가시면 3년상을 치렀습니다. 공자는 《논어》〈양화〉 편에서 "자식으로 태어나 3년이라는 시간 동안 부모의 절대적인 보살핌이 필요하니, 대체로 3년상은 천하의 공통이다"[41]라고 말합니다. 이 세상 모든 이가 3년 동안 부모님의 절대적인 보살핌이 있어 존재하게 된 것이니, 부모님이 돌아가시면 같은 기간 애통해하면서 부모님의 묘를 돌보는 것이 '예禮'라는 것입니다.

《예기》〈악기〉 편에 "술잔을 주고받을 때 손님과 주인이 백번 절을 하게 해 종일 술을 마셔도 취하지 않도록 했다"[42]라는 내용이 나옵니다. 음주와 관련된 '예禮'의 근거가 즐겁게 마시되 너무 취해 불상사가 일어날 정도까지는 가지 않게 하기 위한 것이라는 이야기입니다. 같은 〈악기〉 편에서 "갑옷을 입은 자는 절을 하지 않는다. 갑옷을 입고 절을 하게 되면 고개만 까딱하게 되기 때문이다"[43]라고 말하고 있습니다. 정중하지 않은 절은 오히려 결례가 되니 갑옷을 입은 자는 아예 절을 하지 않는 것으로 '예禮'를 정했다는 이야기입니다.

'예禮'의 기준,
'적정성'

두 번째 '예禮'의 근거는 과부족過不足, 즉 '지나치거나 못미치는 것'을 경계하는 것입니다. 어느 쪽으로든 지나치지 않고 적정을 유지하는 것이 바로 '예禮'입니다.

공자는 《논어》 〈팔일〉 편에서 이렇게 말합니다.

"즐겁더라도 지나쳐 음란한 상태까지 가지 않게 하고, 슬프더라도 지나쳐 몸을 상할 정도가 되지 않게 한다."

樂而不淫 哀而不傷
락이불음 애이불상[44]

《논어》 〈이인〉 편에서는 이렇게 말합니다.

"군주를 섬기면서 너무 자주 직언하면 욕을 당하고, 친구 간에 너무 자주 충고하면 우정이 멀어진다."

事君數 斯辱矣 朋友數 斯疏矣
사군삭 사욕의 붕우삭 사소의[45]

또한 《논어》 〈태백〉 편에서는 이렇게 말합니다.

"공손하되 예禮가 없으면 힘이 들고, 삼가되 예禮가 없으면 두려워하고,
용맹하되 예禮가 없으면 난을 일으키고, 정직하되 예禮가 없으면 남을
비방할 뿐이다."

恭而無禮則勞 愼而無禮則葸 勇而無禮則亂 直而無禮則絞
공이무례즉로 신이무례즉시 용이무례즉란 직이무례즉교[46]

기쁨이 지나쳐 음란에까지 이르고 슬픔이 지나쳐 정신과 몸을 망가트
릴 지경까지 가지 않도록 선을 그어놓은 것이 '예禮'이고, 군주를 위해 직
언하고 벗을 사랑해 충고하는 것은 좋은 일이지만 그것이 군신 관계나
친구 관계 자체를 해칠 정도까지는 가지 않도록 하는 것이 '예禮'라는 이
야기입니다. 또 공손하고, 삼가고, 용맹하고, 그리고 정직한 것 자체는
옳은 일이나 그것이 지나치면 적절치 않거나 옳지 않은 일이 될 수도 있
다는 것입니다. 따라서 지나치지 않게 하는 것이 중요하고, 그 지나치지
않게 하는 것 자체가 다름 아닌 '예禮'라는 이야기입니다.

오랜 시간이 지나도
여전히 공경하라

동양 고대의 예의범절을 상세하게 밝히고 있는 '예禮'의 경전《예기》는 "무불경毌不敬"[47]을 언급하는 것으로부터 시작합니다. '공경하지 않음이 없다'는 의미이니, 언제 어디서나 사람들을 항상 공경하는 마음으로 대하는 것이 바로 '예禮'의 출발이라는 이야기입니다.

어떤 사람이 얼마나 '예禮'가 바른지는 그가 주위 사람들과 좋은 관계를 유지하는 시간의 크기로 잴 수 있습니다. 오랜 시간을 함께하면서도 좋은 관계를 계속 유지하고 있다면 그 관계가 부부든 친구든 아니면 그냥 지인이든 그것은 분명 서로 간에 사람을 공경하는 마음, 즉 '예禮'를 갖추고 있기 때문입니다.

《논어》〈공야장〉 편에서 공자가 말합니다.

"안평중은 사람 사귀기를 잘하고 있구나. 오랜 시간이 지나도 여전히
그 사람을 공경하고 있구나."

晏平仲 善與人交 久而敬之
안평중 선여인교 구이경지[48]

'오랫동안 사람을 공경하다'는 의미의 바로 그 유명한 '구이경지久而敬之'가 나오는 대목입니다. 사람을 잠깐 '공경하는 척'하기는 어렵지 않습니

다. 그러나 오랫동안 '공경하는 척'하기는 어렵습니다. '예禮'는 오랜 시간이 지나도 변함없이 사람을 공경하는 것입니다. 그것이 진정성 있는 '예禮'이고, 진짜 '예禮'입니다.

뛰어난 능력을 갖춘 이가 '예禮'까지 갖추고 있다면 그것이야말로 금상첨화錦上添花입니다. 본인에게는 영광의 길이요 그가 속한 사회에는 축복이기 때문입니다. 본인은 주위 사람들과 사회로부터 큰 사랑을 받습니다. 그리고 주위 사람들과 사회는 그로부터 사회적 풍요를 선물받습니다. 인성의 기본에서 '예禮'가 특히 강조되고 있는 이유입니다.

지혜와 공정

올바른 분별력 '지(智)'

'남을 판단(지智)'하기 위해서는,
먼저 나 자신이 '옳아야(의義)'

　사람은 지식이 많든 적든, 성인이든 어린이든 누구나 나름대로 판단
을 합니다. 판단의 내용은 대부분 '옳고 그름(是非시비)'에 대해서입니다.
뉴스에 등장하는 정치인의 언행을 보면서 사람들은 그 언행의 '옳고 그
름'을 판단하고, 이웃의 행동을 보면서 그 행동의 '옳고 그름'을 판단합니
다. 그런 타인에 대한 '옳고 그름'의 판단은 거의 무의식적으로, 일상적
으로 끊임없이 이루어집니다. 그리고 가끔은 가족과 같은 가까운 이들
이나 자기 자신의 행동에 대해서도 '옳고 그름'을 판단합니다.

맹자는 옳고 그른 것을 '분별'하는 사람들의 '시비지심是非之心'을 보면서, 《맹자》〈공손추장구상〉에서 말합니다.

"'시비지심是非之心'은 인간이 본성적으로 분별력인 '지智'를 지니고 있다는 단서다."

是非之心 智之端也
시비지심 지지단야[49]

주희는 《주자어류》〈성리삼〉 편에서, "'명백하게 구별한다'는 의미가 깃들어 있는 것이 '지智'다"[50]라고 말하고, 또 같은 〈성리삼〉 편에서 "깨달음'은 '지智의 작용'이다"[51]라고 말합니다.

공자는 《논어》〈옹야〉 편에서 제자인 번지가 '지智'에 대해 묻자, "옳음을 추구하는 마음인 '의義'에 힘쓰고, 귀신을 공경하되 그 귀신을 가까이 하지 않으면 '지智'라 할 수 있다"[52]라고 말합니다.

공자는 '분별력'인 '지智'에 전제를 답니다. 바로 '옳음'인 '의義'를 지향해야 한다는 전제입니다. 주희도 마찬가지로 분별력인 지智의 전제 조건으로 '옳음'인 '의義'를 제시합니다. 바로 《주자어류》〈성리삼〉 편에서의 "옳음인 '의義'는 '지智'를 아우른다"[53]라는 내용이 그것입니다.

공자와 주자 모두 사람은 '분별력'인 '지智'를 지니고 있고, 그 분별의 원칙은 다름 아닌 '옳음'인 '의義'라는 주장입니다.

올바른 분별력은 사람과 사회를 살리고
그릇된 분별력은 사람과 사회를 죽인다

공자는 《논어》 〈안연〉 편에서 제자 번지가 또 '지智'에 대해 묻자, "사람을 아는 것"[54]이라고 말합니다. 그러면서 덧붙입니다.

"정직한 사람을 올려 쓰고 정직하지 않은 사람을 배제하면, 정직하지 않은 사람도 정직해지게 된다."

舉直錯諸枉 能使枉者直
거직조제왕 능사왕자직[55]

'분별력'인 '지智'로, 정직한 사람과 정직하지 못한 사람을 제대로 분별해 정직한 사람을 벼슬에 앉히면 벼슬자리에 앉지 못한 부정직한 사람도 벼슬에 오르기 위해 정직한 사람으로 바뀐다는 이야기입니다. 공자 자신과 주자가 말한 대로, '분별력'인 '지智'를 사용하면서 '옳음'인 '의義'를 실행한 경우입니다.

물론 반대의 경우는 그 반대의 결과를 가져옵니다. 정직하지 않은 사람을 벼슬자리에 앉히고 정직한 사람을 자리에서 떨어트리면 정직하지 않은 사람은 더욱 정직하지 않게 되고, 정직했던 사람 역시 더 이상 정직하기를 포기하고 정직하지 않은 사람으로 바뀌기 쉽습니다.

'분별력'인 '지智'를 제대로, 그리고 '옳음'인 '의義'에 근거해 사용하느냐 그렇지 않으냐에 따라 사람 사는 세상은 하늘과 땅만큼이나 달라집니다.

말 이면에 가려진
진짜 마음을 읽을 수 있어야

'분별력'인 '지^智'를 사용할 경우 그 분별의 대상은 대부분 사람입니다. 사람을 분별하기 위한 가장 정확한 근거는 지금까지 그 사람이 살아온 모습입니다. 그러나 여기에는 한계가 있습니다. 첫째, 지금까지 그 사람이 살아온 모습을 모두 파악하기가 쉽지 않고, 둘째, 중요한 것은 앞으로인데 그 사람의 과거 모습이 앞으로의 미래 모습까지 보장하지는 못한다는 것입니다.

이때 현실적으로 그 사람에 대한 판단의 근거로 흔히 삼는 것이 바로 그 사람의 '말'입니다. 사람을 만나 직접 대화를 해봄으로써 우리는 어느 정도 그 사람에 대한 판단을 할 수 있습니다. 그래서 맹자는 《맹자》〈공손추장구상〉에서 '다른 사람의 말을 제대로 아는' '지언^{知言}[56]의 중요성을 강조합니다. 바로 다른 사람의 말을 들을 때 그 말 이면에 가려져 있는 그 사람의 진짜 마음을 읽을 수 있어야 한다는 것입니다.

같은 〈공손추장구상〉 편에서 맹자는 말합니다.

"말이 한쪽으로 치우치면 무엇인가 숨기려는 것이 있다는 것을 알아야 하며, 말이 음탕하면 무엇인가에 빠져 있다는 것을 알아야 하며, 말이 간사하면 의^義에서 멀어져 있다는 것을 알아야 하며, 말을 머뭇거리면 무엇인가 궁색한 상태에 몰려 있다는 것을 알아야 한다."

詖辭 知其所蔽 淫辭 知其所陷 邪辭 知其所離 遁辭 知其所窮
피사 지기소폐 음사 지기소함 사사 지기소리 둔사 지기소궁[57]

상대방의 말을 들으면서 그 사람의 진짜 상태를 제대로 간파할 수 있어야 한다는 이야기입니다.

《논어》〈헌문〉편에 나오는 공자의 "분별력, 즉 '지智'를 갖춘 자는 현혹되지 않는다"[58]라는 말도 바로 이런 의미입니다.

밖으로 드러나는 말이나 외모·외형에 현혹되지 않고 사람을 제대로 분별함으로써 옳은 사람을 선택할 수 있고, 그렇게 함으로써 당사자에게는 능력 발휘의 기회를, 선택받지 못한 이에게는 반성의 기회를, 그리고 사회에는 정의와 풍요를 가져올 수 있다는 이야기입니다.

'분별력'인 '지智'을 제대로 갖추고 있느냐 그렇지 않느냐 여부가 사회 정의 실현은 물론 사회의 행복을 결정합니다.

권력權力은 '분별력(智지)'을 가지고 '올바르게(義의)' 사용해야

'다른 사람의 말을 제대로 아는' '지언知言'이 '분별력'인 '지智'의 핵심이라면, '저울질'인 '권權'은 '분별' 그 자체입니다.

'권력權力'은 다름 아닌 '의사 결정', 즉 '저울질'을 할 수 있는 자격입니다. 경찰은 범죄가 의심되는 행위에 대해 형사사건으로 정식으로 수사를 개시하는 '입건立件'을 선택할 수도, 그렇지 않을 수도 있습니다. 즉, 범죄가 의심되는 용의자의 행위를 관련 법에 비추어 '저울질'해, 범죄로서 정식 수사가 필요하다는 쪽으로 또는 수사가 필요 없다는 쪽으로 판단 내릴 수 있습니다.

검사는 수사가 완료된 형사사건에 대해 법원의 심판 요청, 즉 '기소起訴'를 선택할 수도, 범죄 혐의가 없다고 판단해 '불기소'를 선택할 수도 있습니다. 또한 범인의 연령, 성행, 지능과 환경 등을 고려해 기소 자체를 '유예'하는 선택을 할 수도 있습니다. 한마디로 수사 내용을 관련 법 및 피의자의 상황 등에 비추어 '저울질'해, 벌줄 것을 법원에 요청하거나 요청 자체를 아예 하지 않거나 또는 요청을 유예할 수 있습니다.

판사는 기소된 사건을 판결합니다. 검사의 주장 및 구형과 변호사의 변론 내용을 관련 법에 비추어 '저울질'해 피고가 치러야 할 형刑을 정합니다.

경찰과 법원의 엠블럼에는 '저울'이 있습니다. 서울중앙지방검찰청 홈페이지는 '저울' 사진으로 시작됩니다. 경찰청, 법원 및 검찰청이 사람들의 범죄 혐의 또는 행위에 대해 '저울질'을 하는 '권력權力' 기관이라는 의미이고, 나아가 그 권력을 '분별력(智지)'을 가지고 '올바르게(義의)' 사용해야 한다는 엄중한 의미입니다.

《논어》〈요왈〉편 해설에서 주희는 권력權力의 '권權'자에 대해 "권權은 저울과 저울의 추다"[59]라고 말합니다. 바로 '권權'이 '저울질'이라는 의미입니다.

중국 북송시대 학자인 범조우(1041-98)는《맹자》〈이루장구상〉편 해설에서 이렇게 말합니다.

"천하의 도에는 '정도正道'와 '권도權道'가 있다. '정도正道'는 때와 장소를 불문하고 확정된 것이고, '권도權道'는 그때그때 상황에 맞춰 적절히 결정을 내리는 것이다. 따라서 확정된 '정도正道'는 누구나 쉽게 실행할 수 있지만, 그때그때 상황에 맞게 적절히 결정을 내리는 '권도權道'는 도道를 체화한 자가 아니면 불가하다."

天下之道 有正有權 正者 萬世之常 權者 一時之用 常道人皆可守 權非體道者 不能用也
천하지도 유정유권 정자 만세지상 권자 일시지용 상도인개가수 권
비례도자 불능용야[60]

여기에서의 '권도權道'가 다름 아닌 경찰과 법원의 엠블럼 그리고 검찰청 홈페이지 속의 그 '저울'을 올바르게 사용하는 것입니다. 경찰, 검사, 판사는 법리와 상황에 따라 법 조항을 적용해 의사 결정을 하는데, 그 의사 결정이 바로 '분별력'인 '지智'와 '옳음'인 '의義'가 제대로 갖추어진 자가 아니라면 불가하다는 이야기입니다.

'분별력'인 '지智'와 '옳음'인 '의義'를 갖추는 것이 '저울질'을 하는 권한인 '권력權力'의 전제라는 이야기입니다. 이런 권력의 의미는 동양에만 한정

되지 않습니다. 서양 역시 마찬가지입니다.

정의(Justice)의 여신 디케는 한 손에는 저울을, 다른 한 손에는 칼을 들고 얼굴에는 눈가리개를 하고 있습니다. 여신 디케가 들고 있는 저울은 '저울질', 즉 '권력權力'인 '권權'의 행사 자체를, 여신의 가린 눈은 '분별력'의 공평무사한 판단을, 그리고 칼은 '옳음'인 '의義'에 의거한 준엄한 법의 적용을 의미합니다.

분별력 '지智'의 기준에 따라 세상은 천국이 되기도 지옥이 되기도

불교에서는 '생각으로 짓는 세 가지 죄'인 '삼독三毒' 중 하나로 '어리석음'인 '치癡'를 듭니다. '어리석음'은 다른 것이 아닙니다. 결국 '옳고 그름(是非시비)'을 제대로 분별하지 못하는 것입니다. 성경 역시 '지혜로운 사람은 영광을 상속받고, 미련한 자는 멸시를 받는다'(잠언3:35)라고 말하고 있습니다. 여기에서 미련한 것은 다름이 아닙니다. 마찬가지로 결국 '옳고 그름'을 제대로 분별하지 못하는 것입니다.

종교에서는 왜 '옳고 그름'을 제대로 분별하지 못하는 것을 죄악시 또는 최소한 그 당사자의 잘못으로 돌리고 있는 것일까요? 신이 인간을 만들 때 인간에게 미리 주지도 않고 '너는 왜 그것을 지니고 있지 못하느냐?' 하고 인간을 나무랄 리 없습니다. 인간이라면 누구나 주어졌는데 자신의 욕심이나 게으름 때문에 또는 스스로 내팽개쳐, 그것을 제대로 보존하지 못하거나 향상시키지 않고 있어 그것을 죄악시하고 탓하는 것입니다.

사람들은 살아 있는 동안 잠시도 쉬지 않고 끊임없이 머릿속으로 자기 주위 모든 것들에 대해 '옳고 그름(是非시비)'을 판단합니다. '옳고 그름'을 판단하는 마음', 즉 '시비지심是非之心'의 근거인 '분별력' '지智'가 인간의 타고난 본성이기 때문입니다.

'분별력' '지智'는 사람 사는 세상을 지옥으로 몰아갈 수도, 천국으로 만들어갈 수도 있습니다. 사람들의 '분별력' '지智'의 기준이 오로지 '내 이익'이면 지옥일 것이고, '옳음'인 '의義'이면 천국일 것입니다. 물론 지옥은 남들에게만 지옥이 아닙니다. 궁극적으로는 나 자신에게도 지옥입니다. 천국 역시 모두의 천국입니다.

현실의 세상은 그 중간 어디쯤입니다. 사람들의 '분별력' '지智'의 기준이 항상 '내 이익'만도 아니고, 그렇다고 '옳음'인 '의義'만도 아니기 때문입니다.

2장

교육
教育

·

선한 '본성'을
몸에 익히는 것이
교육의
출발이다

앞 장에서는 인간의 '본성'인 인仁·의義·예禮·지智에 대해 알아봤습니다. 맹자는 인간에게는 누구나 선한 '본성'인 인·의·예·지가 주어졌다고 말합니다. 그러나 인간은 주어진 선한 '본성' 그대로 살지 못하기도 하고 그렇게 살지 않기도 합니다.

그것은 먼저, 인간은 '육체'를 지닌 존재로 물질을 필요로 하고, 또 자유의지를 가진 존재로 생명 유지 이상의 쾌락과 인정을 욕망하기 때문입니다. 한정된 자원 속에서 사람들의 경쟁적 쾌락·인정 추구는 '악한 감정', '악한 행동'으로 이어지기 쉽습니다. 인간이 선한 '본성'을 타고났음에도 불구하고 '악한 감정'을 갖고, '악한 행동'을 하게 되는 배경이고, 동시에 선한 '본성'이 속성으로 주어졌음에도 불구하고 태어나는 순간부터 인간에게 선한 '본성'을 몸에 익히는 교육이 필요한 이유입니다.

이 장에서는 자라나는 아이들에게 어떻게 하면 인·의·예·지를 잘 갖추게 할 것인가에 대해 알아봅니다. 물론 인·의·예·지는 고대 왕정시대의 권위주의에 바탕을 둔 인·의·예·지가 아닌 오늘날 21세기 민주주의에 부합하는 인·의·예·지입니다.

우리나라에서는 최근까지 태어날 때부터 한 살을 먹고 시작했습니다. 아기씨가 만들어지는 순간을 생명의 출발로 보기 때문입니다. 따라서 교육도 태어나기 전인 태아 때부터 시작됩니다. 태아 때의 신체, 정서 및 인지 상태는 태어난 후 그 아이의 평생 건강, 정서 그리고 뇌 활동에 영향을 미칩니다. 따라서 이 장에서는 먼저 '태교'에 대해 알아봅니다. 태교는 바로 태아의 신체적·정서적·인지적 상태를 양호하게 하기 위한 산모의 노력과 주변의 협조에 중점을 둡니다.

10개월이 지나 아이가 태어나면 이때부터 본격적인 아이의 선한 '본성' 키우기가 시작됩니다. 이때 가장 중요한 역할을 맡는 이는 바로 부모와 스승입니다. 그리고 그 역할의 핵심은 다름 아닌 행동으로 모범 보이기입니다. 따라서 두 번째로는 부모와 스승의 '모범' 보이기가 얼마나 중요한지, 또 어떻게 모범을 보여야 하는지에 대해 알아봅니다.

마지막 세 번째로는 아이의 선한 '본성'을 기르는 데 도움이 되는 주변 '환경' 조성입니다. 성장 환경의 중요성과 함께 좋은 환경을 갖추기 위한 기본 조건에 대해 알아봅니다.

태교

교육은 태교로부터 시작한다

|

태어나는 순간
한 살을 세는 이유

2023년 6월 28일, 우리나라의 나이 계산법이 바뀌었습니다. 행정·민사상(초중등교육법·병역법·청소년보호법은 지금까지의 기준인 '연 나이' 그대로 사용)으로나 일상에서 모두 '만 나이'를 사용하는 것으로 통일되었습니다. 2023년 6월 28일 기준 '만 나이 통일법' 시행 이전 우리나라 사람들의 나이는 세 가지였습니다. '세는 나이' 또는 '우리나라 나이'와 '연 나이', '만 나이'입니다. '세는 나이' 또는 '우리나라 나이'는 태어나는 순간 한 살을 먹고, 해가 바뀔 때마다 한 살이 추가됩니다. 아기가 12월 31일 밤 11시 59분에 태어났다면 태어날 때 한 살이고, 해가 바뀌면 한 살이 추가되니 1분 후 두 살이 됩니다. 태어난 지 1분 만에 두 살을 먹는 셈입니다.

'연 나이'는 '현재 연도'에서 '태어난 연도'를 뺀 나이입니다. 지금이 2023년인데 2004년에 태어났으면 '2023-2004=19'로 올해 19세입니다. '만 나이'는 서양에서와 같이 생일을 기준으로 한 나이입니다. 2004년 12월 31일 태어났다면 2023년 12월 31일이 된 순간 19세가 됩니다.

'세는 나이' 또는 '우리나라 나이'는 '만 나이 통일법' 시행 이전 일상생활에서 사용했습니다. 누가 더 연장자인지 따질 때 주로 사용합니다.

'연 나이'는 초·중등교육법과 병역법, 청소년보호법에서 사용했고 또, '만 나이 통일법' 시행 이후에도 그대로 예외적으로 사용합니다. 초·중등교육법상 원칙적으로 모든 국민은 보호하는 자녀 또는 아동이 6세가 된 날이 속하는 해의 다음 해 3월 1일에 그 자녀 또는 아동을 초등학교에 입학시켜야(초·중등교육법 제13조 취학의무 ①항) 합니다. 병역법상 만 19세가 되는 해에 해당되는 대한민국 남성은 모두 그해 병역판정검사의 대상(병역법 제2조(정의 등) ②항 및 제11조(병역판정검사) ①항)이 되고, 청소년보호법상 청소년은 만 19세가 되는 해 1월 1일에 청소년보호법의 보호 대상에서 제외(제2조(정의)의 1)됩니다.

'만 나이'는 민법이나 공식 프로필 등에서 사용했습니다.

우리나라를 포함한 중국, 일본 등 유교문화권은 일찍부터 '세는 나이'를 사용해 왔습니다. 그러다 20세기 들어 중국과 일본이 '만 나이' 기준으로 나이 계산법을 바꾸었고, 이제 우리나라도 행정·민사상으로나(초중등교육법·병역법·청소년보호법은 예전의 '연 나이' 그대로 사용) 일상에서 모두 '만 나이'를 사용하게 되었습니다.

태교는 임산부가 태아에게 신체적·정서적·인지적으로 좋은 영향을 미치기 위해 임신 기간 동안 언행과 생각을 주의하고 태아에 도움이 되는 행위를 하는 것입니다. 임신 중의 태아는 10개월간 영양소를 모체로부터 공급받는 것은 물론 그동안 모체의 일부로서 모체의 영양 상태와 정신건강 및 행동의 영향을 받습니다.

동양 유교권에서 일찍부터 '세는 나이'를 사용했던 이유로 흔히 연장자를 대우하는 장유유서長幼有序 문화를 듭니다. 그러나 그 주장은 적절치 않습니다. 누구나 태어날 때부터 똑같이 한 살을 먹고 시작하는 '세는 나이' 셈법에서 장유유서는 아무 의미가 없습니다. '세는 나이'를 사용하는 보다 근본적인 이유는 장유유서보다 생명에 대한 인식 시기 때문입니다.

《시경》〈소아〉 편의 '더부룩한 다북쑥(蓼莪유아)'이라는 시에 "아버지 날 낳으시고 어머니 날 기르시니"[1]라는 내용이 나옵니다. 우리나라 태교의 고전인 《태교신기》에서는 "아버지가 낳고(生생) 어머니가 기른다(育육)"[2]라고 말하면서, '낳고'의 '생生'과 '기른다'의 '육育'에 대해, "생生은 '자궁에 들어가 수태하는 것'을 말하고, '육育'은 '그 태를 기르는 것'을 가리킨다"[3]라고 말하고 있습니다.

동양 유교권에서는 일찍부터 정자가 난자와 결합해 수정란이 자궁에 착상되는 순간을 생명의 출발로 인식했습니다. 따라서 아이가 어머니 몸 밖으로 나왔을 때는 이미 열 달이 지난 생명체이므로 어림으로 한 살로 인식했습니다. 그래서 사람에 대한 교육도 당연히 생명체가 시작된 태아 때부터 이루어져야 한다고 생각했습니다. 일찍부터 동양 유교권에서 태교가 강조되어 온 배경입니다. 태아는 이미 삶이 시작된 생명체로, 태어날 아이의 성품이나 태도가 이때부터 형성되기 시작한다고 보았던 것이죠.

태교의 좋은 예,
율곡 이이

《소학》〈계고〉 편에서는 중국 한 왕조 때 유향(BC79?-BC8?)이 편집한 《열녀전》의 내용을 들어 태교의 모범을 말합니다.

> "옛날에 부인이 아이를 가지게 되면 잘 때 한쪽으로 치우쳐 눕지 않았으며, 앉을 때 가장자리에 앉지 않았으며, 서 있을 때 한 발로 삐딱하게 서지를 않았다. 맛이 상한 음식은 먹지 않았으며, 반듯하게 자르지 않은 음식은 먹지 않았으며, 자리가 반듯하지 않으면 앉지를 않았다. 삿된 색에 눈을 돌리지 않았으며, 음란한 소리를 듣지 않았으며, 밤이 되면 소경을 시켜 시를 외우게 하고 착한 내용의 이야기를 들려주도록 했다. 이렇게 해 열 달이 지나 아이를 낳으면 단정한 용모와 뛰어난 재주를 가진 아이가 태어났다."

古者 婦人 姙子 寢不側 坐不邊 立不蹕 不食邪味 割不正不食 席不正
不坐 目不視邪色 耳不聽淫聲 夜則令瞽誦詩道正事 如此則生子 形容
端正 才過人矣

고자 부인 임자 침불측 좌불변 입불비 불식사미 할부정불식 석부정
부좌 목불시사색 이불청음성 야즉영고송시도정사 여차즉생자 형용
단정 재과인의[4]

태아에 대한 교육이기에 앞서 태아의 건강과 산모의 건강 및 안전, 그
리고 태어날 자식에 대한 지극한 정성과 관련된 내용입니다.

동양사회에서 태교의 전형 하면, 그것은 중국 주周 왕조(BC1046-
BC256)를 창업한 문왕文王의 모친 태임太任의 태교입니다. 중국 역사상
가장 오래 지속된 왕조인 바로 그 주 왕조를 세운 문왕을 있게 한 태교
입니다. 《소학》의 〈계고〉 편은 태임의 태교에 대해 이렇게 말하고 있습
니다.

"태임이 문왕을 임신하자 삿된 색을 보지 않고 음란한 소리를 듣지 않
았으며 오만한 말을 입에 담지 않았다. 열 달이 지나 아이를 낳자 총명
하기 이를 데 없어 태임이 하나를 가르쳐주면 백 가지를 알아들었다.
그리고 성인이 되어서는 마침내 주 왕조를 창업했다."

太任及其娠文王 目不視惡色 耳不聽淫聲 口不出敖言 生文王而明聖
太任敎之以一而識百 卒爲周宗

태임급기신문왕 목불시악색 이불청음성 구불출오언 생문왕이명성 태임교지이일이식백 졸위주종[5]

아이를 갖고 난 뒤 부정한 것을 멀리하고 바른 말과 바른 행동을 했더니 왕조를 창업할 정도의 뛰어난 능력과 덕성을 지닌 인물이 탄생했다는 이야기입니다.

우리나라 태교의 전형은, 우리나라 역사를 통틀어 가장 모범적인 현모양처로 일컬어지는 신사임당(1504-1551)의 태교입니다. 신사임당은 널리 알려진 대로 율곡 이이(1536-1584)의 어머니입니다. 율곡 이이는 조선 중기 대학자이자 정치가로 과거에서 무려 아홉 차례나 장원을 했습니다.

신사임당의 호 '사임당師任堂'은 바로 앞서 말한 중국 주 왕조 창업자 문왕을 낳은 태임太任의 이름에서 연원합니다. 사임당師任堂의 '사임師任'은 문왕의 어머니인 '태임(任임)'을 '본받는다(師사)'는 의미입니다.[6] '태임을 본받는다는 것'은 태임이 중국 고대 최고의 여성상이어서 그렇기도 하겠지만, 역시 핵심 이유는 앞《소학》의 내용에서처럼 태임의 태교 때문이었을 것입니다. 그리고 그 태임의 태교를 본받은 결과는 셋째 아들인 조선의 대학자 율곡 이이를 비롯해 서화로 유명한 넷째 아들 이우와 장녀 매창과 같은 훌륭한 자식들을 키워낸 것이었습니다.

태교로부터 시작된 신사임당의 올바른 자식 교육은 오늘날 우리나라 5만 원권, 5천 원권 화폐에 모자가 나란히 등장인물로 오르는 영광까지 가져왔습니다.

태교의 고전이 말하는
태교의 핵심

우리나라 태교 관련 고전은 1800년에 사주당 이씨가 쓴 《태교신기》입니다. 《태교신기》를 중심으로 한, 산모가 준수해야 할 우리나라의 전통 태교 내용은 다음 다섯 가지로 요약할 수 있습니다.

첫 번째, 삼가야 할 행동으로, 남을 속이거나 탐욕을 부리거나 타인을 헐뜯는 행위 등을 하지 않아야 합니다.

두 번째, 근신해야 할 행동으로, 너무 덥게 옷을 입거나 너무 배부르게 먹는 것, 차거나 더러운 곳에 앉는 것, 약을 함부로 먹거나 침이나 뜸을 함부로 맞는 것, 옆으로 눕거나 엎드리는 것, 왼쪽에 있는 것을 오른손으로 집거나 오른쪽에 있는 것을 왼손으로 집는 것, 어깨 위로 돌아보는 것, 높은 곳에 있는 것을 내리거나 선 자세로 땅에 있는 것을 집는 것, 추위와 한더위에 낮잠을 자는 것, 해산달에 머리를 감거나 발을 씻는 것 등입니다.

세 번째, 주의해야 할 음식으로, 바르지 않은 모양의 음식, 벌레가 먹거나 낙과한 과일, 참외나 익히지 않은 채소, 찬 음식, 냄새가 나거나 색이 변질된 음식, 설익은 과일 등을 먹어서는 안 됩니다.

네 번째, 항상 가까이 두고 보아야 할 것으로, 귀인, 온전하고 바른 사람, 공작, 빛나고 아름다운 것, 성현의 좋은 말씀 등입니다.

그리고 마지막 다섯 번째로, 보고 들어서는 안 될 것으로, 온전치 않은 사람이나 병이 든 사람, 음란하거나 병이 든 짐승, 술주정 소리, 욕하는 소리, 서러운 울음소리 등입니다.[7]

앞의 두 번째, 세 번째의 근신해야 할 행동과 먹어서는 안 될 음식은 태아는 물론 임산부의 건강과 관련된 내용입니다. 10개월의 임신 기간을 무사히 보내고 '신체적'으로 건강한 아이를 낳기 위해 반드시 지켜야 할 사항입니다.

첫 번째, 네 번째 및 다섯 번째의 삼가야 할 행동, 항상 가까이 두고 보아야 할 것 그리고 보고 들어서는 안 될 것은 임산부의 심리적 안정과 관련된 내용입니다. '정서적'으로 안정된 아이를 낳기 위한 것입니다.

태아는 수정 후 2주가 지나면 뇌와 척수를 구성하는 중추신경계가 형성되기 시작합니다. '인지적' 기능은 뇌에서 이루어집니다. 그리고 그 뇌는 결국 산모가 섭취하는 음식물의 영양과 적절한 외부 자극에 의해 만들어지고 발달합니다.

산모는 위 세 번째에서 지적한 음식들을 주의하면서 제철의 잘 익고 싱싱한 좋은 음식을 균형 있게 충분히 섭취해 주어야 합니다. 아울러 뇌 기능 발달에 도움이 되는 다양한 자극을 태아에게 해주어야 합니다.[8] 주어진 유전 환경에서 태아의 최선의 뇌 발달을 위해 산모와 가족들이 기울일 노력들입니다.

태교는 다름 아닌
부모의 노력과 정성

태교를 잘함으로써 아이가 신체적·정서적·인지적으로 매우 뛰어나게 되었다는 객관적 근거를 확인하기는 사실 쉽지 않습니다. 그러나 그 반대의 증거는 차고 넘칠 정도로 많습니다. 임산부가 위《열녀전》이나 태임의 태교 또는《태교신기》에서 강조하고 있는 태교 내용과 반대의 행동을 함으로써 태아가 신체적, 정서적 또는 인지적 결함을 갖게 된 경우를 주변에서 적지 않게 볼 수 있습니다.

산모가 부주의하게 위험한 곳을 갔다 몸에 문제가 발생해 유산하거나 태어난 아이가 '신체적으로' 문제가 생긴 경우, 임신 기간 동안 산모가 스트레스를 많이 받아 태어난 아이가 '정서적으로' 불안정한 경우, 산모가 임신 중 약을 잘못 먹어 아이의 '인지 기능'에 문제가 생긴 경우 등 다양한 사례들입니다.

자식의 생김새가 부모를 닮고, 임신 기간 중 산모의 스트레스 등이 태어날 아이에게 영향을 미친다는 것은 결국 아이의 신체·정서·인지 상태가 '부모의 유전자', '임신 중의 태내·외 환경' 두 가지에 좌우된다는 것을 의미합니다. 태교는 다름이 아닙니다. 일단은 신체적·정서적으로 건강한 아이를 낳기 위한 부모의 노력과 정성입니다. 그리고 주어진 유전자 환경에서 아이가 최상의 인지 능력을 갖출 수 있도록 도움되는 환경을 만드는 것입니다. 그렇게 해야 하는 이유는 명확합니다. 태어날 때 타고난 신체적 건강, 정서적 안정, 인지 능력이 그 사람의 평생 건강, 정서 그리고 뇌 활동에 크게 영향을 미치기 때문입니다. 태교의 중요성이《소학》첫머리에서 강조되고 있는 이유입니다.

02

모범

아이는 부모와 스승의 입이 아닌 등을 보고 자란다

빈약한 인성에 넘치는 재능은
다만 재앙일 뿐

지하철에서 있었던 일입니다. 초등학교 4-5학년 정도 되어 보이는 아들을 데리고 탄 엄마가 아들에게 "아들 미안해, 엄마가 빨리 자리를 잡지 못해서"라고 말했습니다. 빈자리가 나 재빨리 그 자리를 확보해 아들이 앉도록 했어야 했는데, 그만 옆에 서 있던 60대 승객에게 그 자리를 빼앗기고 말았다는 이야기였습니다. 무의식중에 아이의 몸이 불편한가 하고 힐끗 봤더니 그것은 아니었습니다. 매우 건강하고 활기차 보였습니다. 게다가 똑똑해 보이기까지 했습니다. 잠시 후 두 자리가 한꺼번에 나자 이번에는 놓치지 않고 모자가 함께 자리를 잡았습니다. 자리에 앉

자마자 엄마가 가방에서 무엇인가를 꺼내 아들에게 주었습니다. 영어로 된 크로스워드퍼즐(Crossword puzzle)이었습니다. 얼핏 내용을 보니 초등학교 4~5학년에게는 상당히 버거워 보이는 수준이었습니다. 아이는 눈을 반짝이며 엄마에게 물어보기도 하면서 빈칸을 채워 나갔습니다. 다분히 주위 사람들을 의식한 하이톤의 엄마 목소리에 뿌듯함과 자랑스러움이 넘쳐흘렀습니다.

고대시대 동양의 예禮를 집대성한 《예기》〈곡례상〉에서는 이렇게 말합니다.

"예禮는 와서 배우는 것이지, 가서 가르치는 것이 아니다."

禮聞來學 不聞往教
예문래학 불문왕교[9]

예禮는 본보기를 통해 저절로 본받게 되는 것이지 억지로 가르치는 것이 아니라는 의미입니다.

취학 아동을 데리고 대중교통을 이용할 때 빈자리가 나면 보통 부모들은 일부러라도 일단 연로자에게 자리를 양보합니다. 양보하는 예절의 본보기를 자녀에게 보이기 위해서입니다. 평소 그렇게 행동하지 않았던 어른들도 자식과 함께일 때는 그렇게 합니다. 어릴 때 부모의 본보기가 앞으로 많은 날을 살아갈 아이의 인성 형성에 크게 영향을 미치기 때문입니다.

재능이 뛰어난 아이일수록 부모의 본보기는 더욱 중요합니다. 그 뛰어난 재능이 사회는 물론 자신의 삶에 부디 독毒 아닌 약藥으로 작용되게 하기 위해, 뛰어난 재능에서 비롯된 '큰 영향력'이 꼭 '선한' '큰 영향력'이 되게 하기 위해 그렇습니다.

아이는 부모의
등을 보고 자란다

《정관정요》〈납간〉에 나오는 내용입니다. 중국 당 왕조 2대 황제인 태종(599-649)이 분노를 터뜨리면서 목유라는 자의 목을 당장 칠 것을 신하들에게 명령합니다. 그 누구도 감히 사형 명령의 부당함을 주장하고 나서지 못합니다. 이때 태자인 이치가 목숨을 걸고 간언합니다. 목유는 가까스로 죽음을 면합니다. 나중에 신하 장손무기가 황제에게 태자의 간언의 무모함에 대해 언급했습니다. 그러자 태종이 이렇게 말합니다.

> "대체로 사람이란 오래 함께하다 보면 자연스럽게 영향을 받는다 -중략- 태자는 어려서부터 목숨을 걸고 내게 간언하는 자에 대해 내가 기뻐하는 모습을 내 무릎 앞에서 보아왔다. 이런 상황을 보면서 저절로 물들어 지금 태자의 성품이 이루어졌으니, 바로 거기에서 오늘의 목숨을 건 간언이 나왔을 것이다."

夫人久相與處 自然染習 -중략- 太子幼在朕膝前 每見朕心悅諫者 因
染以成性 故有今日之諫
부인구상여처 자연염습 -중략- 태자유재짐슬전 매견짐심열간자 인
염이성성 고유금일지간[10]

어렸을 때 가까이서 '보면서 배우는 것'이 사람의 성품 형성에 크게 영
향을 미치고 또 가장 강력한 교육이라는 이야기입니다.

아이를 키울 때 부모들이 스스로 한 번씩 놀랄 때가 있습니다. 아이들
을 혼낼 때 쓰는 자신의 말투나 말이 어딘가 매우 낯익다는 느낌이 드는
것입니다. 그러다 소름이 돋으면서 깜짝 놀랍니다. 자신의 아버지 그리
고 어머니가 자신이 어렸을 때 혼내면서 쓴 바로 그 말투, 그 말이기 때
문입니다. 말투나 말 내용뿐만이 아닙니다. 아이들을 혼내는 방식까지
도 그렇습니다. 아버지가 자신을 혼내던 바로 그 방식 그대로입니다. 권
위적인 가정 분위기에서 자란 아이가 나중에 권위적인 가정을 이룰 가
능성이 있고, 폭력적인 부모 밑에서 성장한 아이가 어른이 되어 다시 자
녀들에게 폭력을 행사할 가능성이 높습니다.

아이는 끊임없이 부모로부터 배운다.
선善 또는 악惡, 둘 중 하나를

《한비자》〈외저설좌상〉에 나오는, 공자의 유가 정통을 계승한 증자와

관련된 이야기입니다. 하루는 증자의 처가 시장을 가는데 아들이 울며 계속 어미의 뒤를 쫓아왔습니다. 증자의 처가 아들을 달랠 요량으로 '집에 돌아가 얌전히 있으면 시장에서 돌아와 돼지를 잡아 맛있는 음식을 만들어 주겠다'고 타이릅니다. 아들은 돼지고기를 먹고 싶은 마음에 순순히 집으로 돌아갑니다. 증자의 처가 시장에서 돌아오니 증자가 막 돼지를 죽이려던 참이었습니다. 놀란 처가 증자를 말리면서 아이를 달래기 위해 장난 삼아 한 말일 뿐이라고 말합니다. 그러자 증자가 말합니다.

"어린아이를 속이면 안 된다. 어린아이는 백지장이다. 아이는 오로지 부모를 의지하고 부모로부터 세상을 배운다. 자식을 속이는 것은 곧 자식에게 속임수를 가르치는 것이다. 어미가 자식을 속이면 자식은 그 어미를 믿지 못하게 된다. 이것은 자식에 대한 올바른 교육이 아니다."

嬰兒非與戲也 嬰兒非有知也 待父母而學者也 聽父母之敎 今子欺也
是敎子欺也 母欺子 子而不信其母 非以成敎也
영아비여희야 영아비유지야 대부모이학자야 청부모지교 금자기야
시교자기야 모기자 자이불신기모 비이성교야[11]

공자가 《논어》 〈이인〉 편에서 말합니다.

"말을 함부로 내뱉지 아니하는 것은 혹시라도 실천이 따르지 못할 것을 부끄럽게 생각해서이다."
言之不出 恥躬之不逮也

언지불출 치궁지불체야[12]

증자가 공자의 계승자가 된 것은 그냥 된 것이 아닙니다. 증자는 공자의 가르침을 입과 머리에서 끝내지 않고 직접 본보기로 실천했습니다. 그리고 그 본보기로 자식을 교육시켰습니다.

사리 분별이 서기 전 몸과 정신에 밴 성품은 나중에 어른이 된 뒤 일부러 자신에게서 떼어내려 해도 떼어내기 힘듭니다. 자아가 형성되기 전 일찍이 물든 습성은 거의 본성처럼 몸과 뇌에 각인되기 때문입니다. 그것이 '선善'한 것이든 '악惡'한 것이든.

눈높이 교육이
답이다

《소학》〈선행〉 편에서는 "집안에 현명한 부모와 형이 없고, 집 밖에 엄격한 스승과 벗 없이 훌륭한 인물이 되는 경우는 드물다"[13]라고 말합니다. 교육은 집 그리고 학교, 양쪽에서 함께 이루어져야 한다는 이야기입니다. 《예기》〈학기〉 편에서는 15세가 되어 입학하는 동양 고대 대학에서의 네 가지 교육 원칙과, 구체적인 실천 방식을 말하고 있습니다.

"학생이 잘못을 저지르기 전에 미리 그것을 방지하는 것을 '예豫'라 하고, 적절히 때를 맞춰 교육시키는 것을 '시時'라 하고, 학생의 수용 능력을 고려해 교육하는 것을 '손(孫)'이라 하고, 그리고 학생들 간에 서로 어울리면서 언행이 선해지도록 하는 것을 '마(摩)'라 한다."

禁於未發之謂豫 當其可之謂時 不陵節而施之謂孫 相觀而善之謂摩
금어미발지위예 당기가지위시 불능절이시지위손 상관이선지위마[14]

"인도하면서도 끌어당기지 않으며, 힘을 들이면서도 억압하지 않으며, 향상시키면서도 단번에 수준을 높이려 하지 않는다. 인도할 뿐 끌어당기지 않으므로 저항하지 않고, 힘을 들일 뿐 억압하지 않으므로 학생의 마음이 편안하고, 향상시키면서 단번에 수준을 높이려 하지 않으므로 스스로 깨달을 여유를 갖게 된다. 배우는 사람이 이렇게 저항하지 않고 마음을 편히 먹으면서 아울러 스스로 깨달을 수 있도록 해야 좋은 교육이라 할 수 있다."

道而弗牽 强而弗抑 開而弗達 道而弗牽則和 强而弗抑則易 開易弗達
則思 和易以思 可謂善喩矣
도이불견 강이불억 개이불달 도이불견즉화 강이불억즉이 개이불달
즉사 화이이사 가위선유의[15]

배우는 학생의 태도뿐만 아니라 수준까지 고려한 '눈높이 교육'을 강조하고 있습니다. 교육의 주체는 앞에서의 내용처럼 학교의 스승뿐만 아니라 가정의 부모 형제입니다. 그와 더불어 벗들과의 사귐 자체입니다.

세상 모든 어른들은 어느 한순간도
어느 한 아이의 스승이 아닌 때가 없다

《소학》〈계고〉에 나오는 내용입니다. 공명선이라는 제자가 자신의 밑에서 공부를 시작한 지 3년이 지나도 글을 읽으려 하지 않자 증자가 왜 3년이 지나도록 배움을 추구하지 않는지를 묻습니다. 그러자 공명선이 대답합니다.

"어찌 감히 배우지 않고 있겠습니까? 제가 보니 선생님께서는 댁에 계실 때 선생님의 부모님이 계시면 개나 말에게도 함부로 성내면서 꾸짖는 일이 없었습니다. 제가 그것을 기쁘게 생각해 배우고 있으나 아직 잘되지 않습니다. 제가 보니 선생님께서는 손님을 대하실 때 항상 공경하는 자세로 검소하게 대접하시면서 소홀함이 없었습니다. 제가 그것을 기쁘게 생각해 배우고 있으나 아직 잘되지 않습니다. 제가 보니 선생님께서는 조정에서 일을 보실 때 엄격하게 아랫사람들을 대하면서도 그들을 함부로 하대하지 않으셨습니다. 제가 그것을 기쁘게 생각해 배우고 있으나 아직 잘되지 않습니다. 제가 이 세 가지를 기쁘게 생각해 열심히 배우고 있으나 아직 잘되지 않습니다. 제가 어찌 감히 아무 배움도 구하지 않으면서 그냥 시간만 보내고 있겠습니까?"

安敢不學 宣見夫子居庭 親在 叱咤之聲 未嘗至於犬馬 宣說之學而未能 宣見夫子之應賓客 恭儉而不懈惰 宣說之學而未能 宣見夫子之居朝廷 嚴臨下而不毀傷 宣說之學而未能 宣說此三者學而未能 宣安敢

不學而居夫子之門乎

안감불학 선견부자거정 친재 질타지성 미상지어견마 선열지학이미
능 선견부자지웅빈객 공검이불해타 선열지학이미능 선견부자지거
조정 엄림하이불훼상 선열지학이미능 선열차삼자학이미능 선안감
불학이거부자지문호[16]

선생이 학생에게 가르침을 주는 것이 '지식'에 앞서 '인성'이고, 학생의
배움은 선생님의 입에서 나오는 '말'이 아닌 바로 선생님의 '평소 행동과
태도'를 통해 이루어진다는 이야기입니다. 본보기를 보이는 선생님의
역할이 얼마나 중요한지를 드러내는 내용입니다.

흔히 아이 하나를 제대로 키우기 위해서는 동네 전체가 나서야 한다
고 말합니다. 동네 하나까지는 모르겠지만 최소한 좋은 본보기가 될 가
정과 학교, 부모와 선생님은 반드시 필요합니다.

중력을 잊은 듯 나풀거리며 내리는 작은 눈송이가 쌓여 우람한 거목
의 가지를 꺾습니다. 그저 스치듯 지나는 일상에서의 부모와 선생님의
행동 하나 표정 하나가 앞으로 이 세상을 만들어갈 한 아이의 성품을 결
정짓습니다. 아이의 참 교과서는 책이 아닙니다. 부모와 선생님의 평소
행동과 태도가 진짜 교과서입니다.

《소학》〈가언〉 편에서 말합니다.

"악惡한 일은 아무리 작은 것이라도 하지 않아야 되고, 선善한 일은 아
무리 작은 것이라 할지라도 반드시 해야 한다."

勿以惡小而爲之 勿以善小而不爲

물이악소이위지 물이선소이불위[17]

부모 된 이, 선생 된 이라면 깊이 새겨야 할 가르침입니다. 아니, 어른 된 이라면 누구나 가슴 깊이 새겨야 할 가르침입니다. 세상의 모든 어른들은 어느 한순간도 어느 한 아이의 스승이 아닌 때가 없으니까요. 본인이 원하든 원하지 않든.

환경

성장 환경이 교육의 절반이다

살아 있는 큰 책,
환경

고전 《회남자》 〈원도훈〉 편에 나오는 말입니다.

"귤나무를 강북으로 옮겨 심으면 탱자가 열린다."

橘樹之江北 則化而爲橙

귤수지강북 즉화이위등[18]

일찍부터 중국은 진령秦嶺 산맥과 회수淮水를 경계로 대륙을 남북으로 갈라왔습니다. 같은 나무가 경계의 남쪽에 있느냐 북쪽에 있느냐에 따라 그 열매가 달라진다는 것입니다. 환경의 영향이 매우 크다는 이야기입니다.

서리가 겨울을 재촉하기 시작하면 코스모스는 자신의 씨앗을 바람에 날립니다. 다음 해를 기약하기 위해서입니다. 씨앗은 농수로로 떨어지기도 하고, 용케 논둑에 올라앉기도 하고, 아스팔트 위로 내동댕이쳐지기도 합니다. 그리고 이듬해 하늘이 높아지는 계절이 다시 찾아오면 운 좋게 논둑에 올라앉은 씨앗은 어김없이 그 맑고 고운 하늘거리는 자태를 드러냅니다. 환경을 잘 만난 씨앗은 꽃피고 그렇지 못한 씨앗은 그냥 의미 없이 사라집니다. 환경이 중요합니다.

환경은 식물에게만 중요한 것이 아닙니다. 사람에게도 똑같이 중요합니다. 맹자는 어렸을 때 묘지 가까운 곳에서 살았습니다. 친구들과 하루 종일 뛰어놀며 묘지 놀이를 했습니다. 묘를 만들고 사람을 묻는 것을 흉내 내는 놀이였습니다. 맹자 어머니는 안 되겠다 싶어 이사합니다. 시끌벅적한 시장이 있는 곳이었습니다. 새로 이사한 곳에서 맹자는 친구들과 물건을 사고파는 놀이를 하면서 시간을 보냅니다. 맹자의 어머니는 다시 이사합니다. 이번에는 학교가 있는 곳이었습니다. 맹자는 친구들과 예절 놀이를 하면서 시간을 보냈습니다. 맹자의 어머니는 그제야 안심하고 그곳에 정착해 살았습니다.[19]

시간이 지나 장성한 맹자는 오늘날 우리가 아는 대로 고대 동양을 대표하는 학자가 됩니다. 맹자의 어머니가 자식 교육에 좋은 환경을 찾아 세 차례나 이사했다는 맹모삼천지교孟母三遷之敎입니다.

　오늘날 도시의 부동산 가격에 크게 영향을 미치는 몇 가지 핵심 요소가 있습니다. 이른바 역세권, 숲세권, 강세권 등과 같은 것들입니다. 그중 우리나라 부동산 가격에 가장 크게 영향을 미치는 것은 다름 아닌 학세권學勢圈입니다. 이른바 명문대를 많이 보내는 고등학교가 있는 학군인지, 유해시설이 없는 환경에서 학생들이 안전하게 도보로 통학할 수 있고 아울러 좋은 학원들이 잘 갖춰져 있는 교육 환경인지 등을 따지는 학세권입니다. 서울뿐만이 아닙니다. 전국 모든 도시가 이 학세권 여부에 따라 부동산 가격이 크게 달라집니다.

　맹모삼천지교의 정신이 동양, 아니 전 세계 그 어느 곳보다도 강력하게 실천되고 있는 곳이 바로 21세기 우리나라입니다. 맹모도 두 손 두 발 다 들고 울고 갈 정도입니다. 환경이 자녀 교육에 크게 영향을 미친다는 것을 가장 절절히 느끼고 있는 이들이 바로 우리나라 학부모들인 셈입니다. 자녀 교육을 위해서라면 맹모삼천孟母三遷, 아니 맹모백천孟母百遷 즉, 백번의 이사도 감수할 태세입니다.

자녀의 '행복가치(Happiness value)'에 맞는 환경이 최고의 교육 환경

맹자는 도덕가이자 현자이지 큰 부자이거나 권력을 손에 쥐었던 사람이 아닙니다. 오늘날 기준으로 보자면 소위 출세를 하거나 사회적으로 크게 성공한 그런 사람이 아닙니다. 도덕과 지혜를 겸비한, 어찌 보면 구루(Guru)에 가까운 인물이었습니다.

그의 지혜는 당시 실용학문이라 할 수 있는 부국강병·패도覇道의 정치술이나 병법이 아닌, 왕도정치를 지향하는 인의仁義의 덕이었습니다. 현실의 권력자들이 보기에는 공허했습니다. 이곳저곳 여러 왕들을 찾아다니며 열심히 유세했으나 어느 곳에서도 맹자의 주장을 중히 채용하지 않았습니다. 그래서 70세 무렵 결국 고향으로 돌아와 83세로 삶을 마칠 때까지 제자를 기르는 입언立言에 주력했던 인물이 바로 맹자입니다.

어릴 때 학교가 있는 곳으로 이사해 친구들과 놀면서 그가 시간을 보냈던 것도 병정놀이나 상대를 이기기 위해 꾀를 내는 그런 놀이가 아니었습니다. 즉, 실용적인 병법술이나 종횡가縱橫家가 되는 데 도움이 되는 그런 놀이들이 아니었습니다. 제사상을 차리거나 사람 간에 지켜야 할 예의를 익히는 그런 놀이들이었습니다. 한마디로 '학교가 가까이 있는 환경'에서 맹자가 자연스럽게 몸에 익힌 것은 다름 아닌, '사람의 도리'에 관한 것이었습니다.

어떤 환경이 자녀 교육에 좋으냐는 나중에 아이가 어떤 직업을 갖기를 원하는가에 따라 다를 것입니다. 아이가 자라 장사를 해 돈을 많이 벌기를 원한다면 시장 가까운 곳이 좋을 것이고, 아이가 지식을 많이 쓰는 직업을 갖기를 원한다면 도서관과 서점이 가까워 도서관·서점을 자기 집처럼 들락거릴 수 있는 곳이 좋을 것이고, 아이가 운동선수가 되기를 원한다면 주변에 운동시설과 국제 수준의 경기장이 있어 마음껏 운동하면서 어려서부터 세계적인 운동선수들을 가까이서 볼 수 있는 곳이 좋을 것입니다. 각각 그 직업에서 경쟁력을 갖추는 데 도움이 될 것이기 때문입니다.

건강한 민주시민으로 성장하는 데 최적의 환경은?

모든 사람은 한 명의 직업인이기 전에 먼저 독립된 인격체이고 한 사회의 시민입니다. 독립된 인격체로서의 시민은 이성적 존재로 자신의 가치를 실현하면서 동시에 사회구성원으로 사회발전에 참여할 의무를 지닙니다. 한 인간으로서의 자기실현과 민주시민의 바탕에 더해진 직업적 탁월성은 본인을 의미 있는 존재로 만들고 사회에는 풍요를 선사합니다.

그렇다면 이성적 인격체 그리고 건강한 민주 시민으로 성장하는 데 좋은 환경은 어떤 것일까요? 그리고 나아가 장차 각자의 직업적 탁월성을 확보하는 데 도움되는 보편적인 환경은 어떤 것일까요?

첫째, 다양한 경험을 할 수 있는 환경입니다.

건강한 민주사회는 다양성과 그 다양성의 조화를 전제로 합니다. 어릴 때부터의 다양한 경험은 타인과 타 분야에 대한 이해를 깊게 하고 아울러 소통을 원활하게 합니다. 타인 및 타 분야에 대한 이해와 소통은 독립된 인격체 간에 협조를 가능하게 합니다.

또한 다양한 경험은 장차 직업 선택에도 도움이 됩니다. 경험은 가장 강력한 자극이자 동기부여입니다. 적지 않은 경우, 사람들의 직업은 어릴 때의 경험과 관련이 깊습니다. 잠깐의 경험과 느낌이 결과적으로 평생 직업으로 이어지게 되는 거죠. 다양한 경험은 자신에게 가장 적합한 직업을 자연스런 환경에서 느끼고, 관심 갖게 되는 최고의 직업 교실입니다.

둘째, 될 수만 있다면 지나치게 넘치지도 않고 지나치게 부족하지도 않은 물질적 환경이 이상적입니다.

애덤 스미스는《도덕감정론》에서 바람직한 인간이 갖추어야 할 두 가지 속성으로 '관대함'과 '인내심'을 언급하면서 '관대함'은 유복한 환경에서, '인내심'은 결핍된 환경에서 형성된다고 말합니다.[20] 관점이 다소 중세적이긴 하지만 오늘날 자본주의 환경에서도 전혀 틀린 말은 아닙니다. 일반적으로 인간은 여유로움 속에서 타인에 대한 배려를, 결핍 상태에서는 자기억제력을 지니는 경향을 가집니다. 뒤집어 말하면, 풍요 속에서는 자기억제력을 기르기 쉽지 않고 결핍 속에서는 자신의 주위를 돌아볼 여유를 갖기 힘들다는 말이기도 합니다. 그러나 또한 현실에서 지나친 궁핍은 자기억제력마저 꺾을 수 있고 지나친 넘침은 배려를 넘어 방종으로 사람을 내달리게 하기도 합니다.

인간의 삶은 '배려'와 '자기 억제' 모두를 필요로 합니다. 배려는 타인에 대해, 그리고 자기 억제는 자신에 대해 각각 덕德으로 작용하기 때문입니다. 지나친 궁핍도, 지나친 넘침도 없는 상황은 '배려' 그리고 '자기억제' 모두의 형성에 도움이 됩니다. 물론 이때는 환경만이 아닌 사람의 의지도 어느 정도 함께 작용해야 할 것입니다.

셋째, 좋은 사람들 또는 같은 목적을 지향하는 이들과 함께할 수 있는 환경 조성이 중요합니다.

부처의 사촌 동생 아난존자가 부처에게 여럿이 함께 모여 깨달음을 추구하니 공부의 절반이 저절로 되는 것 같다고 말하자, 부처가 대답하길 절반이 아니라 전부라고 말합니다.[21]

사람들은 같은 목적을 추구하는 이들과 함께할 때 그 일을 더욱 잘할 수 있습니다. 그래서 책을 좋아하는 이들은 책을 좋아하는 이들끼리 어울리고, 운동을 좋아하는 이들은 운동을 좋아하는 이들끼리, 또 남을 괴롭히기를 좋아하는 이들은 또 그들끼리 함께 어울려 다닙니다. 그렇게 하는 주된 이유는 아난존자의 말처럼, 그렇게 할 때 학습의 절반이 저절로 이루어지기 때문입니다. 좋은 사람이 되기 위해서는 마땅히 좋은 사람들과 함께하는 환경이어야 합니다. 그리고 뛰어난 능력을 갖추기 위해서는 그런 뛰어난 능력을 갖춘 이들 또는 그런 능력을 추구하는 이들과 함께하는 환경이어야 합니다.

마지막 네 번째로는 스스로에 대한 격려와 긍정적 평가가 중요합니다.

애덤 스미스는 《도덕감정론》 〈미덕의 성품〉에서 이렇게 말합니다.

"자화자찬이 없다면 세상에서의 대성공, 인류의 감정과 의견을 지배하는 위대한 권위를 획득하기가 어렵다."[22]

뛰어난 이들의 성과 배경에는 바로 과도할 정도의 스스로에 대한 칭찬이 작용했다는 이야기입니다.

주위에서 소위 성공한 사람들을 살펴보면 그 성공이 반드시 능력과 비례하지는 않는다는 것을 알 수 있습니다. 능력을 넘어선 성공이 적지 않습니다. 물론 그 반대의 경우도 봅니다. 주위에서 실패한 사람들을 보면 반드시 능력 부족 때문에 실패하지 않습니다. 뛰어난 능력에도 불구하고 실패한 경우가 적지 않습니다. 각각의 주요 이유 중 하나는 다름이 아닙니다. 자기 자신에 대한 과도한 믿음, 과도한 의심입니다. 자기 자신에 대한 과도한 의심은 그의 삶에서 도전이나 시도 자체를 원천적으로 차단합니다. 어떤 한 분야에서 뛰어난 성과를 내는 데 자화자찬, 자신감, 긍정적 사고는 매우 중요합니다. 때로는 자만감自慢感마저도.

누구도 다른 사람의 짐을 대신 질 수 없다

이슬람 경전인 《코란》〈가축의 장〉에서는 이렇게 말하고 있습니다.

"누구도 다른 사람의 짐을 질 수는 없다."[23]

부모가 자녀를 위해 해줄 수 있는 것은 자녀의 짐을 대신 지는 것이 아니라, 부모가 곁에 없더라도 인생이라는 자신의 짐을 혼자 거뜬히 질 수 있도록 힘을 키워주는 것입니다. 바로 올바른 힘, 본인과 사회의 더 큰 행복 실현에 도움이 되는 힘 기르기에 적절한 환경을 조성해 주는 일입니다.

동물이나 식물은 자라면서 편차가 그리 크지 않습니다. 있어봤자 거기서 거기입니다. 그러나 인간은 그렇지 않습니다. 자라면서 하늘과 땅 차이로 삶의 내용이 달라집니다. 환경이 동물이나 식물보다 인간에게 더 중요한 이유입니다. 선한 '본성'으로서의 인성은 20대가 되기 전에 완성됩니다. 그리고 직업 선택도 상당 부분 어린 시절 우연한 만남 또는 잠깐의 특별한 느낌과 경험이 계기로 작용하는 경우가 많습니다. 성장 환경이 매우 중요합니다. 환경이 교육의 절반입니다.

명륜

明倫

·

윤리를
밝히다

'그리된 까닭(所以然之故소이연지고)' vs. '마땅한 법칙(所當然之則소당연지칙)'

사물과 사람은 각자 이치를 지닙니다. '사물의 이치'를 '물리物理'라 하고, '사람의 이치'를 '윤리倫理'라 합니다. '사람의 이치'는 '본성'과 '이성' 영역으로 나뉩니다. 우리는 학교에서 《물리》 과목을 통해 '사물에 대한 기본 이치'를 배우고, 《윤리》 과목을 통해 '사람에 대한 기본 이치'를 배웁니다.

주희는 《맹자》 〈만장장구상〉 해설에서 이윤伊尹의 말을 빌려 이렇게 말합니다.

"지知는 '마땅한 바', 즉 '소당연所當然'을 아는 것을 말하고, 각覺은 '그리 된 까닭', 즉 '소이연所以然'을 깨닫는 것을 말한다."

知 謂識其事之所當然 覺 謂悟其理之所以然

지 위식기사지소당연 각 위오기리지소이연[1]

또한 주희는《대학혹문》〈권1〉에서 이런 말을 합니다.

"이 세상 모든 존재는 반드시 각자 '그리된 까닭'인 '소이연지고所以然之故'와 '마땅한 법칙'인 '소당연지칙所當然之則'을 지니고 있으니, 이른바 '이치(理理)'다."

天下之物則必各有所以然之故與其所當然之則 所謂理也

천하지물즉필각자소이연지고여기소당연지칙 소위리야[2]

'소이연지고所以然之故'는 이 세상 모든 존재들의 '근원' 또는 '본질'을 말합니다. 그리고 '소당연지칙所當然之則'은 이 세상 모든 존재들의 작용 '법칙'을 의미합니다.

사물 및 일반 생물과 사람 사이에는 건널 수 없는 경계가 있습니다. 바로 '자유의지' 소유 여부입니다. 사람은 '자유의지'를 가지고 있습니다. 반면 사람 이외 다른 존재들은 자유의지가 없이 기계적이거나 거의 기계적입니다.

사물과 일반 생물은 기계적·본능적으로 작용하고, 인간은 의지적으로 행위한다

돌이나 바람과 같은 무생물은 완벽하게 기계적이고, 식물이나 일반 동물 같은 생물은 거의 기계적입니다. 사람 이외의 존재들은 생명이 없거나 생명이 있다 할지라도 이성과 의지가 없습니다. 따라서 일반 사물과 인간 외의 생물은 그 '본질'인 '소이연지고所以然之故'가 곧, 작용 '법칙'인 '소당연지칙所當然之則'이 됩니다. 타고난 본성 또는 본능대로 움직이니까요.

반면, 사람은 '자유의지'를 가졌습니다. 따라서 사람이 '마땅하다(當然당연)'고 생각하는 '법칙(則칙)'인 '소당연지칙所當然之則'은 본성인 '소이연지고所以然之故'와 일치할 수 없습니다. 이성적 존재로서의 '자유의지'가 클수록 그 사람은 '소당연지칙所當然之則'에 따라 행동하게 됩니다.

따라서 동양철학에서는 대체로 '소이연지고所以然之故'를 '일반 사물의 이치와 작용'으로, 그리고 '소당연지칙所當然之則'을 '사람의 자유의지에 의한 윤리적 행동'으로 구분합니다.[3] 즉, '소이연지고所以然之故'는 '자연적 법칙', '소당연지칙所當然之則'은 '도덕적 법칙'을 나타내는 식이죠.

일반 사물이나 동식물은 없던 것을 새로 만들어내거나 문화를 창출하지 못하지만 동시에 파괴적이지도 않습니다. 기계적인 법칙을 따를 뿐이고 법칙은 그 자체로 조화롭습니다. 반면, 서로 반대로 드러나는 두 가지 '감정'과 거기에 '이성적 의지'까지 갖춘 인간은 건설적이면서 동시에 파괴적입니다. 원래의 '선한 본성'에서 비롯된 '선한 감정'이 '이성적 의지'를 지원하거나 '자유의지에 의한 윤리적 행동'이 작용하면 건설적으로 행동하지만, '악한 감정'이 '이성적 의지'를 지배하게 되면 인간은 파괴적인 경향을 보입니다. 그리고 그때의 파괴 대상은 인간으로서의 자기 자신, 이웃, 심지어 한 사회 전체가 되기도 합니다.

그래서 인간사회는 인간이 지닌 '악한 감정'은 억제하고 '선한 본성'은 권장합니다. 바로 '사람의 이치' 중 선한 '본성으로서의 윤리倫理'를 밝히는 작업이 먼저 요구되는 이유입니다.

'사람(人인)'의 '이치(理리)'를 '인리人理' 아닌 '윤리倫理'로 나타내는 까닭은?

여기서 한 가지 짚고 넘어갈 것이 있습니다. 왜 한자권에서 '사람(人인)의 이치(理리)'를 '인리人理'가 아닌 '윤리倫理'로 나타낼까 하는 의문입니다. 즉, '사람 인人'이 아닌 '도리 윤倫' 자를 쓰는 이유입니다. '사물의 이치'가 '물리物理'라면, '사람의 이치'는 마땅히 '인리人理'가 되어야 할 터인데 그렇지 않습니다.

한자 의미로 따져보자면, '윤倫' 자는 '사람 인人'과 '생각할 윤侖'의 조합으로 이루어져 있습니다. 그 이야기는 '인人', 즉 '사람'의 '법칙'이긴 한데 사물처럼 수동적·기계적으로 주어진 법칙만이 아니라 '윤侖', 즉 능동적·의지적인 사람의 '생각'도 포함된 도덕으로서의 '사람의 법칙'이라는 의미입니다. 칸트가 말한 것처럼, 인간은 아무런 생각 없이 그저 기계적으로 주어진 법칙대로 움직이는 존재가 아니라 스스로 자신에게 도덕적 의무를 지워 자유의지에 의해 움직이는 존재라는 이야기입니다.

그래서 '윤리倫理'는 '물리物理'처럼 단순히 처음부터 인간에게 '본성'적으로 주어진 행동 법칙에서 끝나지 않고, 인간의 '이성' 스스로가 '마땅한 바'라고 생각해 자신에게 의무화한 '이성의 도덕 법칙'까지 포함합니다. 인간이 다른 모든 사물 및 동식물과 가장 뚜렷하게 구분되는 경계이자, 동시에 인간으로 하여금 인간으로서의 자존감自尊感을 갖게 하는 인간 존엄성의 근거입니다. '인간의 이치'를 '인리人理' 아닌 '윤리倫理'로 나타내는 의미입니다. 우리가 일상에서 사용하는 '윤리倫理'라는 말의 의미도 이 차원입니다.

그가 비록 배움이 없다 할지라도
나는 그를 배운 이라 하리라

맹자는 일찍이 고대부터 학교를 설립해 사람들을 가르친 것은 바로 '인간으로서의 도리인 윤리를 밝히기 위한 것'[4], 즉 '명륜明倫'을 하기 위한 것이라 하였습니다. 그러면서 인간으로서의 핵심 도리 다섯 가지를 들었습니다.

바로 '부모와 자식 간에는 친함이 있어야 하며(父子有親부자유친)', '군주와 신하 간에는 옳음이 있어야 하며(君臣有義군신유의)', '남편과 아내 간에는 분별이 있어야 하며(夫婦有別부부유별)', '연장자와 연소자 간에는 차례가 있어

야 하며(長幼有序장유유서)', '친구 간에는 믿음이 있어야 한다(朋友有信붕우유신)'
다섯 가지입니다.[5]

주희는 맹자의 이 다섯 가지 윤리 법칙을 '인간이 지켜야 할 큰 윤리',
즉 '대륜大倫[6]이라 하였습니다. 유가의 도통을 물려받은 공자의 손자 자
사는 다섯 가지의 윤리 법칙을 '다섯 가지 달도達道'라 하였습니다. 인간
이라면 시공을 초월해 누구나 지켜야 할 다섯 가지 불변의 법칙이라는
의미[7]입니다.

조선시대 국립교육기관으로 서울에는 성균관, 지방에는 향교가 있었
습니다. 성균관과 향교에서 강의가 이루어지는 공간이 '명륜당'입니다.
바로 '윤리를 밝히는 집'이라는 의미의 그 '명륜당明倫堂'입니다.

배움의 핵심은 사실 다른 것이 아닙니다. 인간 간에 지켜야 할 최소한
의 선한 도리와 예의, 그것이 배움의 출발이자 동시에 궁극입니다.

공자의 제자 자하는 《논어》〈학이〉 편에서 부모나 윗사람 그리고 친
구에게 자신이 해야 할 도리를 다하는 이에 대해 이렇게 말했습니다.

"그가 비록 배움이 없다 할지라도 나는 그를 배운 이라 하리라."

雖曰未學 吾必謂之學矣
수왈미학 오필위지학의[8]

오늘날 우리가 추구하는 지식의 대부분은 직업적 탁월성을 위한 기술

적 지식으로, 물질적 풍요를 얻기 위한 것들입니다. 인간된 선한 도리와 예의가 배제된 기술적 지식은 잘해 봤자 개인의 이기심 충족을 위한 수단에 머무를 뿐이고, 나쁘게 사용될 경우 한 사회의 신뢰 체계를 무너트리는 거악巨惡이 되기도 합니다. 인간사회에 근본적으로 그리고 필수적으로 요구되는 배움은 사실 기술적 지식 이전에 인간의 선한 품성과 관련된 것들입니다. 바로 '명륜明倫'을 하는 것입니다.

Ⅱ편 '명륜明倫-윤리를 밝히다'에서는 맹자의 5륜을 《소학》 내용 중심으로 차례대로 살펴봅니다. 물론 신분 사회 아닌 오늘날 21세기 민주사회에서의 인간 존재 의미가 충분히 반영된 내용으로입니다.

3장

부자유친
父子有親

·

부모와
자식 간에는
'친함(親친)'이
있어야

부모 자식 관계에서 그 어떤 것보다 우선되는 것이 부모 자식 간의 '친함'입니다. 생물학적으로 자손을 잘 잇기 위해서도 그렇지만, 인간의 삶에서 부모 자식 간의 따뜻한 관계보다 더 기쁨을 주는 일이 없고, 부모 자식 간에 서로 등을 지는 것보다 사람을 슬프게 하는 일은 없기 때문입니다.

물론 실리적인 측면에서도 그렇습니다. '집안이 화목하면 모든 일이 잘 풀린다'는 '가화만사성家和萬事成'의 의미 그대로, 부모가 자식에게 힘이 되고 자식이 부모에게 기쁨이 되면 집 바깥에서의 학업이나 직업 그리고 사람 관계와 같은 일들이 훨씬 더 순조로울 수밖에 없습니다. 또 어떤 어려움이 닥치더라도 사랑하는 자식을 위해 또는 부모의 기쁨을 위해 용기를 내고 힘을 내 어떻게든지 그 어려움을 극복합니다. 부모 자식 간의 사랑이 세상의 모든 어려움을 이겨내는 힘이 됩니다.

이 장에서는 부모와 자식 간의 '친함'을 유지하기 위한 핵심을 알아봅니다. 첫째, '자녀의 역할-자녀는 자식으로서의 기본 도리를 해야', 두 번째, '부모의 역할-부모는 인내에 인내를 더해야', 그리고 마지막 세 번째, '현명한 부모-자녀에 대한 객관적 인식이 자녀와의 단절을 막는다' 세 가지입니다.

사람 간의 '친함'은 어느 한쪽만의 노력으로 이뤄지지 않습니다. 상호 간의 노력이 요구됩니다. 자녀는 부모에 대한 우호적인 태도와 존중하는 자세를 자식의 도리로 삼고, 부모는 자식이 미생에서 완생의 성인으로 성장하는 과정에서 인내를 그 첫째 의무로 삼아야 합니다. 그리고 아울러 자식에 대한 지나친 집착 또는 그 반대의 무관심을 경계하기 위한, 자녀를 객관적으로 이해하기 위한 노력이 있어야 합니다.

성경 〈잠언15:17〉에서는 말합니다.

"서로 미워하며 살진 쇠고기를 먹는 것보다 서로 사랑하며 채소를 먹는 것이 더 낫다."

맹자는 《맹자》〈공손추장구하〉 편에서 말합니다.

"하늘의 운이 환경의 유리함을 이길 수 없고, 환경의 유리함이 사람 간의 화목을 이길 수 없다."

天時不如地利 地利不如人和
천시불여지리 지리불여인화[1]

가족 간의 사랑, 가족 간의 화목, 가족 간의 친함이 세상을 살아가는 데 그 어떤 것보다 강력한 무기라는 이야기입니다.

자녀의 역할

자녀는 자식으로서의 기본 도리를 해야

고대의 효도가
오늘날의 효도와 같을 수 없다

자식이 부모에게 효도를 해야 하는 근거는 부모가 자신을 이 세상에 존재하게 했고, 또 하나의 독립된 인격으로 세상을 살아갈 수 있도록 길러주었기 때문입니다. 내가 인간으로 태어나 이 세상에 있게 하고 또 온전히 독립할 때까지 돌봐준 것보다 더 큰 은혜는 없습니다.

그래서 공자는 《소학》〈명륜〉 편에서 "이 세상의 죄 중 불효보다 더 큰 죄는 없다"[2]라고 말하면서, 《논어》〈위정〉 편에서는 공부도 이런 효도와 같은 인간의 기본 도리를 다하고 난 다음에야 하는 것이라고 말합니다.[3]

다른 여러 윤리들이 그렇듯 자식 된 도리로서의 효孝 역시 고대와 지금이 같을 수 없습니다. 생활환경이 크게 다를 뿐만 아니라 근대 이전의 신분사회, 수직사회 그리고 권위주의 사회에서의 인간 또는 인간관계에 대한 인식이 오늘날의 계약사회, 수평사회, 민주주의 사회에서의 그것과 근본적으로 다르기 때문입니다.

부모가 돌아가시면 치르는 3년상(정확하게는 25개월)[4]과 같은 도리는 오늘날 생활환경에서는 애초부터 불가능합니다. '결혼한 아들이 아내를 사랑하더라도 부모가 싫어할 경우 그 아내를 집에서 내보내야 한다'[5]는 것과 같은 자식의 도리 역시 독립된 인격체인 성인들 간에 상상도 할 수 없는 일입니다.

그러나 상황이 바뀌거나 시대가 바뀌어도 변하지 않는 상수가 있습니다. 바로 부모와 자식이라는 천연의 특수한 관계입니다. 그리고 그 특수한 관계에 따른 자식으로서의 최소한의 도리입니다.

자신의 몸을 안전하게 하는 것이 효도의 출발이다

공자는 《소학》〈명륜〉 편에서 말합니다.

"머리끝에서 발끝까지의 몸은 부모로부터 받은 것이니 이를 훼손하거나 다치지 않게 잘 간수하는 것이 효도의 시작이고, 훌륭한 인물이 되어 옳은 뜻을 펼치면서 이름을 널리 알려 부모를 세상에 드러나게 하는 것이 효도의 마무리다."

身體髮膚 受之父母 不敢毀傷 孝之始也 立身行道 揚名於後世 以顯父母孝之終也
신체발부 수지부모 불감훼상 효지시야 입신행도 양명어후세 이현부모효지종야[6]

바로 '머리끝에서 발끝까지의 몸은 부모로부터 받은 것'이라는 저 유명한 유교적 효孝의 전형, '신체발부 수지부모身體髮膚 受之父母'가 등장하는 구절입니다. 표현은 지극히 예스럽지만 내용은 사실 오늘날 효의 기본과 다르지 않습니다.

모든 부모가 자식에게 가장 바라는 것은 다름 아닌 자식의 안전과 건강입니다. 자신이 몸을 다치고 아픈 것보다 부모에게 더 속상하고 고통스러운 것이 자식이 몸을 다치거나 아픈 것입니다. 그리고 그다음 부모가 바라는 것은 자식이 사회에 나가 세상에 기여하면서 자신의 역할을 다하는 것입니다. 자기가 낳은 자식이 자신보다 더 나은 사람이 되어 옳은 일을 하면서 세상 사람들로부터 존중받고 풍요롭게 잘사는 것은 부모 입장에서 이 세상 그 어떤 것보다 큰 기쁨입니다. 물론 자식이 성장해 사회에 나가 어떤 역할을 어떻게 할 것인가까지 부모가 이래라저래라 하고 나설 일은 아닙니다. 그것은 기본적으로 부모의 몫이 아닌 자식 본인의 몫입니다.

공자의 주장에 더해, 효의 바탕은 자식의 부모에 대한 친절과 정성입니다. 사람은 누구에게나 친절하고 정성을 다해야 하지만 천연의 관계인 부모나 형제에게는 더욱 그렇습니다. 세상의 일과 이해타산에서 벗어나 쉬고 위로받을 수 있는 마지막 안식처, 그리고 세상에서 유일무이한 무조건적 격려를 받을 수 있는 쉼터가 바로 부모이고 형제이기 때문입니다.

돈독한 정 나눔이 다른 모든 가치를, 때로는 옳음이나 정의까지도 무색하게 할 수 있습니다. 바로 부모 자식 관계, 형제 관계에서입니다. 부모 자식 관계, 형제 관계가 그토록 특별한 이유는 명백합니다. 자식은 부모의 몸과 정신으로부터 나오고 형제는 그 부모의 몸과 정신을 함께 나눈 사이입니다. 동일한 사람은 아니지만 몸과 정신의 상당 부분이 겹치는 관계에서 무조건적으로 애정을 쏟고 자신이 할 수 있는 모든 친절과 정성을 다하는 것은 논리적으로나 정서적으로나 정상이고 마땅합니다.

20대가 된 자식이 부모와 다투는 것 중 하나가 귀가 시간입니다. 귀가가 늦어지면 부모는 자식이 귀가할 때까지 잠자리에 들지 못합니다. 자식 입장에서는 왜 다 큰 자식을 쓸데없이 걱정하느냐며 불만스러워하고 귀찮아합니다.

공자는 《논어》 〈이인〉 편에서 말합니다.

"밖에 놀러 갈 때는 멀리 가서는 안 되며, 나갈 때는 반드시 그 행선지를 부모에게 알려야 한다."

不遠遊 遊必有方

불원유 유필유방[7]

부모가 자식을 기다리는 것은 당연히 자식의 안전 때문입니다. 늦게까지 잠들지 못하고 자식 모두가 귀가할 때까지 골목을 몇 번이나 기웃거리는 것은 부모 자신도 어쩌지 못하는 일입니다. 바로 자식이 자신의 일부이면서 동시에 영원한 생명으로 이어지는 자신의 연장이기 때문입니다.

효도의 출발은 자식된 입장에서 몸의 안전입니다. 자식의 안전에 대한 부모의 염려는 의지 아닌 부모 된 이로서의 본능의 영역입니다. 효도는 자식이 자신의 안전에 대해 부모가 염려하지 않도록 하는 데서부터 출발합니다.

'혼정신성昏定晨省'의 정신·원칙은 오늘날에도 여전히 유효하다

안전과 건강에 대한 염려는 일방이 아닌 상호적입니다.

《예기》〈곡례상〉 편에서는 이렇게 말합니다.

"밤이 되면 부모의 잠자리를 봐드리고, 아침에는 부모의 안부를 살핀다."

昏定而晨省

혼정이신성[8]

'혼정이신성昏定而晨省'은 접속사인 가운데 '이而'를 생략해 흔히 '혼정신성昏定晨省'으로 사용됩니다. 《예기》〈곡례상〉 편에서의 혼정신성에 대한 세부 내용과 절차는 사실 매우 까다롭고 복잡합니다. 부모에 대한 정성도 좋지만 형식이 지나치고, 오늘날 생활환경에서는 거의 실천 불가능한 내용들입니다. 그러나 아침저녁으로 부모를 찾아보는 그 정신과 원칙만은 오늘날에도 여전히 유효합니다.

부모와 함께 사는 자녀는 잠자리에서 일어나면 제일 먼저 부모 방을 찾아야 합니다. 부모의 얼굴을 직접 대하면서 새롭게 시작하는 하루의 평안을 바라는 마음으로 안부 확인과 함께 인사를 해야 합니다. 21세기 버전의 '간편식 신성晨省'입니다. 그리고 밤이 되어 잠자리에 들기 전에 역시 부모를 찾아야 합니다. 얼굴을 보면서 낮 동안의 부모의 노고에 감사하는 마음을 담아 부모의 편안한 휴식을 기원하는 인사를 해야 합니다. 21세기 버전의 '간편식 혼정昏定'입니다.

21세기 버전의 간편식 혼정과 신성은 나이가 적든 많든 부모와 같은 공간에 사는 자식이라면 누구나 반드시 지켜야 합니다. 자신을 낳아주고 길러준 이에 대한 최소한의 예의이자, 같은 가족으로 하루를 시작하고 마무리하는 행복 세리모니이기 때문입니다.

하루가 시작되는, 그리고 하루가 마무리되는 때의 따뜻한 말 한마디,

온화한 표정은 오늘 또 하루 힘을 내 살아야 할 이유와 용기를 주고, 낮 동안의 생업에서 입은 여러 상처를 치유해 평화로운 휴식을 취할 수 있게 합니다. 물론 아침저녁으로 부모가 자녀에게 건네는 따뜻한 말 한마디, 온화한 미소 역시 자녀에게 큰 격려와 힘이 됩니다.

혼정신성昏定晨省은 부모와 함께 사는 자식에게만 해당되는 것이 아닙니다. 부모로부터 독립한 자식도 마찬가지로 지켜야 합니다. 독립한 자식의 혼정신성은 전화나 문자 또는 직접 찾아보는 것 그 어느 것도 좋습니다. 매일 또는 며칠에 한 번도 좋습니다. 부모가 자식의 안부를 궁금해하거나 걱정하는 마음이 들지 않을 정도면 됩니다.

독립해 사는 자식과 부모 간에는 자식이 생각하는 혼정신성의 시간 간격과 부모 입장에서의 혼정신성 시간 간격에 차이가 있기 마련입니다. 혼정신성은 자식이 부모를 위해 하는 것입니다. 서로의 시간 간격에 차이가 있다면 자녀가 부모의 기준에 맞추는 것이 맞습니다. 그렇게 하는 것 자체가 이미 혼정신성입니다.

형제간에 우애 있게 사는 것 이상 큰 효도는 없다

《예기》〈제의〉 편에서는 이렇게 말하고 있습니다.

"효자로서 부모를 깊이 사랑하는 이는 반드시 온화한 기운을 지니며,

온화한 기운은 즐거워하는 낯빛으로 나타나며, 즐거워하는 낯빛은 부드러운 얼굴 표정을 짓는 것이다."

孝子之有深愛者 必有和氣 有和氣者 必有愉色 有愉色者 必有婉容
효자지유심애자 필유화기 유화기자 필유유색 유유색자 필유완용[9]

이슬람의 《코란》 〈밤 여행의 장〉에서는 말합니다.

"결코 양친에 대해 혀를 차서는 안 된다. 거친 소리를 해서도 안 된다. 정중한 말을 하여라."[10]

효의 대전제는 자신을 낳고 길러준 부모의 마음을 기쁘게 하는 것입니다. 마음의 기쁨은 대하는 이의 친절과 정성이 제일 크게 좌우합니다. 자식의 부모에 대한 친절과 정성은 어떤 물질적 또는 어떤 사회적 성공보다 큰 효도입니다.

효도에 있어 친절과 정성은 부모에 대한 것만으로 끝나지 않습니다. 같은 부모를 둔 형제간의 서로를 향한 태도도 포함됩니다. 아니 오히려 이것이 더 중요합니다. 부모에게 불친절한 것 이상으로 큰 불효는 사실 형제간에 불화하는 것입니다. 부모는 부모와 자식 간에 발생하는 자신의 서운함은 감수할 수 있습니다. 그러나 부모 면전에서 벌어지는 자식들 간의 불화는 참으로 감내하기 힘듭니다. 같은 몸에서 나온 다 큰 형제가 서로를 상처 입히지 못해 안달하는 것을 눈앞에서 보는 것처럼 부모에게 고통스러운 일은 없습니다. 친절과 정성을 어느 한쪽밖에 들일 수 없다면 부모 아닌 형제에게 그렇게 하라고 하고 싶은 것이 부모의 심정입니다. 부모는 머지않아 떠날 사람이고 형제는 앞으로도 오랫동안 함께 남을 사이이기 때문입니다. 부모가 떠나고 난 뒤 피를 나눈 형제로 그렇게 오랫동안 서로 위안이 되고 힘이 되어줄 관계로 남을 사이.

부모에 대한 친절과 정성 그리고 형제끼리의 화목, 사실 이것만 있어도 효는 부족함이 없습니다.

부모의 마음을 살피는 것이 효도의 끝이다

자본주의 사회는 효마저 물질 위주로 만듭니다. 효에서 중요한 것은 물질에 앞서 마음입니다.

《논어》〈위정〉 편에서 제자 자유가 효孝에 대해 묻자 공자가 대답합니다.

"지금 사람들의 효孝는 부모를 잘 먹이는 것일 뿐이라 할 수 있다. 개나 말에게도 음식은 챙겨주는 것이니 부모를 극진하게 공경하지 않는다면 그런 효孝가 개나 말을 키우는 것과 하등 다를 것이 무엇 있겠는가?"

今之孝者 是謂能養 至於犬馬 皆能有養 不敬 何以別乎

금지효자 시위능양 지어견마 개능유양 불경 하이별호[11]

노부모에 대한 물질적 지원이 효도의 전부인 것처럼 여기는 이들에 대한 공자의 일침입니다. 오늘날에도 상당히 수긍이 갑니다. 아니 오히려 더 경구적입니다. 오늘날 사람들은 반려견이나 반려묘에 많은 정성을 들입니다. 먹을 것은 물론 입을 것, 미용, 건강식, 심지어 패션에 이르기까지 애지중지 신경을 씁니다. 개나 고양이가 아프면 사람들은 마음 아파하면서 병원으로 달려갑니다.

《맹자》〈이루장구상〉 편에서는 효도에 대해 '양구체養口體'와 '양지養志'를 대비시킵니다.[12] '양구체養口體'는 '입과 몸을 봉양하다'는 의미로, '물질로만 효도하는 것'을 말하고, '양지養志'는 '뜻을 봉양하다'는 의미로, '정성을 들여 마음까지 모시는 것'을 말합니다. 물론 진정한 효도는 '양지養志'라는 이야기입니다.

반려견·반려묘가 자식으로 불리고 가족으로 여겨지는 세상입니다. 그러나 현실에서 '유사 가족'이 '진짜 가족'보다 혹시라도 우선되는 상황이 발생한다면 그것은 천륜을 저버리는 일입니다. 유사 가족은 유사 가족일 뿐 진짜 부모가 되고 진짜 자식이 될 수는 없습니다. 유사 가족이 떠나면 어느 정도 아픔의 시간을 보낸 뒤 다른 대체 유사 가족을 찾아 다시 정을 붙입니다. 그러나 한번 떠난 진짜 가족은 두 번 다시 볼 길이 없습니다. 살을 맞댈 수도 없고 그 환하게 맞아주는 따뜻한 미소도 영원히 볼 수 없습니다. 영원히.

부모는 오랫동안
그 자리에 머물러 있지 않다

《소학》〈계고〉 편에 나오는 내용입니다. 백유가 잘못을 저질러 어머니가 종아리를 때리자 눈물을 흘립니다. 지금까지 종아리를 맞을 때 한 번도 운 적이 없던 아들이 눈물을 흘리자 어머니가 아들에게 그 까닭을 묻습니다. 백유가 눈물을 흘리며 대답합니다.

"제가 잘못을 저질러 종아리를 치시면 늘 아팠습니다. 그런데 이제 어머님의 기운이 쇠해져 아프게 치지를 못하시니 그것이 슬퍼 울었습니다."

俞得罪 答常痛 今母之力 不能使痛 是以泣
유득죄 태상통 금모지력 불능사통 시이읍[13]

이 세상에 나의 기쁨을 나보다 더 기뻐해 주는 이가 있다는 것은 참으로 행복한 일입니다. 이 세상에 나의 슬픔을 나보다 더 슬퍼해 주는 이가 있다는 것은 참으로 마음 든든한 일입니다. 부모는 그런 존재입니다. 이 세상 둘도 없는 나의 절대 지지자입니다.

그런데 그 부모는 늘 우리 곁에 있지 않습니다. 그 넓고 단단했던 등이 굽기 시작하고, 그 달처럼 곱던 얼굴에 골이 패이기 시작하면 어느새 당신은 당신이 낳은 아이의 아이보다 더 조그마한 꼬마 어른이 되어 있습니다. 스쳐 지나는 여린 바람에 부서지고 소리 없이 내려앉는 가랑비에도 무너져 내리는 아주 연약하고 왜소한 꼬마 어른이. 그러고는 어느 날 홀연히 그 작은 모습마저도 아스라이 멀어지고 맙니다. 다시 못 올 곳으로 영원히.

효도는 부모가 살아 있는 동안 하는 것이지 돌아가시고 난 다음에 하는 것이 아닙니다. 돌아가시고 난 다음 눈물 흘리고 몸부림치는 것은 사실 내 마음 편하자는 것 그 외 아무것도 아닙니다.

지금의 효도는 오래전처럼 자식이 사회인으로서의 정상적인 삶을 포기해야 할 정도로, 독립된 인간으로서 자신의 자유의지를 상당히 내려놓아야 할 정도로 혹독하지 않습니다. 부모가 걱정하지 않도록 수시로 자신의 안부를 전하고, 아침저녁으로 밝은 표정으로 하루의 시작과 마무리 인사를 건네고, 밝고 온화한 표정으로 부모와 형제를 대하고, 형식적이 아닌 진정한 마음으로 부모를 위하고 염려하는 정도입니다. 유사 가족에 쏟는 정성 정도면 충분히 가능한 것들입니다.

02

부모의 역할

부모는 인내에 인내를 더해야

자식을 들볶아 죽여서는 안 된다

이 세상에 인내심 없이 자녀들과 좋은 관계를 유지하는 부모는 많지 않습니다. 자녀 입장에서는 부모의 배려가 지나친 간섭일 뿐이고, 부모 입장에서는 자녀의 나름대로의 행동방식과 태도가 성에 차지 않습니다.

대부분의 부모들은 자식의 삶을 의식적이든 무의식적이든 자신의 삶에 투영합니다. 그 투영을 통해 자식의 미래를 내다봅니다. 그리고 조바심을 냅니다. 미래의 모습이 탐탁지 않을 때는 더욱 그렇습니다.

자식에게 부모는 당신의 품이 필요했을 때까지 절대 아군입니다. 더이상 당신의 품이 필요 없어지는 순간 부모는 과잉 아군이거나 어쩌면

적이기까지 합니다. 자기를 자신보다 더 위해주는 존재라는 생각이 들다가도, 틈만 나면 자신의 모든 것을 통제하고 자신의 독립을 방해하려드는 귀찮은 존재로 여겨지기 때문입니다.

아동기를 벗어나면서 아이들의 시선은 냉정해집니다. 부모의 삶을 꽤 객관적인 눈으로 볼 무렵이 되면 지금까지 부모의 가르침 역시 그리 믿을 만한 모범 답안이 아닐 수도 있다는 의심을 하기 시작합니다. 자식과 부모 사이의 긴장은 양쪽 모두 성인으로 그리고 부모로 서로 성숙해질 때까지 오랫동안 계속됩니다.

맹자는《맹자》〈이루장구상〉 편에서 "자식은 서로 바꾸어 가르쳐야 한다"[14]라고 말합니다. 그리고 그 이유를 다음과 같이 말합니다.

"가르칠 때는 반드시 옳은 것을 가르치는데 배우는 자가 옳지 않게 행동을 하면 가르치는 이는 화를 내게 된다. 가르치는 이가 화를 내면 배우는 이는 마음을 상한다. 자식이 '아버지가 나에게 옳게 행동하라고 가르치면서 정작 자신은 저렇게 화를 내면서 옳지 못한 행동을 하고 있구나' 하고 여기게 되면, 부자는 서로 마음을 상한다. 부자간에 마음을 상하게 되는 것은 바람직하지 않다."

教者 必以正 以正不行 繼之以怒 繼之以怒 則反夷矣 夫子敎我以正
夫子 未出於正也 則是父子相夷也 父子相夷 則惡矣
교자 필이정 이정불행 계지이노 계지이노 즉반이의 부자교아이정
부자 미출어정야 즉시부자상이야 부자상이 즉악의[15]

부모가 자기 자식을 직접 가르치는 것은 예나 지금이나 매우 어렵습니다. 그래서 성경 〈잠언19:18〉에서도 "아들에게 매를 들어야 희망이 있다. 그러나 들볶아 죽여서는 안 된다"라고 말합니다. 부모가 자식을 가르치다 자칫 죽일 수도 있다는 이야기입니다. 도 닦는 일이 따로 없습니다.

자식을 키우는 것은 도를 닦는 일이다. 아니, 그 이상이다

중국 당나라 2대 황제 태종의 치세를 다룬 《정관정요》〈형법〉에는 이런 내용이 나옵니다.

"요堯 임금의 아들 단주는 매우 불초하였고 유하혜의 동생 도척은 악인이었다. 성현의 가르침과 부자 형제간의 정으로도 그들이 악惡을 버리고 선善을 따르도록 바꾸지를 못했다."

其子丹朱甚不肖 其弟盜跖爲巨惡 夫以聖賢之訓父子兄弟之親 尙不能使陶染變革 去惡從善
기자단주심불초 기제도척위거악 부이성현지훈부자형제지친 상불능 사도염변혁 거악종선[16]

동양사회 태평성대의 모범인 요순시대를 일으킨 그 요堯 임금이 자신의 아들을 개선시킬 수 없었고, 중국 춘추시대의 성인 또는 현자로 평가받는 유하혜가 자신의 동생을 순화시킬 수 없었다는 이야기입니다.

오늘날 민주주의는 고대 그리스 아테네의 직접민주주의에 그 연원을 둡니다. 고대 아테네 민주주의를 활짝 꽃피운 위대한 인물이 바로 페리클레스(BC495?-BC429)입니다. 《플루타르크 영웅전》〈페리클레스〉 편에는 고대 그리스의 민주정치 전성기를 이룩한 이 위대한 인물의 아들 이야기가 등장합니다. 바로 페리클레스의 아들 크산티포스의 악행에 대한 것입니다. 위대한 인물인 아버지 페리클레스와 반대로 그의 아들 크산티포스는 망나니였습니다. 돈을 물 쓰듯 하면서 친구들로부터 돈을 빌려 갚지 않았고, 아버지를 조롱하고, 심지어 아버지 페리클레스가 며느리인 자신의 아내와 정을 통했다는 헛소문까지 퍼트립니다. 전염병으로 아버지보다 먼저 죽을 때까지 두 사람은 원수로 지냈습니다.[17]

인류에게 민주주의의 모범을 제시한 위대한 페리클레스였지만 그 역시 동양의 요임금이나 유하혜처럼 아들의 악행과 패륜을 어찌하지 못했습니다. 자식을 키우는 것이 도 닦는 정도가 아니라, 도를 닦기보다 더 어렵다는 이야기입니다.

'사랑(恩은)'과 '옳음(義의)'은
다투기 마련이니

중국 당송팔대가 중 한 명이자 성리학의 선구자인 한유(768-824)가 아들에게 시를 씁니다. 《고문진보》에 실린 한유의 시 〈부독서성남符讀書城南〉의 마무리 두 구절입니다.

> "'사랑(恩은)'과 '옳음(義의)'은 서로 다투기 마련이니, 네가 학문에 매진하기를 이 시를 지어 권하노라."

恩義有相奪 作詩勸躊躇
은의유상탈 작시권주저[18]

아들 부가 학문을 게을리하자 직접 얼굴을 맞대고 '왜 공부를 열심히 하지 않느냐?' 하고 질책하는 대신 시를 써서 보낸 것입니다. 한유는 말이 아닌 글로써 타이른 이유를 시 속에 슬쩍 담고 있습니다. 바로 '사랑(恩은)과 옳음(義의)은 서로 다투기 마련이니'라는 내용에서입니다. 부모는 자식을 사랑합니다. 그리고 동시에 자식이 올바르고 능력 있는 사람으로 성장해 사회에 선한 영향력을 끼치기를 바랍니다. 자식도 부모를 사랑합니다. 그리고 자식은 아직 미성숙한 만큼 당장의 편안함과 재미에 탐닉합니다.

부모가 자식에 대한 질책을 아끼면 부모 자식 간의 사랑은 보존되겠지만 자식의 미래는 밝지 않을 수 있습니다. 반대로 부모가 끊임없이 자식을 질책하면 자식의 미래는 더 나아질지 모르지만 부모 자식 간의 관계는 소원해지기 쉽습니다. '사랑(恩은)과 옳음(義의)은 서로 다투기 마련이니'라는 말은 바로 이 의미입니다. 자식과의 좋은 관계를 유지하기 위해 매를 아끼면 자식이 '옳음(義의)'을 잃을 수 있고, 자식을 바르게 키우기 위해 눈에 벗어난 행동을 할 때마다 질책을 하면 '사랑(恩은)'을 잃기 쉽습니다.

부모는 자식과의 '사랑'은 손상되지 않게 하면서 자식의 '옳은' 삶을 위해 무엇인가를 해야 합니다. 이 딜레마 해결을 위한 한유의 선택이 바로 시였습니다. 아비는 감정을 시로 절제했고, 아들은 절제된 시구 속에서 자신을 진정으로 염려하는 아비의 마음을 읽습니다.

'사랑(恩은)'과 '옳음(義의)' 간의 적절한 저울질이 필요하다

《예기》〈상복사제〉 편에서는 장소에 따른 '옳음(義의)'과 '사랑(恩은)'의 우선순위 차이를 말하고 있습니다.

"집 안의 도리는 '옳음(義의)'보다 '사랑(恩은)'이 우선하고, 집 밖의 도리는 '사랑(恩은)'보다 '옳음(義의)'이 우선한다."

門內之治 恩揜義 門外之治 義斷恩
문내지치 은엄의 문외지치 의단은[19]

부모 자식 간에는 '사랑(恩은)'이 우선이고, 직장이나 사회생활에서는

'옳음(義의)'이 우선이라는 이야기입니다.

맹자는《맹자》〈이루장구상〉에서 말합니다.

"부모 자식 간에는 선하냐 선하지 않느냐의 문제로 서로 책망하지 않으니, 선하냐 선하지 않느냐로 책망을 하게 되면 서로 간에 정이 떨어진다. 부모 자식 간에 정이 떨어지면 이 세상에 그것보다 더 안타까운 일은 없다."

父子之間 不責善 責善則離 離則不祥 莫大焉
부자지간 불책선 책선즉리 이즉불상 막대언[20]

자식의 잘못 하나를 바로잡으려다, 부모의 잘못 하나를 시정하려다 부모 자식 간에 마음이 상하게 되면 그것은 세상에서 가장 슬프고도 가슴 아픈 일이라는 것입니다. 부모 자식 간에 정을 돈독히 하는 것은 이 세상 그 어떤 일보다도 소중합니다.

자식에 대한 바람이
2인분인 이유

부모의 자식에 대한 바람은 1인분이 아닌 2인분입니다. 하나는 부모 당신이 못 이룬 또는 당신의 삶에서 아쉬웠던 것을 자식을 통해 이루길 바라는 부모의 무의식적인 '욕망'이고, 다른 하나는 자신의 생명 연장인 자식이 그 자체로서 잘되기를 바라는 '기대'입니다. 2인분의 '기대'와 '욕망'은 자식을 객관적으로 보는 것을 방해합니다. 그리고 그 결과는 실망이고 분노이고 종국에는 부모 자식 간의 의(誼) 상함입니다.

《장자(내편)》는 대붕과 작은 새 이야기로 시작합니다. 한번 날갯짓을 하면 그 날개가 삼천 리에 이르고, 회오리를 타고 솟구쳐 오르면 구만리를 날아오르며, 한번 날기 시작하면 6개월을 쉼 없이 난다는 바로 그 대붕과 그런 대붕을 비웃는 작은 새 이야기입니다.[21] '참새가 어찌 대붕의 깊은 뜻을 알리요'라는 표현의 근거가 되는 바로 그 스토리입니다.

장자 전문가로서 중국 위진남북조 시대를 살았던 곽상(252?-312)은 대붕과 작은 새 이야기를 '참새가 어찌 대붕의 깊은 뜻을 알리요'라는 식으로 해석하지 않습니다. 즉, 한쪽은 대단한 존재이고 다른 한쪽은 하찮은 미물로 보는 우열의 상대적 관점을 거부합니다. 곽상은 만물이 각자의 본성을 다하는 것이 도(道)이며, 대붕은 대붕대로 작은 새는 작은 새 대로 각자 만족하고 살면 그것이 바로 세상 이치이자 각자의 행복이라고 풀이합니다.[22] 한마디로 이 세상에 존재하는 모든 것들은 각자 자신의 존재 의미와 함께 자신의 타고난 역할을 갖고 태어난다는 것입니다.

당연히 사람도 그렇습니다. 각자의 존재 의미와 역할이 있습니다. 이 세상 모든 이들을 어떤 단일 기준 하나로 줄 세울 수 없습니다.

한 사람의 존재 의미와 역할을 자신이 낳은 자식이라 해서 미리 다 내다볼 수 있는 것도 아닙니다. 공부에서는 꼴등을 하는 아이가 운동회 때는 영웅이 되고, 친구들 사이에서는 좋은 친구로 인정받지 못하는 아이가 공부에서는 일등을 하기도 합니다. 앞으로 아이가 의미 있는 삶, 행복한 삶을 살아가는 데 어떤 것이 더 도움이 될지 잘라 말하기 쉽지 않습니다.

아이들의 영혼은
내일의 집에 살고 있으므로

생텍쥐페리의 《어린 왕자》에서 어린 왕자는 말합니다.

"별이 저렇게 아름답게 보이는 건 우리 눈에 보이지 않는 꽃이 하나 있기 때문이야 -중략- 사막이 아름다운 건 어디엔가 샘이 숨어 있기 때문이야."[23]

자기 자식이 아무리 말썽을 피우고 제멋대로 굴어도 미움은 잠깐일 뿐 부모에게 자식은 이 세상 그 무엇보다 사랑스럽고 아름다운 존재입니다. 마음뿐만 아니라 실제로 그렇게 보입니다. 그것은 바로 자라는 아이들 역시 별이고 사막이기 때문입니다.

아이에게도 눈에 보이지 않는 꽃이 있고 어디엔가 숨어 있는 샘이 있습니다. 그렇지 않고서야 그 말썽쟁이, 그 고집불통이 저렇게 사랑스럽고 아름답게 보일 리 없습니다. 시간이 흐른 뒤 찬란히 드러나겠지만 꽃 하나, 샘 하나가 분명 감춰져 있습니다.

시인 칼릴 지브란은 노래합니다.

그대들의 아이라고 해서 그대들의 아이는 아닌 것.
아이들이란 스스로 갈망하는 삶의 딸이며 아들인 것.
그대들을 거쳐 왔을 뿐 그대들에게서 온 것은 아니다.
그러므로 비록 지금 그대들과 함께 있을지라도 아이들이란 그대들 소유가 아닌 것을.

그대들은 아이들에게 사랑을 줄 순 있으나 그대들의 생각마저 줄 순 없다.
왜냐하면 아이들은 아이들 자신의 생각을 가졌으므로.
그대들은 아이들에게 육신의 집을 줄 순 있으나 영혼의 집마저 줄 순 없다.
왜냐하면 아이들의 영혼은 내일의 집에 살고 있으므로.
그대들은 결코 찾아갈 수 없는, 꿈속에서도 가볼 수 없는 내일의 집에.[24]

로마의 정치가이자 철학자인 키케로(BC106-BC43)는 《국가론》〈제 6권〉에서 말합니다.

"소년을 찬양하는 것이 어려운 일이다. 왜냐하면 사실이 아니라 희망을 칭찬하기 때문이다."[25]

어른이 된다는 것은 오늘에 집착하게 된다는 것이고, 소년이라는 존재는 아직 내일을 꿈꾸고 있다는 의미입니다.

부모 자식 간에 가장 소중한 것은 사랑과 친함입니다. 천연으로 맺어진 대체 불가능한 존재가 부모에게는 자식, 자식에게는 부모이기 때문입니다. 자식은 내 몸에서 나왔지만 나 자신은 아닙니다. 부모는 지금에 매이지만 자식은 미래를 품습니다. 그래서 자유롭고 수시로 방종합니다.

부모는 자식으로부터 한 발짝 떨어져, 지금의 사실이 아닌 미래의 희망을 칭찬하려 노력해야 합니다. '사랑'도 잃지 않고 '옳음'도 최대한으로 놓치지 않기 위해서는 그렇게 해야 합니다. 자식을 키우는 것은 도를 닦는 일입니다. 아니, 때로는 도를 닦는 것 그 이상입니다. 도의 핵심은 다른 것이 아닙니다. '인내'입니다.

03

현명한 부모

자녀에 대한 객관적 인식이 자녀와의 단절을 막는다

잘났거나 못났거나 부모에게는
모두 다 똑같이 귀한 자식이다

공자는 제자를 3천 명 두었습니다. 3천 명 중 공자가 가장 아낀 제자가 안연이라는 인물입니다. 안연이야말로 진정으로 공부하기를 좋아하는 제자였습니다. 그런데 불행히도 안연은 스승인 공자보다 먼저 죽었습니다.

안연이 죽자 안연의 아버지 안로가 공자에게 청했습니다. 당신이 가장 아끼고 사랑하는 제자가 죽었으니 당신이 타는 수레를 팔아 안연의 곽椁을 마련할 수 있도록 해달라는 요구였습니다. 당시 죽은 사람의 시신을 담는 관은 내관인 관棺과 외관인 곽椁 이중으로 되어 있었습니다.

3장 · 부자유친: 부모와 자식 간에는 '친함(親親)'이 있어야

135

시신을 관에 담은 다음 다시 그 관을 곽에 담는 방식이었습니다.

《논어》〈선진〉 편에서 공자는 안로에게 이렇게 대답합니다.

"재주가 뛰어나거나 그렇지 못하거나 자식은 부모에게 모두 다 똑같은
자식이다. 내 아들 백어가 죽었을 때 관만 썼지 곽은 쓰지를 못했다. 내
가 아끼던 제자이자 당신의 아들인 안연을 위해 내가 수레를 팔아 곽을
마련해줄 수 없는 것은 대부를 지냈던 신분의 예법상 내가 수레 없이
걸어 다닐 수는 없기 때문이다."

才不才 亦各言其子也 鯉也死 有棺而無槨 吾不徒行以爲之槨 以吾從
大夫之後 不可徒行也
재부재 역각언기자야 리야사 유관이무곽 오부도행이위지곽 이오종
대부지후 불가도행야[26]

가장 아끼는 제자라고 평소에 그렇게 노래를 불러댔으니 그 아끼는
제자의 죽음에 스승인 당신이 수레 정도 내놓을 수 있지 않느냐는 안로
의 요구에 공자가 내놓은 답변입니다. 안로의 요구에 무리가 있긴 하지
만 인간의 얄팍한 속셈까지 어림할 때 전혀 이해 못 할 것도 없습니다.
또 귀족의 신분으로 걸어 다닐 수는 없는 노릇이니 애제자의 죽음을 슬
퍼하긴 하지만 수레까지 팔아가며 그 죽음을 애도할 수는 없다는 공자
의 입장도 이해가 갑니다.

그런데 공자의 "재주가 뛰어나거나 그렇지 못하거나 자식은 부모에게 모두 다 똑같은 자식이다. 내 아들 백어가 죽었을 때 관만 썼지 곽은 쓰지를 못했다"라는 언급은 어딘가 생뚱맞습니다. 죽은 애제자의 곽 마련을 위해 스승이 수레를 내놓을 것인가 말 것인가를 답하는 과정에서 갑자기 '자식의 재주', '부모의 자식에 대한 애정'이 나오고 있습니다.

논리 흐름상으로도 엇박자고, 공자의 평소 진중한 언어 사용에 비추어봐도 생경합니다. 어찌 보면 날것 그대로의 감정에 짜증까지 배어 있습니다. 애써 꾹꾹 눌러 참고 있는 분한 마음마저 전해집니다. 주희는 이 내용에 대해 백어가 안연에 훨씬 못 미치는 인물이었을 것이라고 토를 달고 있습니다.[27]

죽은 애제자를 위해 당신의 수레를 팔아 곽을 챙겨줄 수 없겠느냐는 요청을 듣다가 곽도 제대로 챙겨주지 못하고 떠나보낸 자신의 못난 아들이 떠올라 먼저 마음이 아팠고, 거기에 잘난 제자의 죽음을 그렇게 슬퍼한다면서 수레 정도도 못 내어놓느냐는 상대방의 극단적 무사려 이기주의에 그만 감정이 폭발하고 만 공자의 인간적인 모습입니다.

그런 상황에서 인류의 스승 아닌, 한 자식의 아비로서 공자가 한 말이 바로 '재주가 뛰어나거나 그렇지 못하거나 자식은 부모에게 모두 다 똑같은 자식이다'였습니다. 더하고 뺄 것도 없이 '공부 잘하는 당신 자식은 귀하고 공부 못하는 내 자식은 귀하지 않단 말이냐. 아무리 못난 자식일지라도 당신한테 당신 자식 귀하듯 나에게도 똑같이 귀한 자식이다'라는 반응입니다.

지나치게 집착하지도,
지나치게 외면하지도 않아야

공자는 동양 역사상 가장 뛰어난 현자로 추앙받습니다. 그런데 그의 아들 백어는 그리 뛰어난 인물이 못 되었던 모양입니다. 그렇다면 공자는 자기 성에 차지 않는 아들을 어떻게 대하고 어떻게 교육시켰을까요? 어느 보통의 부모들처럼 부족한 아들을 쥐 잡듯이 다그쳤을까요? 아니면 될 대로 되라는 식으로 방치했을까요?

《논어》〈계씨〉 편을 보면, 공자의 제자 진강이 어느 날 공자의 아들 백어에게 혹시 아버지로부터 별도로 특별한 가르침을 받은 것이 없는지 묻습니다. 백어가 대답합니다.

"특별히 없습니다. 언젠가 한번 아버지가 혼자 마당에 계실 때 제가 서둘러 정원을 지나가는데 저를 불러 세워 시詩를 공부했는지 물으셨습니다. 하지 않았다고 대답하자 시詩를 공부하지 않으면 사람이 말을 제대로 할 수 없다고 말씀하셨습니다. 그래서 저는 시詩를 공부했습니다. 그리고 또 어느 날엔가 정원을 바삐 가로질러 가는데 저를 불러 세우시고는 예禮를 공부했느냐고 물으셨습니다. 아직 공부하지 않았다고 하자 예禮를 공부하지 않으면 사람이 사람 노릇을 제대로 할 수 없다고 하셨습니다. 그래서 저는 예禮를 공부하였습니다."

未也 嘗獨立 鯉趨而過庭 曰學詩乎 對曰未也 不學詩無以言 鯉退而學

詩 他日 又獨立 鯉趨而過庭 日學禮乎 對日未也 不學禮 無以立 鯉退
而學禮

미야 상독립 리추이과정 왈학시호 대왈미야 불학시무이언 리퇴이학
시 타일 우독립 리추이과정 왈학례호 대왈미야 불학례 무이립 리퇴
이학례[28]

백어의 대답을 들은 진강은 기뻐하면서 말합니다.

"질문 하나로 세 가지를 알게 되었구나. 시詩를 공부해야 한다는 것, 예
禮를 공부해야 한다는 것, 그리고 또 하나, 군자는 자신의 아들과 거리
를 둔다는 것을 알게 되었구나."

問一得三 聞詩聞禮 又聞君子之遠其子
문일득삼 문시문례 우문군자지원기자[29]

자식이 부모의 뜻을 좇지 않거나 좇을 능력이 되지 못할 때 부모 자식
관계는 악화됩니다. 심할 경우 남보다 더 못한 원수지간이 되기도 합니
다. 자식과 친한 관계를 유지할 수 없다면 차선의 선택은 최소한 원수지
간까지는 가지 않도록 하는 것입니다.

사람들은 자기와 아무 관계가 없는 이들의 행동에 대해서는 애착하거
나 증오를 품지 않습니다. 그러나 관계가 깊은 이에게는 자그마한 행동,
지나가는 말투 하나에도 크게 감정이 동요됩니다. 그리고 그 감정의 동

요는 증폭되기까지 합니다. 극단의 기쁨 아니면 극단의 좌절, 극단의 분노로 치닫습니다.

　자신과 관계없는 이와 관계가 깊은 이에게 하늘과 땅 차이로 달리 작용하는 감정의 차이는 다름 아닌 객관적 인식 여부 때문입니다. 사람들은 자신과 별 관계가 없는 이의 행동이나 말은 무시하거나 제3자 입장에서 객관적으로 인식합니다. 그러나 자식처럼 관계가 깊은 대상에 대해서는 상대에 대한 집착으로 객관적 인식이 늘 방해받습니다. 결과는 자식에 대한 지나친 애정 또는 지나친 분노 표출입니다. 자식에 대한 분노는 세상을 끝장낼 듯한 무차별 공격과 함께 관계의 단절로까지 이어집니다. 애정이 아니라면 최소한 분노, 관계 단절까지는 가지 않도록 해야 합니다.

　해결책은 자식을 객관적으로 인식하고 현실을 있는 그대로 인정하려 '애써 노력하는 것'입니다. 객관적 인식과 현실 인정은 부모 자식 관계를 최소한 원수지간으로까지는 악화되지 않도록 합니다.

　공자는 부족한 자식을 다그치거나 될 대로 되어라는 식으로 방치하는, 그 어느 쪽도 아니었습니다. 자식의 자질이 그리 뛰어나지 않다는 현실을 인정하고 자식의 수준에 맞춰 가끔 한 번씩 자식의 공부를 점검하는 식이었습니다.

　백어가 하는 대답의 행간을 읽고 진강이 알아챈 것처럼, 지나친 집착으로 부자가 서로 마음을 상하거나 지나친 외면으로 부자의 정을 잃어버리거나 하지 않을 정도의 적절한 거리를 유지했습니다.

《대학》에서는 수신修身을 말하는 내용에서 외눈박이 편벽을 경계합니다. 자신의 사람이라 해서 마냥 좋게 여기고, 자신이 미워하는 이라 해서 모든 것을 나쁘게 여겨서는 안 된다는 것입니다.

《대학》〈전문8장〉에 나오는 내용입니다.

"사랑하면서도 잘못된 부분을 볼 수 있어야 하고, 미워하면서도 옳은 부분을 찾아볼 수 있어야 한다."

好而知其惡 惡而知其美
호이지기악 오이지기미[30]

공자는 자식을 객관적으로 보고 있습니다.

자녀와의 건강한 관계를
유지하기 위한 몇 가지 제언

아직 미성년인 자녀와 부모 사이가 좋지 않다면 그 책임은 일단 부모에게 있습니다. 미성년은 글자 그대로 미성년未成年입니다. 아직 이성이 여물지 않았습니다. 그 말은 감정에 따라 행동하기 쉽다는 이야기입니다. 감정 중에서도 부정적 부분인 이기주의 감정이 드러나기 쉽습니다.

노력하기보다는 노는 것이 이기주의에 더 맞고, 미래의 큰 보상보다는 지금 당장의 편안함이 이기주의와 더 잘 어울리고, 해야 할 일보다는 하고 싶은 일을 하는 것이 이기주의와 궁합이 맞습니다.

감정은 이성을 이해할 수 없지만 이성은 감정을 이해합니다. 사실과 논리에 입각해 따지는 것이 이성이기 때문입니다. 더구나 앞서 그 이기주의적 감정의 질풍노도를 모두 거쳐온 '성인'이라면 사실 '미성년'의 감정적인 이기주의적 태도를 이해하지 못하는 것이 오히려 비정상입니다.

미성년의 자녀와 부모의 사이가 좋지 않다면 그것은 아이의 감정적인 이기주의적 행동에 부모 역시 마찬가지로 감정적 태도로 대했기 때문입니다. 냉정한 이성 대신 감정으로 대한 것이죠.
증오는 자기와 대등하거나 자기보다 나은 사람에게 갖는 것이지 자기보다 못한 사람에게 갖는 것이 아닙니다. 대학생이 유치원생과 말싸움을 해서 이겼다고 기뻐하거나, 졌다고 유치원생을 미워하거나 속상해하지 않습니다. 마찬가지로 어른인 부모가 아직 미성년자인 자녀를 대등하게 상대해 미워할 일이 아닙니다.

미성년자인 자녀와 부모의 건강한 관계는 몇 가지 현실에 대한 부모의 균형적 인식에서 출발합니다.
첫 번째는 자녀의 자질에 대한 균형적이고도 현실적인 인식입니다.

《장자(외편)》〈변무〉 편에서는 이렇게 말하고 있습니다.

"물오리 다리가 너무 짧다고 해서 길게 늘이면 물오리는 슬퍼할 것이다. 학의 다리가 너무 길다고 해서 짧게 하면 학은 슬퍼할 것이다. 따라서 타고난 속성인 긴 다리를 짧게 해서도 안 되고 짧은 다리를 늘여서도 안 된다. 길고 짧은 속성 자체는 두려워하거나 걱정할 일이 아니다."

凫脛雖短 續之則憂 鶴脛雖長 斷之則悲 故性長非所斷 性短非所續 无所去憂也
부경수단 속지즉우 학경수장 단지즉비 고성장비소단 성단비소속 무소거우야[31]

물오리나 학뿐만이 아니라 사람도 마찬가지입니다. 각자 자기의 소질이 있고 능력의 차이가 있습니다. 학교나 기업은 사람의 수많은 자질 중 단지 몇 가지만을 잣대로 삼지만, 삶에서 그리고 사회에서 필요로 하는 인간의 소질은 사실 셀 수 없을 정도로 많고 다양합니다.

삶과 사회가 필요로 하는 수많은 소질 중 하나일 뿐인 '뛰어난 암기력'은 어느 정도 안정적인 삶을 살아가는 데 분명 도움이 됩니다. 그러나 그 이상의 큰 의미는 없습니다. 그것은 아이가 아닌 성인들의 삶을 살펴보면 바로 명백히 드러납니다. 인생을 잘사는 순서, 나아가 인생을 행복하게 사는 순서는 암기력과 별개입니다.

삶에서 현대인들이 가장 우선시하는 부富에 있어서도 마찬가지입니다. 학생 때의 사람을 줄 세우는 절대 기준인 '암기력'은 '부자 되는 능력'과는 상관관계가 생각보다 높지 않습니다. 성인으로서의 이성과 오랫동안 세상을 살아본 지혜로 부모는 자녀의 자질을 균형적이고도 냉정하게 인식해야 합니다.

두 번째는 부모와 자식 관계의 한계에 대한 냉철한 인식입니다.

《맹자》〈진심장구하〉 편에서 맹자가 말합니다.

"재장과 윤여가 사람들에게 수레 만드는 방법을 가르쳐줄 수는 있지만, 그것을 잘 만들게까지는 할 수 없다."

梓匠輪輿 能與人規矩 不能使人巧
재장윤여 능여인규구 불능사인교[32]

천하의 뛰어난 목수인 재장과 윤여라 할지라도 사람들에게 그 기술을 가르쳐줄 수 있을 뿐, 그들로 하여금 뛰어난 장인이 되게까지는 할 수 없다는 이야기입니다. 뛰어난 장인이 되고 안 되고는 배우는 이, 본인들의 몫이라는 거죠.

자녀는 육체적으로 그리고 유전적으로 부모의 분신이지만 분명 독립된 인격체입니다. 부모로서 애정 때문에 또는 안타까움으로 자녀를 채근하고 욕심을 부리지만 결국 결과를 만들어내는 것은 아이의 몫입니다. 아이가 성장해 갈수록 더욱 그렇습니다. 그리고 미성년 시기를 벗어나면 그때부터는 진짜 독립된 인격체입니다. 이때부터 부모는 자녀의 삶을 100% 책임질 수도 없고 책임지려 해서도 안 됩니다. 그것은 독립된 인격체에 대한 월권이고 부모 자신의 능력에 대한 과신입니다.

자녀의 삶에 대한 부모의 지나친 개입은 자녀가 독립된 인격체로서 아직 자각이 부족한 경우에는 캥거루족과 같은 몸만 어른인 미숙未熟 어른을 만들어내는 결과를 가져올 것이고, 자녀가 독립된 인격체로서 자각이 뚜렷한 경우라면 부모 자식 간에 회복하기 어려운 갈등의 골만 깊게 하고 말 것입니다.

세 번째는 부모 자신의 한계를 인식하는 것입니다. 사람은 오래 살았다고 현명해지는 것이 아닙니다. 그리고 부모가 살았던 환경이 자식 대에 그대로 지속되는 것도 아닙니다. 자식에 대한 부모의 적극적인 지도와 관심의 유용성은 자식의 미성년 시기에서 끝납니다. 그다음부터는 소극적인 관심과 도움말 정도가 필요할 뿐입니다.

독립적인 인격체는 자신이 선택하고, 선택의 결과를 스스로 감수하고 책임집니다. 부모 자신이 지난 한 세대를 그렇게 살아왔듯, 이번에는 그 부모의 자식이 또 그렇게 살아갈 차례입니다.

부모의 기대를 넘어서는 자식은 그리 많지 않다

지나친 집착은 필연적으로 갈등을 낳고, 지나친 무관심은 필연적으로 관계의 단절을 낳습니다. 공자가 자식과 일정한 거리를 둔 것은 자식에 대한 객관적인 인식을 바탕으로 자식과의 갈등, 그리고 관계의 단절을 피하기 위해서입니다. 안로와의 대화에서 드러난 공자의 아들에 대한 '애정'과, 진강과 백어의 대화에서 드러난 공자의 아들에 대한 '거리 두기'가 바로 공자의 아비로서의 고민을 보여줍니다. 이 세상에 부모의 기대를 넘어서는 자식은 그리 많지 않습니다. 지금의 부모인 우리 자신이 그래 왔던 것처럼.

부모가 자식에게 가장 바라는 것은 그 어느 것도 아닌 자식의 행복한 삶입니다. 미성년 자녀의 앞으로의 행복한 삶을 위한 재료는 다름 아닌 본인의 자질과 노력 그리고 부모의 '주의 깊은' 지도입니다. '주의 깊은 지도'는 부모 된 자로서 자녀의 자질을 냉정하게 파악하고, 자녀와 적절한 관계를 유지하면서, 아울러 부모 자신의 역할 한계를 명확하게 인식할 것을 요구합니다.

4장

군신유의
君臣有義

·

조직의 상사와
부하 사이에는
'옳음(義의)'이
있어야

수백 년 전까지 이 세상 어디에도 군주 없는 곳이 없었다면 오늘날에는 이 세상 어디에도 기업 없는 곳이 없습니다. 수백 년 전까지 그 어느 누구도 군주의 지배를 피할 수 없었다면 오늘날에는 그 어느 누구도 기업의 영향을 벗어나 살 수 없습니다. 자본주의 사회에서 대부분의 사람들은 기업이라는 조직에서 생산활동을 하고 그 생산활동을 통해 생계를 유지합니다.

따라서 동양의 오륜 중 하나인 '군신유의君臣有義'에서 '군주와 신하'는 이제 왕조 국가 조직의 '군주와 신하'가 아닌, 기업 조직 또는 정부 조직의 '상사와 부하' 관계로 바뀌어야 합니다. 즉, '군주와 신하 간에는 옳음(義의)이 있어야'가 아닌, '조직의 상사와 부하 사이에는 옳음(義의)이 있어야'가 되어야 합니다.

일찍이 유가에서는 개인의 윤리와 사회 또는 조직의 윤리를 특별히 구분하지 않았습니다. 흔히 '수신·제가·치국·평천하修身·齊家·治國·平天下'라고 말하는 것처럼, 개인 윤리의 확장이 사회 또는 조직 윤리이고 사회 또는 조직 윤리의 환원이 바로 개인 윤리였습니다. 범위의 크기만 다를 뿐 같은 윤리였습니다. 그래서 '개인의 덕 쌓기'인 '입덕立德'과 '국가 조직에 기여하기'인 '입공立功'이 별개가 아니었습니다. 하나였습니다.

공자나 맹자가 '입덕立德'을 한 다음 처음부터 초야에서의 삶을 선택하지 않았던 것도 바로 이 때문이었습니다. '입덕立德'은 곧 '입공立功'으로, '입공立功'은 지식인의 선택이 아닌 당위였습니다. 그래서 두 사람 모두 온갖 고난과 박대를 감수하면서 자신을 써줄 군주를 만나기 위해 부단히 기회를 모색했습니다.

'물리物理'가 '사물의 이치'인 것처럼 '윤리倫理'는 기본적으로 '사람의 이치'입니다. 이 장에서는 개인의 윤리를 개인 아닌 조직 차원에서 알아봅니다. 그것은 다음 네 가지에 근거해서입니다.

하나는 앞에서 살펴본 것처럼, 일찍이 동양에서는 조직 윤리도 개인 윤리 차원에서 함께 다루었기 때문입니다. 두 번째는 지금까지 '생산성'만 강조하던 기업 조직들이 최근 들어 '윤리'를 기업 경쟁력의 중요 요소로 인식하기 시작했기 때문입니다. 세 번째는 기업 윤리라 할지라도 결국 그 윤리는 경영진이든 종업원이든 개인 차원으로 환원되기 때문입니다. 그리고 마지막 네 번째로는, 현대인은 생존을 위해 누구나 기업과 같은 조직의 구성원이 될 수밖에 없기 때문입니다.

이 장에서는 첫째, '기업-경영진과 기업 문화가 옳음(義의)을 추구해야', 두 번째, '지속 가능 경영-사회와 함께 하는 기업 조직이 되어야', 세 번째, '조직구성원-조직구성원 각자가 스스로 옳음(義의)을 선택해야', 그리고 마지막 네 번째로 '능력 있는 조직구성원-조직의 옳음(義의)에는 일을 잘하는 능력도 포함되어야' 순서로 알아봅니다.

기업

경영진과 기업 문화가 '옳음(義의)'을 추구해야

모든 조직(Organization)은
유기체(Organism)를 지향한다

경영학상 조직의 존재 의의는 효과성(Effectiveness)과 효율성(Efficiency)을 높이기 위한 것입니다. '목적을 제대로 잘 이루고(효과성)', 아울러 '더 생산적으로 그 목적을 달성하기(효율성)' 위해 사람들은 조직을 만듭니다. 기업과 같은 영리 조직은 당연하고 비영리 조직도 상당 부분 그렇습니다. 각각 목적하는 바가 있고, 더 적은 비용, 더 짧은 시간, 더 적은 노력으로 더 큰 성과를 내기 위한 것이 조직의 존재 이유이기 때문입니다.

조직 구성의 기본 원칙은 '분업'과 '협업'입니다. 효과성(Effectiveness)과 효율성(Efficiency)을 잘 달성하기 위해 그렇기도 하지만, 기본적으로 두 사람 이상이 모여 일을 하니 각각 역할이 나뉘어야 하고, 아울러 그런 각각의 역할은 조직 전체의 목적에 맞춰 서로 치밀하게 연결되어야 하기 때문입니다. 따라서 조직이 그 조직의 목적을 얼마나 제대로, 그리고 얼마나 생산적으로 달성할 수 있느냐는 바로 이 조직의 '분업'과 '협업'에 달려 있습니다.

모든 조직은 살아 있는 생명체인 '유기체(Organism)'를 모델로 삼습니다. 그래서 조직에서는 항상 '유기적으로(Organically)'라는 말을 입에 달고 삽니다. 조직이 유기체(Organism)를 모델로 삼는 이유는 다름이 아닙니다. 수많은 기능으로 분화되어 있으면서 동시에 부분과 전체가 치밀하게 연결되어, '분업'과 '협업'이 하나의 통일체로 완벽하게 이뤄지는 존재가 바로 유기체이기 때문입니다.

물론 '조직'을 뜻하는 영어 'Organization'이 '유기체', 즉 'Organism'에 어원을 두는 것도 같은 이유입니다. 인간이 만든 '조직(Organization)'의 분업과 협업이 조물주가 만든 '유기체(Organism)'처럼 잘 이루어지도록 해 보자는 의도입니다.

모든 조직은 유기체를 지향하지만 기실 유기체 자체에는 크게 못 미칩니다. 유기체는 그 자체로 분업·협업이 완벽하지만, 인간이 만든 조직은 근본적으로 분업과 협업이 완벽할 수 없습니다.

이유는 '쪼개고 연결하는' 조직화의 기술이 완벽하지 못해 그렇기도 하지만, 보다 근본적으로, 그 '쪼개고 연결하는' 대상이 바로 '사람'이기 때문입니다. 유기체 내부의 장기臟器들처럼 자유의지가 없는 기계적 기능들이 아니라, 각자 모두 자신의 의지를 가지고 있는 인간들이기 때문입니다. 따라서 조직 구성원 각자가 자발적·적극적으로 협조하려 들지 않으면 협업이 제대로 이루어질 수 없고, 협업이 제대로 이루어지지 않으면 조직은 그 존재 이유인 효과성과 효율성을 충분히 달성할 수 없습니다.

따라서 이 세상 모든 조직은 어떻게 하면 조직구성원들로 하여금 조직 목표 달성에 자발적·적극적으로 협조하게 할 수 있을까를 조직 경영의 핵심 과제로 삼습니다. 수천 년 전 피라미드를 세우고 만리장성을 쌓기 시작한 때부터 오늘날 지구 차원의 대규모 생산 시대에 이르기까지, 끊임없이 조직들이 고민해 온 조직의 근본 문제는 당연히 '협업'이었습니다.

조직은 원칙을 지키고 윤리적으로 행동하는 '옳은 사람들'로 구성되어야

100여 년 경영학 역사의 고민, 그 핵심 역시 협업이었습니다. 그런데 동양에서는 일찍이 이 고민에 대한 해법을 내놓았습니다. '군신유의君臣有義', 즉 '조직의 상사와 부하 사이에는 옳음(義의)이 있어야'라는 지혜입니다. 단순명료한 명제입니다.

그렇다면 먼저 '군신유의君臣有義'에서 '의義', 즉 '옳음(義의)'은 무엇일까요?

첫째, 원칙을 중요시하는 것입니다.

법가의 한비자(BC280?-BC233)는 《한비자》 〈궤사〉 편에서 이렇게 말합니다.

"성인이 다스림의 수단으로 삼는 것이 세 가지다. 첫째 '이익(利이)'이요, 둘째 '위력(威위)'이요, 그리고 셋째 '명분(名명)'이다. 이익은 사람들의 마음을 얻기 위한 것이고, 위력은 명령을 행사하기 위한 것이고, 명분은 위아래가 함께 의존하는 근거다. 이 세 가지가 없다면 다른 것들은 있어 봤자 별 의미가 없다. 그런데 오늘날 이익이 없는 것이 아니지만 백성들이 윗사람에게 마음을 주지 아니하고, 위력이 없는 것이 아니지만 아랫사람들이 듣고 따르지 아니하며, 법이 없는 것이 아니지만 그다스림이 명분에 맞지 않다. 앞 세 가지를 갖추고 있지 않은 것이 아닌데도 어떤 때는 나라가 잘 다스려지고 어떤 때는 그렇지 못하다. 무엇때문인가? 그것은 대개 윗사람들이 '실제로 중요시하는 것'과 그 '수단으로 삼는 것'이 서로 맞지 않기 때문이다."

聖人之所以爲治道者三 一曰利 二曰威 三曰名 夫利者 所以得民也 威者 所以行令也 名者 上下之所同道也 非此三者 雖有不急矣 今利非無有也而民不化上 威非不存也而下不聽從 官非無法也而治不當名 三者非不存也而世一治一亂者 何也 夫上之所貴與其所以爲治相反也
성인지소이위치도자삼 일왈리 이왈위 삼왈명 부리자 소이득민야 위자 소이행령야 명자 상하지소동도야 비차삼자 수유불급의 금리비무

유야이민불화상 위비부존야이하불청종 관비무법야이치부당명 삼자
비부존야이세일치일란자 하야 부상지소귀여기소이위치상반야[1]

조직을 경영하는 수단이 '이익(利이)'과 '위력(威위)' 그리고 '명분(名명)'과
같은 원칙들인데, 이 세 가지를 다스림의 수단으로 삼으면서도 실제로
는 이들 원칙이 아닌 다른 것들을 중히 여긴다는 이야기입니다.

두 번째는 윤리적으로 행동하는 것입니다.

우리나라 기업에서 발생하는 여러 위험 중 매우 심각하면서도 어처구
니없는 위험이 다름 아닌 오너·경영진 리스크입니다. 수천수만 명의 종
업원들이 몇십 년에 걸쳐 쌓아 올리고 또, 오랫동안 거액의 광고료를 들
여 힘들게 형성한 기업과 제품에 대한 긍정적 이미지가 오너 또는 오너
일가의 비도덕적 행위, 경영진의 비윤리적 행위 하나로 하루아침에 물
거품이 되고 맙니다. 사회가 투명해지고 SNS와 같은 개인 통신 수단이
발달하면서 유명인의 일탈 행위는 순식간에 전국, 아니 전 세계로 퍼져
나갑니다. 그 결과는 당연히 기업의 천문학적 금액의 손실입니다. 소비
자 불매 운동이 일어나고 기업의 주가가 곤두박질치고 심각할 경우 기
업이 아예 문을 닫기까지 합니다.

준법은 사회를 유지하고 개인과 법인의 욕망이 타인 또는 사회에 해
악으로 작용하지 않도록 하기 위한 최소한의 요건입니다. 보다 건강하
고 행복한 사회, 개인과 법인 등 사회구성원들의 조화로운 공생, 지속
가능한 자본주의를 위해서는 준법 이상의 요건이 필요합니다. 바로 사
회구성원들의 윤리적 행위입니다.

법가의 대표적 이론가인 한비자와 대표적 실천가인 이사, 두 사람을 제자로 두었던 순자(BC298?-BC238?)는 《순자》〈왕제편〉에서 이렇게 말합니다.

"'옳음(義의)'을 함께 나누면 조화가 이루어지고 조화가 이루어지면 하나가 된다. 하나가 되면 힘이 세지고, 힘이 세지면 강해지고, 강해지면 그 어떤 어려움도 이겨나갈 수 있다 -중략- 세상을 이익 되게 하는 것은 다른 것이 아닌 바로 '옳음(義의)'을 함께 나누는 것이다."

義以分則和 和則一 一則多力 多力則彊 彊則勝物 -중략- 利天下 無它
故焉 得之分義也
의이분즉화 화즉일 일즉다력 다력즉강 강즉승물 -중략- 이천하 무타
고언 득지분의야[2]

조직을 만드는 근본적인 이유는 효과성과 효율성 향상의 바탕인 시너지(Synergy) 효과 창출을 위해서입니다. 즉, '1+1'로 '2'가 아닌 '3' 이상의 가치를 만들어내기 위해서입니다.

두 사람이 조직을 이루어 함께 일을 한다고 할 때, 두 사람 모두 '옳지 않은 사람'이면 그 조직은 시너지 효과 창출, 조직의 지속 가능 모두 불가능합니다. 조직 설립의 전제 조건이 시너지 효과 창출이고, 시너지 효과 창출은 두 사람 각자의 '성실하고 적극적인 협조'가 전제인데, '옳지 않은 사람들'이 '옳은 행위'인 '성실하고 적극적인 협조'를 제대로 할 리

만무하기 때문입니다. 따라서 법이 제대로 집행되고 상식이 지배하는 사회 환경이라면 시간의 문제일 뿐 그런 조직은 결국 망하고 맙니다.

어느 한쪽만 '옳지 않은 사람'일 경우 역시 그 결과가 크게 다르지 않습니다. 조직은 가까스로 유지될지 모르겠지만 제대로 된 시너지 효과는 기대하기 힘듭니다. 분업과 협업의 원리로 조직화된 환경에서 어느 한쪽의 '불성실하고 소극적인 협조'는 결국 '협업'을 불가능하게 하고 말 것이기 때문입니다.

결론적으로 조직은 '옳은 사람들'로 구성되어야 합니다. 그래야 지속 가능한 조직이 될 수 있고 협업을 통해 투입 이상의 추가 가치를 창출해 낼 수 있습니다. 동양 경영학의 효시인 법가 사상에 지대한 영향을 미친 순자의 앞 주장은 결국 이 말입니다. 한마디로 '군신유의君臣有義', '조직의 상사와 부하 사이에는 옳음(義의)이 있어야'입니다.

'군신유의君臣有義', 21세기 기업 조직의 핵심 경영전략으로 소환되다

우리나라의 압축된 자본주의 역사는 자본주의의 탐욕적 속성에 많이 치우치고, 자본주의의 합리적 원칙은 등한시해 온 측면이 많습니다.

기업의 사회적 책임, 기업 윤리 등을 정부, 시민사회는 물론 당사자인 기업들까지 모두 소리 높여 외쳐왔지만 상당 부분 구호에 그칠 뿐 실상은 매우 공허했습니다. 글로벌 초일류기업부터 중소기업에 이르기까지 윤리는 차치하고 준법 의식마저 상당히 허약한 것이 우리나라 기업 현실이었습니다. 갖은 방법으로 처벌을 피할 수만 있다면 범법행위 자체를 그리 대수롭지 않게 여기는 분위기였습니다. 심지어 일상적 탈법과 사법체계에 대한 농단을 특권인 양 으스대고 또 능력인 양 떠받드는 몰지각한 사회 인식까지 존재했습니다.

사회적 책임이나 윤리는 자율 영역인 만큼 강제 영역인 준법이 먼저 제대로 이뤄지고 난 다음에야 의미가 있고 또 실질적으로 가능할 수 있습니다. 그런데 다행스럽게도 근년 들어 상황이 달라지고 있습니다. 사회 전반적으로 그동안 축적되어 온 민주주의와 시민 의식이 권위주의를 밀어내고, 상식이 부조리와 잘못된 관행을 조금씩 대체하기 시작하면서 분위기가 바뀌고 있습니다.

은밀한 뒷거래에 의존했던 기업들의 관행적 불법·탈법·편법에 철퇴가 하나둘 가해지고 법 준수에 더해 윤리적 경영이 더 이상 기업의 선택 아닌 필수로 인식되기 시작하고 있습니다. 한마디로 경영진과 기업 문화가 '옳음(義의)'을 추구하지 않으면 안 된다는 의식이 조금씩 자리 잡아가고 있습니다.

인류 유사 이래 조직의 가장 본질적 고민인 '협업'에 대한 해결책으로 일찍이 동양의 지혜가 제시했던 '군신유의君臣有義'가 21세기 기업 조직의 핵심 경영전략으로 소환되고 있는 중입니다.

02

지속 가능 경영

사회와 함께하는 기업 조직이 되어야

국민적 사랑을 받는 재벌 회장, 대기업의 출현이 자본주의 체제 우월성에 대한 최고의 광고

우리나라에서 대기업은 애증愛憎의 대상입니다. 소비자 그리고 시민 입장에서는 불만스럽고 증오할 때마저 있지만, 국민의 입장에서는 기분 좋고 뿌듯할 때가 많습니다. 탈세, 공권력 사유화, 환경오염 유발, 갑질, 소비자 보호 외면 등의 불법 또는 부도덕한 행위들을 볼 때는 그야말로 공공의 적으로 혐오스럽지만, 여행 중 해외에서 만나게 되는 세계 최고 의 'Made in Korea' 브랜드는 자랑스럽고 고맙기까지 합니다.

일반 국민들과는 전혀 다른 세계의 사람들이라고 여겼던 재벌 회장들 이 북한의 고위 관료에게 봉변당하는 모습에는 내가 당하기라도 한 양

흥분합니다. 재벌 회장들이 대동강가에서 핫스팟을 다투며 수학여행 온 어린 학생들처럼 포즈를 취하면서 서로 스마트폰으로 사진을 찍고 찍어주는 인간적인(?) 모습에는 친근함과 함께 안타까운 마음이 솟구칩니다.

안타까움의 정체는 다름 아닙니다. 왜 우리나라에는 국민들로부터 진정으로 사랑받는 기업 회장, 대기업이 없을까? 최소한 선진국에 진입한 사회라면 그런 국민적 사랑을 받는 기업 회장 몇 명, 대기업 몇 개 정도는 있어야 하는 것 아닌가 하는 안타까움입니다.

그것이 진짜 자본주의의 승리이고, 그것이 진짜 자본주의가 모범 답안이라는 최고의 증명이고, 그것이 진짜 자본주의 체제의 우월성에 대한 최고의 광고인데, 안타깝게도 선진국 대한민국은 국민들로부터 아낌없이 사랑을 받는 그런 기업 회장, 그런 대기업을 아직 보유하고 있지 못합니다. 복잡다기한 정치에서도 많은 국민의 사랑을 받는 정치인이 등장하기 시작한 지금 이제 경제에서도 그런 회장, 그런 기업이 등장해야 합니다.

사방 70리 사냥터가
사방 40리 사냥터보다 좁은 이유

《시경》〈대아〉편에 나오는 내용입니다.

"영대의 기초를 닦고 건물을 짓는데 백성들이 나서서 적극적으로 거드니 며칠 지나지 않아 영대가 완성되었네. 기초를 닦을 때 왕이 서두를 필요가 없다고 말했지만, 백성들이 모두 자기 일처럼 달려들어 도왔기 때문일세."

經始靈臺 經之營之 庶民攻之 不日成之 經始勿亟 庶民子來
경시영대 경지영지 서민공지 불일성지 경시물극 서민자래[3]

맹자는《맹자》〈양혜왕장구상〉에서 위 내용을 인용한 뒤 이렇게 말합니다.

"왕이 건물을 짓는 것을 백성들이 기쁘게 생각해, 그 건물을 영대靈臺라 부르고 건물 옆의 연못을 영소靈沼라 불렀다. 그리고 왕이 사슴과 물고기와 자라를 키우는 것을 백성들이 환영했으니 그것은 바로 왕이 백성과 함께 그것들을 즐겼기 때문이다. 이것이 진짜로 즐기는 것이다."

民歡樂之 謂其臺曰靈臺 謂其沼曰靈沼 樂其有麋鹿魚鼈 古之人 與民偕樂 故能樂也
민환락지 위기대왈영대 위기소왈영소 악기유미록어별 고지인 여민해락 고능락야[4]

리더 또는 조직이 부하들이나 종업원들과 즐거움을 함께할 때 부하들, 종업원들은 그 리더 또는 조직이 진심으로 잘되기를 바라고 조직의 일을 자기 일처럼 생각한다는 것입니다.

맹자는 그 반대의 예도 들고 있습니다. 《맹자》 〈양혜왕장구하〉 편에서 제나라 선왕이 맹자에게 자신의 사냥터는 넓이가 사방 40리밖에 안되고 문왕의 사냥터는 사방 70리나 되었는데 왜 사람들은 자신의 사냥터에 대해서는 크다고 비난하고 문왕의 사냥터는 오히려 작다고 여기는지 모르겠다며 불만을 털어놓습니다. 그러자 맹자가 말합니다.

"문왕의 사냥터는 사방 70리지만 꼴을 베거나 땔감을 구하는 사람들이 무시로 드나들고 꿩을 잡고 토끼를 잡는 사냥꾼들이 자유롭게 들락거려 왕이 사냥터를 백성과 함께 즐기니, 백성들 입장에서는 그 사냥터가 좁다고 여기는 것이 당연하지 않겠습니까?"

文王之囿 方七十里 芻蕘者往焉 雉兎者往焉 與民同之 民以爲小 不亦宜乎
문왕지유 방칠십리 추요자왕언 치토자왕언 여민동지 민이위소 불역의호[5]

그러면서 또 맹자가 이어 말하기를,

"신이 듣자 하니 교외에 있는 왕의 사방 40리 사냥터에서 사슴을 잘못죽이면 사람을 죽인 것과 같은 죄로 다스린다고 하였습니다. 그것은 나라 한가운데에 사방 40리의 함정을 파놓은 것과 같은 경우입니다. 백성들 입장에서는 그 함정이 너무 크다고 여기는 것이 당연하지 않겠습니까?"

臣聞郊關之內 有囿方四十里 殺其麋鹿者 如殺人之罪 則是方四十里
爲阱於國中 民以爲大 不亦宜乎
신문교관지내 유유방사십리 살기미록자 여살인지죄 즉시방사십리
위정어국중 민이위대 불역의호[6]

왕의 사냥터가 사방 70리 아닌 사방 700리라 할지라도 그것을 백성과 함께한다면 백성들에게 그것은 너무 좁을 터이고, 반대로 사방 40리 아닌 사방 4리라 할지라도 그것이 오로지 왕의 즐거움만을 위한 것이라면 백성들 입장에서는 당연히 크다고 생각할 수밖에 없습니다.

기업의 최고 경영전략은 사회에 유익한 상품을 도덕적으로, 그리고 공정하게 공급하는 것

소비자가 기업 회장을, 대기업을 지지하고 좋아하고 사랑한다면 그것은 바로 회장, 대기업이 소비자들과 이해관계를 함께할 때입니다. 중국 고대 주周 왕조 창업의 기틀을 세운 문왕의 사방 70리 사냥터처럼 자신의 즐거움이 소비자의 즐거움이고 소비자의 즐거움이 곧 자신의 즐거움이 될 수 있도록 할 때입니다. 그럼 어떻게 하면 문왕처럼 소비자와 이해관계를 함께할 수 있을까요?

장자는《장자(외편)》〈천도〉 편에서 조직 경영 방법을 9단계로 정리합니다.

"① 하늘의 뜻을 밝히고, ② 도덕을 밝히고, ③ 인의仁義, 즉 어짊과 옳음을 밝힌다. 그리고 ④ 분수分守, 즉 분업적으로 일을 나누고, ⑤ 형명形名, 즉 각각의 일(名명)에 가장 알맞은 담당자(形형)를 배정하고, ⑥ 담당자에게 일 처리를 일임한다. 그리고 ⑦ 담당자가 수행한 일을 정기적으로 평가하고, ⑧ 성과에 대한 옳고 그름을 판단하고, 마지막으로 ⑨ 성과에 대한 판단에 따라 상벌을 내린다."

先明天 而道德次之 道德已明 而仁義次之 仁義已明 而分守次之 分守已明 而形名次之 形名已明 而因任次之 因任已明 而原省次之 原省已明 而是非次之 是非已明 而賞罰次之

선명천 이도덕차지 도덕이명 이인의차지 인의이명 이분수차지 분수이명 이형명차지 형명이명 이인임차지 인임이명 이원성처지 원성이명 이시비차지 시비이명 이상벌차지.[7]

오늘날 기업 경영관리의 기본 그대로입니다. 일을 체계적으로 추진할 때의 기본절차인, '계획(Plan)'을 세우고, '실행(Do)'을 하고, 마지막으로 그 결과에 대해 '평가(See)'를 하는 PDS 개념 그대로입니다. 위 내용의 ①번에서 ③번까지가 '계획(Plan)'에 해당됩니다. 그리고 ④번부터 ⑥번까지가 '실행(Do)', ⑦번부터 ⑨번까지가 '평가(See)'에 해당됩니다.

장자가 BC 4세기 무렵 생존했으니, 100년 역사 서구 경영학의 조직 경영 핵심 개념이 동양에서는 물경 지금으로부터 2400년 전에 이미 등장했던 셈입니다.

오늘날 우리가 장자의 조직 경영 방법에서 특히 눈여겨봐야 할 부분은 ①번부터 ③번까지의 계획(Plan) 단계입니다. 일을 본격적으로 추진하기 전 계획의 내용이 ① 하늘의 뜻을 밝히고, ② 도덕을 밝히고, ③ 인의仁義, 즉 어짊과 옳음을 밝히는 것 세 가지입니다.

뜻을 구체적으로 풀어보면, 먼저 '하늘의 뜻'은 곧 '여론'이라 할 수 있습니다. 맹자는 《맹자》〈만장장구상〉에서 "하늘이 내려다보는 것이 곧 백성이 보는 것이며, 하늘이 듣고 있는 것이 곧 백성이 듣고 있는 것이다"[8]라고 말합니다. 하늘은 막연한 존재가 아닌 바로 백성인 것입니다. 따라서 ①의 '하늘의 뜻을 밝히고'는 다름 아닌, '그 사회 대부분 사람들의 생각은 어떠한가?' 즉, 여론을 살펴보라는 것입니다.

두 번째의 '도덕'은 일반적인 의미 그대로의 도덕입니다. 그리고 마지막 세 번째의 '인의仁義'는 맹자가 《맹자》〈공손추장구상〉에서 말하고 있는 대로, '인仁'은 '측은지심惻隱之心', 즉 '남을 불쌍히 여기는 마음'으로, 타인의 입장에 서보는 것이고, '의義'는 '수오지심羞惡之心', 즉 '자신의 옳지 않음을 부끄럽게 생각하고 다른 사람의 옳지 않음을 미워하는 마음'으로, 양심을 지키는 것입니다.[9]

결국 장자에게 있어 어떤 일을 본격적으로 시행하기에 앞서의 계획은 다름 아닌 새로 추진하고자 하는 일에 대해, 여론은 어떠한가?, 그 일이 도덕적인가? 그리고 주요 이해관계자의 입장과 자신의 양심에 비추어 부당한 부분은 없는가? 등을 따져보는 것입니다.

오늘날 기업 입장에서 보면, 새로운 사업을 시작하기 전에 그 사업 아이템이 '사회와 사람들에게 유익한 것인지', '윤리적으로 문제는 없는지' 그리고 '소비자나 하청업체, 경쟁업체 등과 같은 이해관계자(Stakeholders)와의 관계에 있어 부당한 부분은 없는지' 등을 먼저 점검하는 것입니다. 이런 질문에 문제가 없다는 답이 나오면 비로소 조직을 만들고 사람을 채용해 사람들에게 '유익하고' '도덕적이고' '공정한' 상품 생산에 들어간다는 것입니다.

법과 상식이 지배하고 시민 의식이 높은 사회에서는 기업이 '소비자들에게 유익한 상품'을 '도덕적으로' 그리고 '공정하게' 생산하는 것이 최고의 경영전략입니다. 왜냐하면 첫째, 더 많은 돈을 벌 수 있기 때문입니다.

《서경》〈태서상〉 편에서 이렇게 말하고 있습니다.

"힘이 같다면 '덕德'을 따지고, '덕德'이 같다면 '옳음(義의)'을 따진다."

同力度德 同德度義
동력탁덕 동덕탁의[10]

사람들은 같은 가격과 같은 품질의 상품이라면 당연히 더 도덕적이고 공정한 기업의 상품을 선택합니다. 경쟁력 확보와 함께 기업의 매출과 이익이 올라갈 수밖에 없습니다.

두 번째로는, 뛰어난 인재를 더 많이 확보할 수 있기 때문입니다.

공자는 《논어》〈자로〉 편에서 이렇게 말합니다.

"가까이 있는 이들이 기뻐하면, 멀리 있는 이들이 스스로 찾아온다."

近者說 遠者來
근자열 원자래[11]

소비자에게 유익한 상품을 도덕적으로 그리고 공정하게 만들어내는 기업의 구성원들은 기업은 물론 스스로에게도 자부심을 갖습니다. 조직 구성원의 자부심은 그렇지 못한 조직의 사람들을 불러들입니다. 이제 사회생활을 시작하려는 이들 역시 당연히 그런 조직을 찾습니다. 인재들이 몰릴 수밖에 없습니다.

물론 앞에서 말했다시피 소비자들에게 유익하고 도덕적이고 공정한 상품을 생산하는 기업이 잘될 수밖에 없다는 것은 법과 상식이 지배하고 사람들의 의식이 깨어 있는 사회라는 전제에서입니다.

이제는 기업이 사회와 함께하는 선하고
건강한 조직이 되기를 진심으로 결단해야 할 때

의식이 깨어 있는 사회에서는 사람들이 탈법과 편법을 증오하고 거짓과 감성적 농간에 휘둘리지 않습니다. 당연히 기업의 탈세, 공권력 사유화, 환경오염 유발, 갑질, 소비자 보호 외면과 같은 것들 역시 설 자리가 없습니다. 지금 우리 사회는 이 단계로 진입하고 있는 중입니다. 재벌, 대기업들이 크게 바뀌어야 하는 이유입니다.

사회 환경, 즉 시민 의식과 소비자 의식이 바뀌고 있는데 그 환경에 절대적으로 의존하는 존재인 기업들이 서둘러 바뀌지 않는다면 그 결과는 당연히 도태입니다. 자연에서뿐만 아니라 사회에서도 그것은 준엄한 자연법칙입니다.

이 글 도입 부분의 《시경》 내용은 오늘날 '경영학'에 있어 '경영'이라는 번역어의 어원이기도 합니다. 건물을 지을 때 '계획을 하다'는 의미의 '경經'과, 거기에 필요한 '자원을 마련하다'는 의미의 '영營'으로 된 '경지영지經之營之'가 바로 그것입니다.[12]

경영학은 조직 경영을 전문으로 연구하는 학문입니다. 조직 경영에 대한 답은 '경영'의 어원이 실려 있는 《맹자》의 〈양혜왕장구상〉 편과 〈양혜왕장구하〉 편의 내용 그대로입니다. 왕이 백성과 이해관계를 함께한 것처럼, 기업이 소비자, 사회와 이해관계를 함께하는 것입니다. 바로 사회에 유익한 재화와 서비스를 도덕적으로 그리고 공정하게 공급하는 것입니다. 그렇게 될 때 기업은 오랫동안 지속적으로 돈을 벌 수 있고, 소비자는 기업을 사랑하고 경영자를 존경하게 됩니다.

　지금 대한민국이라는 사회의 소비자, 시민은 그럴 준비가 되어 있습니다. 이제 기업이 '사회와 함께하는 선하고 건강한 조직'이 되기로 진심으로 결단을 해야 할 차례입니다.

조직구성원

조직구성원 각자가 스스로 '옳음(義의)'을 선택해야

조직구성원의 '옳음(義의)'은
'원칙'을 지키고 '윤리적인 행동'을 하는 것

조직은 '옳음(義의)'을 추구해야 합니다. 그런데 옳은 조직이 되는 데는 경영진과 기업문화가 옳음을 추구하고, 기업 조직이 사회와 함께하는 것만으로 충분치 않습니다. 그 조직에 몸담고 있는 구성원 각자의 '옳음(義의)' 선택에 대한 관심과 노력이 더해져야 합니다. 조직의 실체는 결국 '사람'이고, 그 '사람'은 '개인들의 합'입니다. 모든 조직구성원이 각자자신의 자리에서 사익, 압력, 유혹과 같은 것들을 이겨내고 '옳음(義의)'을 선택하는 의사 결정을 할 때, 조직은 그런 의사 결정들의 축적으로 시간이 갈수록 건강해지고 목적도 보다 안정적으로 달성할 수 있게 됩니다.

조직구성원이 '옳음(義의)'을 선택한다는 것의 구체적인 의미는 자신의 역할을 하는 데 있어 '원칙'을 지키고 '윤리적인 행동'을 하는 것입니다.

'원칙'을 지키는 것은 단순 명확합니다. 바로 '법'과 '조직의 규정'을 지키는 것입니다. 상식이 지배하고 민주주의적인 시민 의식이 제대로 자리 잡은 사회 환경일 때, '법'을 어기는 것은 매우 어리석은 일입니다. 그것은 조직을 해치고 자신을 망가트리는 자해 행위 그 이상도 이하도 아니기 때문입니다. 법을 어기면서 용케 남몰래 큰 이익을 취했다 할지라도 그것은 잠시의 달콤함일 뿐입니다. 상식과 시민 의식이 자리 잡은 사회에서는 시한만 정해져 있지 않을 뿐 언젠가는 반드시 터지고 말 폭탄이기 때문입니다. 검은 머리에 새치 하나 있을 때 그 흰 새치만 우리 눈에 들어오듯, 합리와 상식의 세계에서 부조리와 몰상식은 결국 돌출될 수밖에 없습니다. '조직의 규정'은 사실 원칙 준수에 있어 크게 문제되지 않습니다. 대부분의 조직이 조직 자체의 이익 누수를 막기 위해 규정 준수를 엄격하게 지켜보고 있기 때문입니다.

정부 조직과 같은 공조직의 경우에는 기업 조직에 비해 규정 준수에 문제가 있을 소지가 더 있습니다. 위에서부터 아래까지 구성원 모두가 대리인인 까닭에 대리인 간에 야합이 있을 수 있기 때문입니다. 물론 이 경우도 사회가 상식적으로 되어가고 주주인 시민들의 의식이 높아지면 그런 야합 가능성은 당연히 줄어듭니다. 법을 어기고 규정을 위반하는 행위에 대해 단죄받을 가능성이 높아지고, 위반에 따른 대가도 더 무거워질 것이기 때문입니다.

너희는 남에게서 바라는 대로
남에게 해주어라

'윤리적인 행동'을 하는 데 있어 근본은 '양심'을 지키는 것입니다.

맹자는 《맹자》〈고자장구상〉 편에서 말합니다.

"'삶'도 내가 원하는 것이고 '옳음(義의)'도 내가 원하는 것이나, 둘 모두를 한꺼번에 가질 수 없다면 나는 '삶'을 버리고 '옳음(義의)'을 선택하겠다."

生亦我所欲也 義亦我所欲也 二者不可得兼 舍生而取義者也
생역아소욕야 의역아소욕야 이자불가득겸 사생이취의자야[13]

주희는 맹자의 '옳음(義의)', 즉 '수오지심羞惡之心'을 '양심'으로 풀이합니다.[14] 그러면서 이렇게 말합니다.

"이것을 간직하면 성현의 길로 나아가고, 이것이 없으면 짐승의 길로 들어서게 된다."

存之則進於聖賢 失之則入於禽獸
존지즉진어성현 실지즉입어금수[15]

인간에게 양심을 지키는 것이 어쩌면 삶 자체보다 더 중요하고, 양심을 잘 보존한 사람은 시간이 갈수록 점점 더 좋은 사람으로 향상되고, 양심을 저버린 사람은 시간이 갈수록 짐승으로 타락해 간다는 이야기입니다.

'윤리적인 행동'을 위한 또 하나의 원칙은 '상대방과 입장을 바꿔 생각해 보는 것'입니다.

'황금률(Golden rule)'이라는 것이 있습니다. '황금률'은 3세기의 로마 황제 세베루스 알렉산데르(재위 222-235)가 글귀 하나를 너무 소중히 생각한 나머지 자신의 거실 벽에 금으로 그 문장을 써 붙이게 한 데서 유래한 것으로 알려져 있습니다. 그 내용이 바로 "너희는 남에게서 바라는 대로 남에게 해주어라"(마태오7:12)는 성경 구절입니다.

서양의 문화를 떠받치는 두 기둥 중 하나가 헤브라이즘, 즉 기독교입니다. 그리고 그 기독교의 경전이 성경입니다. 예수는 성경에서 "너희는 남에게서 바라는 대로 남에게 해주어라"(마태오7:12)고 제자들에게 이르고 난 뒤, 이 가르침을 '율법과 예언서의 정신'(마태오7:12)이라고 말합니다. '너희는 남에게서 바라는 대로 남에게 해주어라', 즉 언제나 '상대방과 입장을 바꿔 생각해 보는 것'이 구약 전체 가르침의 핵심이라는 이야기입니다. '황금률'이라는 이름처럼, 서양 역사를 통틀어 최고의 진리이자 불변의 진리가 바로 '상대방과 입장을 바꿔 생각해 보는 것'입니다.

마음을 다해 오로지
'서恕'하라

《논어》〈위령공〉편에서 공자의 제자 자공이 공자에게 묻습니다.

"살아가면서 평생 행해야 할 가르침 한마디를 주실 수 있겠습니까?"

有一言而可以終身行之者乎
유일언이가이종신행지자호[16]

공자가 대답합니다.

"그것은 바로 '서恕'다. 자신이 원하지 않는 것을 다른 사람에게 하지 않는 것이다."

其恕乎 己所不欲勿施於人
기서호 기소불욕물시어인[17]

'서恕'는 '용서容恕하다' 할 때의 '서恕'로, 글자 모양 그대로 상대방과 '같은(如여)' '마음(心심)'을 갖는 것입니다. 즉, 상대방 입장이 되어 그 사람의 마음을 헤아려보는 것입니다. 그렇게 되면 자신이 싫어하는 일을 상대방에게 하지 않게 된다는 것입니다.

공자는 《논어》 〈이인〉 편에서도 이 '상대방과 입장을 바꿔 생각해 보는 것'의 중요성을 말합니다. 바로 선문답처럼 진행된 제자 증자와의 대화에서입니다.

"나의 가르침은 결국 하나다."

吾道一以貫之
오도일이관지[18]

공자가 증자를 지목해 이렇게 말하고 밖으로 나가자, 다른 제자들이 증자에게 그 '하나'가 도대체 무엇이냐고 묻습니다. 증자가 학우들에게 말합니다.

"공자의 가르침은 '마음을 다해 오로지 서^恕하라는 것'이다."

夫子之道 忠恕而已矣
부자지도 충서이이의[19]

바로 앞에서의 '상대방과 입장을 바꿔 생각해 보는 것'인 그 '서^恕'입니다.

동양 철학의 출발인 공자의 수많은 주장, 사상 그리고 가르침의 결정체는 다름 아닌 '상대방과 입장을 바꿔 생각해 보는 것'입니다. 《대학》 〈전문10장〉에서는 공자의 '상대방과 입장을 바꿔 생각해 보는 것'을 보다 구체적으로 풀고 있습니다.

"윗사람이 그렇게 하지 않았으면 하는 것을 자신의 아랫사람에게 하지 말 것이며, 아랫사람이 그렇게 하지 않았으면 하는 것을 자신의 윗사람을 섬기는 데 하지 말 것이며, 앞사람이 그렇게 하지 않았으면 하는 것을 자신의 뒷사람을 인도하는 데 하지 말 것이며, 뒷사람이 그렇게 하지 않았으면 하는 것을 자신의 앞사람을 좇는 데 하지 말 것이며, 오른쪽 사람이 그렇게 하지 않았으면 하는 것을 자신의 왼쪽 사람을 사귀는 데 하지 말 것이며, 왼쪽 사람이 그렇게 하지 않았으면 하는 것을 자신의 오른쪽 사람을 사귀는 데 하지 말라. 이것을 일러 혈구지도絜矩之道라 한다."

所惡於上毋以使下 所惡於下毋以事上 所惡於前毋以先後 所惡於後毋以從前 所惡於右毋以交於左 所惡於左毋以交於右 此之謂絜矩之道

소오어상무이사하 소오어하무이사상 소오어전무이선후 소오어후무이종전 소오어우무이교어좌 소오어좌무이교어우 차지위혈구지도[20]

위아래 관계, 선후임 관계 또는 동료나 팀 간, 부서 간 관계에서 그들이 그렇게 하지 않았으면 하는 태도나 행동을 자신이 먼저 그들에게 하지 말라는 가르침입니다.

무지의 베일
(Veil of ignorance)

존 롤스는《정의론(A Theory of Justice)》에서 '공정으로서의 정의(Justice as fairness)'를 주장하면서 '원초적 입장(Original position)'과 '무지의 베일(Veil of ignorance)' 개념을 도입합니다.

'원초적 입장'은 가상의 상황으로, 사회 형성 이전의 상태를 말합니다. 그리고 '무지의 베일'은 새로 형성되는 사회에서 자신이 어떤 육체적·정신적 특성과 능력을 지니고 또 어떤 사회적 위치에 놓일지를 전혀 알지 못한다는 가정을 말합니다.[21] '원초적 입장'은 존 롤스 자신이 밝혔듯이, 사회계약론자들의 사회 형성 이전을 나타내는 '자연상태(State of nature)' 개념과 유사합니다.

존 롤스의 '공정으로서의 정의'에서 핵심은 다름 아닌 '무지의 베일'입니다. '무지의 베일'은 곧 보편성과 공정성을 의미합니다. 누구에게나 동일하고 평등하게 적용되니 보편적이고, 동일하고 평등한 적용은 곧 공정성 확보의 필요조건입니다.

성경의 '황금률(Golden rule)'과 공자의 '서恕'는 기본적으로 바로 이 보편성과 공정성을 나타냅니다. 상대방과 입장을 바꿔 생각해 봄으로써 남과 나에게 다른 기준을 적용하지 않고, 남과 나를 보편적으로 동일한 입장에서 보고 또 그렇게 행동하는 것이 공정한 태도의 출발이기 때문입니다. 추가로, 성경의 '황금률(Golden rule)'과 공자의 '서恕'는, 존 롤스의 '무지의 베일(Veil of ignorance)'이 추상적이고 가정의 한계를 갖는 데 반해 매우 실천적이고 구체적이고 명료합니다.

고전이 고전일 수 있는 것은 옛것이면서도 그 의미가 결코 바래지 않는다는 데 있습니다. 오랜 시간이 흘렀어도 여전히 빛나는 진리이거나 오히려 시사하는 바가 더 커진 경우입니다. 《소학》〈가언〉 편에서는 이런 경계의 말을 하고 있습니다.

"음란한 말을 하지 말고 희롱하는 말을 하지 말고 여성의 용모를 평가하는 말을 하지 말라."

不言淫媟戲慢評論女色
불언음설희만평론여색[22]

바로 오늘날 많은 조직에서 문제가 되고 있는 성희롱에 대한 경계입니다.

'상대방과 입장을 바꿔 생각해 보는 것' 중 가장 기본은 남녀 사이에서입니다. 그 이유는 사람 무리 간의 편 가르기에서 가장 큰 규모로, 그리고 가장 오랫동안 지속된 것이 바로 여성에 대한 남성의 억압과 차별이기 때문입니다. 기업 등의 조직에서 상대방과 입장을 바꿔 생각해 보는 '윤리적인 행동'의 출발은 당연히 남성과 여성 사이에서부터입니다.

하늘의 그물은 넓고 넓어 엉성한 듯하지만
결코 놓치는 법이 없다

'원칙'을 지키고 '윤리적인 행동'을 하는 데 때로는 의지 이상의 용기가 필요합니다. 원칙을 어기고 비윤리적인 행동을 하는 데도 꾸준히 이익을 얻고 주위로부터 사랑과 지지를 받는 이가 있을 때, 한 번쯤 그를 부러워하거나 스스로에게 절망해 보지 않은 사람은 별로 없을 것입니다.

성경은 '남이 속임수로 잘된다고 불평하지 말아라'(시편37:7), '조금만 기다려라, 악인은 망할 것이다'(시편 37:10)라고 말합니다. 《도덕경》〈제73장〉에서도 같은 경계의 말을 합니다.

"하늘의 그물은 넓고 넓어 성긴 듯하지만 결코 놓치는 법이 없다."

天網恢恢 疎而不失
천망회회 소이불실[23]

'옳음'을 추구하는 것이 때로는 어리석어 보이기도 하지만 결코 세상이 그렇게 허술하지는 않다는 이야기입니다. 사회가 상식을 찾아가고 시민 의식이 높아지고 있는 오늘날의 한국 사회라면 더욱 그렇습니다. 조직구성원 각자는 '옳음'을 선택해야 합니다. 그 반대의 길은 위험하고, 짐승이 되어가는 길이고, 사람을 잃는 길이고, 종국에는 자신을 버리는 길입니다.

능력 있는 조직구성원

조직의 '옳음(義의)'에는 일을 잘하는 능력도 포함되어야

고전이 말하는
'여섯 부류의 옳은 신하(六正육정)'

개인의 '옳음(義의)'과 조직의 '옳음(義의)'은 동일하지 않습니다. 개인의 '옳음(義의)'은 그 개인이 '옳은 일'을 하는 것만으로 충분하지만, 조직은 '옳은 일'을 함과 동시에 망하지 않고 존재해야 합니다.

조직은 '분업'과 '협업'의 작동 원리상, 그리고 조직 외부와의 상호작용 원리상 '옳은 일'을 하지 않으면 지속 가능할 수 없습니다. 그리고 동시에, '일을 잘하는 능력'을 갖추지 않으면 경쟁에서 살아남는 것은 물론 조직의 목적도 제대로 달성할 수 없습니다. 따라서 조직에 있어서의 '옳음(義의)'은 '옳은 일'을 하는 것에 더해 '일을 잘하는 능력'을 포함합니다.

중국 전한 시대의 유학자인 유향(BC79?-BC8?)은《설원》〈신술편〉에서 조직에 바람직한 정신正臣, 즉 '옳은 신하'를 다음 여섯 부류(六正육정)로 들고 있습니다.

"첫째, 문제가 발생하거나 조짐이 드러나기 전에 국가의 존망과 득실을 미리 내다보고 문제를 해결해 군주가 아무런 근심 걱정 없이 영화로운 자리에 머물 수 있도록 한다. 세상 사람들은 그를 본보기로 삼으니 이와 같은 신하를 일러 '성신聖臣'이라 한다."

一曰萌芽未動 形兆未見 昭然獨見存亡之幾 得失之要 預禁乎不然之前 使主超然立乎顯榮之處 天下稱孝焉, 如此者聖臣也
일왈맹아미동 형조미견 소연독견존망지기 득실지요 예금호불연지전 사주초연립호현영지처 천하칭효언 여차자성신야

"두 번째, 마음을 비우고 뜻을 맑게 하면서 선을 행하고 세상 이치를 깨닫는다. 군주가 예와 도리를 갖출 수 있도록 애쓰고, 아울러 멀리까지 내다보면서 대책을 세울 수 있도록 돕는다. 미덕은 따르고 악덕은 개선해 성과를 내어 공은 군주에게로 돌리면서 자신의 노고는 드러내지 않는다. 이 같은 신하를 일러 '양신良臣'이라 한다."

二曰虛心白意 進善通道 勉主以禮誼 諭主以長策 將順其美 匡救其惡 功成事立 歸善於君 不敢獨伐其勞 如此者良臣也
이왈허심백의 진선통도 면주이례의 유주이장책 장순기미 광구기악 공성사립 귀선어군 불감독벌기로 여차자양신야

공성사립 귀선어군 불감독벌기로 여차자양신야

"세 번째, 항상 겸손한 자세로 일찍 일어나 늦게까지 일하면서 군주에게 인재 추천하기를 게을리하지 않는다. 수시로 군주에게 역사적 교훈 사례를 들려주어 군주가 신경 써 정사를 살피도록 해 나라에 이익을 가져오고 국가 종묘사직을 편안하게 한다. 이 같은 신하를 일러 '충신忠臣'이라 한다."

三曰卑身賤體 夙興夜寐 進賢不解 數稱於往古之德行 事以屬主意 庶幾有益 以安國家社稷宗廟 如此者忠臣也
삼왈비신천체 숙흥야매 진현불해 수칭어왕고지덕행 사이려주의 서기유익 이안국가사직종묘 여차자충신야

"네 번째, 흔히 지나치기 쉬운 부분을 빠트리지 않고 꼼꼼히 살펴 문제점을 발견해 일이 정상적으로 제대로 이루어지도록 한다. 일의 누수를 막고 문제의 근원을 원천봉쇄함으로써 문제가 오히려 기회가 될 수 있도록 해 군주가 근심 걱정이 없도록 한다. 이 같은 신하를 일러 '지신智臣'이라 한다."

四曰明察幽 見成敗 早防而救之 引而復之 塞其間 絶其源 轉禍以爲福 使君終以無憂 如此者智臣也
사왈명찰유 견성패 조방이구지 인이복지 색기간 절기원 전화이위복 사군종이무우 여차자지신야

"다섯 번째, 법과 규정을 받들어 업무 처리 시 정당한 녹祿 이상의 대가나 하사품을 사양하고 선물과 접대를 받지 않으며 의복을 단정히 하고 식사는 간소하게 한다. 이 같은 신하를 일러 '정신貞臣'이라 한다."

五曰守文奉法 任官職事 辭祿讓賜 不受贈遺 衣服端齊 飮食節儉 如此者貞臣也
오왈수문봉법 임관직사 사록양사 불수증유 의복단제 음식절검 여차자정신야

"마지막 여섯 번째, 국가가 어지럽고 군주의 정치가 도리에 어긋나면 망설임 없이 군주의 잘못을 지적한다. 죽음을 불사해 자기 한 몸이 죽어 국가가 편안할 수 있다면 자신의 어떠한 행동에도 후회가 없다. 이 같은 신하를 일러 '직신直臣'이라 한다."

六曰國家昏亂 所爲不道 然而敢犯主之顔面 言主之過失 不辭其誅 身死國安 不悔所行 如此者直臣也
육왈국가혼란 소위부도 연이감범주지안면 언주지과실 불사기주 신사국안 불회소행 여차자직신야[24]

왕정 권위주의 시대의 조직에 바람직한 신하와 오늘날 민주주의 시대의 조직에 바람직한 직원상이 같을 수는 없습니다. 그러나 특정 목적의 달성을 위해 여러 사람이 모여 함께 일을 한다는 측면에서는 서로 공통되는 부분이 있습니다. 바로 '옳은 일'을 하는 것에 더해 '일을 잘하는 능

력'을 필요로 한다는 점입니다.

'여섯 부류 옳은 신하(六正육정)'의
현대적 의미

옛날의 국가든 오늘날의 기업이든 모든 조직은 그 조직이 존재하는 이유인 목적과 함께 경쟁자를 갖습니다. 목적 달성과 함께 경쟁에서 살아남기 위해 조직은 '옳은 일'을 함과 동시에 '일을 잘하는 능력'을 갖추어야 합니다. 물론 그 '옳은 일'과 '일을 잘하는 능력'의 실질적인 주체는 사람인 조직의 구성원입니다. 유향의 '육정六正', 즉 '올바른 신하 여섯 부류' 내용은 그런 측면에서 오늘날 기업의 인재상 설정에 중요한 참고가 됩니다.

'성신聖臣'은 한마디로 큰 그림을 보는 신하, 즉 큰 흐름을 볼 줄 아는 조직구성원입니다. 이대로 가면 조직이 망할 것인지 아니면 지속 가능할 것인지를 미리 내다보고, 또 지속 가능하더라도 점차로 나아질 것인지 또는 더 나빠질 것인지를 앞서 내다보는 조직구성원입니다.

조직이 망하거나 더 나빠질 것으로 예상되면 '성신聖臣'은 충분한 시간 여유를 두고 미리 개혁안 등의 대책을 제시합니다. 오늘날과 같이 변화무쌍한 경영 환경에서 그야말로 조직의 생존을 책임질 수 있는 사람입니다.

'양신良臣'은 조직 경영자가 법과 윤리를 따르고 장기적인 대책을 마련하면서 조직 경영을 할 수 있도록 돕습니다. 그러면서 끊임없는 조직 개선으로 성과를 창출해 그 공을 경영자 또는 자신의 상사에게로 돌립니다. 조직 경영에 있어 '옳은 일'의 기본은 법과 윤리를 따르는 것이고, '일을 잘하는 능력'의 기본은 앞으로 닥칠 문제를 예상해 미리 대책을 세우는 것입니다. '양신良臣'은 바로 조직 경영자가 이 두 가지를 잘할 수 있도록 돕습니다. '양신良臣'이 있는 조직은 지속 가능합니다. 법과 윤리라는 사회적 약속에 충실하고 다가올 위험을 미리 대비하기 때문입니다.

'충신忠臣'은 글자 그대로 충실하게 자신의 역할에 최선을 다하는 조직구성원입니다. 부지런히 일하면서 인재 발굴에 관심을 갖고 경영자에게 경영에 도움이 되는 지혜와 정보를 제공합니다. 남달리 뛰어난 재능을 지니지 못한 이라 할지라도 조직을 진심으로 사랑하고 상사를 위하는 마음이 있다면 가능한 역할입니다. 일반적인 조직에서 그 구성원들에게 보편적으로 기대하는 역할이기도 합니다.

'지신智臣'은 사람들이 흔히 간과하는 부분까지 챙기면서 문제를 해결하고 아울러 문제를 기회로 전환해 경영자 또는 상사를 돕는 조직구성원입니다. 특히 실무자에게 요구되는 속성으로, 꼼꼼함과 정성만 있다면 가능한 역할입니다.

'정신貞臣'은 사실 어떤 특별한 능력을 지녔거나 대단한 역할을 수행하는 조직구성원이라기보다 조직에서 일하는 이로써 갖춰야 할 최소한의 필요 요건을 갖춘 구성원입니다. 물론 상식적인 사회, 공정한 조직 환경이라는 전제에서 그렇다는 이야기입니다. 상식적인 사회, 공정한 조직이라면 법과 규정을 지키고, 노동에 대한 정당한 대가 이외의 선물이나 접대 등을 거부하고, 수입에 맞춰 간소하게 사는 것이 당연합니다.

'정신貞臣'을 굳이 올바른 신하 여섯 부류에 포함한 이유는 그리 어렵지 않게 추측해 볼 수 있습니다. 당시 사회와 조직이 비상식적이고 공정치 않았거나 왕을 모시는 신하들이 원칙과 규정을 무시하고 뇌물을 받아 호의호식하는 경우가 적지 않았기 때문일 것입니다.

혹시라도 오늘날 우리에게 '정신貞臣' 정도가 특별한 의미로 다가온다면, 그것은 바로 지금 우리 사회와 조직들이 2천 년 전 중국의 그것들과 상당히 닮아 있다는 이야기입니다. 비상식적이면서 공정치 않은 사회, 부조리한 사람들이 아직 적지 않다는 반증일 수 있습니다.

마지막으로, '직신直臣'은 윗사람에게 직언을 하는 조직구성원입니다. 직언은 예나 지금이나 흔히 매우 위험하고 용기를 필요로 하는 일로 여겨집니다. 그런데 이 말은 사실 왕정 권위주의 시대라면 맞습니다. 절대 복종과 절대 권위만이 존재하는 신분 사회에서 윗사람의 심기를 거스른다는 것은 말할 것도 없이 매우 위험하고 무모한 행위였을 테니까요.

그런데 21세기 오늘날에도 '직언直言'이라는 매우 경직된 표현으로 매우 특별한 일로 의식할 정도로 윗사람의 뜻에 반하는 의견 제시가 무모한 행위로 인식되고 위험시된다면, 그런 조직은 매우 구태의연하고 심지어 반反조직적이기까지 합니다. 조직의 존재 의의상 다양한 의견이 자유롭게 제시되어야 하고, 특히 상대 의견에 결정적인 문제가 있을 때 거기에 반대 의견을 내는 것은 조직구성원으로서 선택이 아닌 의무일진데, 그렇게 할 수 없게 하는 환경이기 때문입니다.

상대가 상사이든 그 누구든 마찬가지입니다. 반대 의견 제시가 '직언'이라는 매우 경직된 권위주의적 표현을 써야 할 정도로 특별한 일로 인식되고 있다면, 그 조직은 이미 비효율적·비효과적인 조직 정도가 아닌 반反효율적·반反효과적 조직입니다. 100명이 모여 있지만 한 사람의 머리만 쓰이고, 나머지 99명의 머리는 그냥 장식품인 상태이기 때문입니다. 시너지는 고사하고 역逆시너지를 내고 있는 상황입니다.

고전이 말하는 조직에 해를 입히는 '여섯 부류 옳지 않은 신하(六邪육사)'

유향은 조직에 바람직한 조직구성원상인 '육정六正'뿐만 아니라 조직에 해를 입히는 조직구성원상인 '육사六邪'도 《설원》〈신술편〉에서 함께 정리하고 있습니다.

첫째, 일은 무사안일주의로 하면서 정당한 녹祿 이상의 대가를 탐하고 사적인 일에는 열성이면서 조직 일은 건성이다. 꾀를 피우면서 자신의 능력을 사장死藏시켜 군주에게 의견을 내거나 대책을 제시하는 일이 매우 드물다. 신하 된 도리를 다하지 않고 세상 흐름에 몸을 맡기면서 군주 주변 상황만 약삭빠르게 살핀다. 이 같은 자를 일러 '구신具臣'이라 한다.

一曰安官貪祿 營於私家 不務公事 懷其智 藏其能 主飢於論 渴於策 猶不肯盡節 容容乎與世沈浮上下 左右觀望 如此者具臣也
일왈안관탐록 영어사가 불무공사 회기지 장기능 주기어론 갈어책 유불긍진절 용용호여세침부상하 좌우관망 여차자구신야

두 번째, 군주가 하는 말은 모두 옳고 군주가 하는 행동 역시 모두 맞다고 맞장구친다. 군주가 좋아하는 것을 구해 남몰래 군주에게 바쳐 군주의 눈과 귀를 즐겁게 하는 데 힘쓴다. 은근히 군주의 뜻에 부응해 군주를 즐겁게 하는 데만 힘쓰며 나중에 닥칠 해악에 대해서는 아무런 관심을 두지 않는다. 이 같은 자를 일러 '유신諛臣'이라 한다.

二曰主所言皆曰善 主所爲皆曰可 隱而求主之所好卽進之 以快主耳目 偸合苟容與主爲樂 不顧其後害 如此者諛臣也
이왈주소언개왈선 주소위개왈가 은이구주지소호즉진지 이쾌주이목 투합구용여주위락 불고기후해 여차자유신야

세 번째, 속으로는 매우 음흉하면서 밖으로는 근엄한 표정을 짓고 교언영색하면서 올바른 이들을 질시한다. 자신을 내세울 때는 좋은 점만 밝힐 뿐 단점은 숨기고, 남을 물러나게 할 때는 그 사람의 단점만 들춰내

고 장점은 감춘다. 군주로 하여금 어그러진 행동과 잘못된 인사를 하게 하며, 상벌을 부당하게 행사하게 해 법령이 제대로 집행될 수 없도록 한다. 이 같은 자를 일러 '간신^{姦臣}'이라 한다.

三曰中實頗險 外容貌小謹 巧言令色 又心嫉賢 所欲進則明其美而隱
其惡 所欲退則明其過而匿其美 使主妄行過任 賞罰不當 號令不行 如
此者姦臣也
삼왈중실파험 외용모소근 교언영색 우심질현 소욕진즉명기미이은
기악 소욕퇴즉명기과이닉기미 사주망행과임 상벌부당 호령불행 여
차자간신야

네 번째, 잔머리는 족히 잘못된 것을 다른 이들로 하여금 옳은 것으로 착각하게 하며, 말재주는 족히 거짓을 다른 이들로 하여금 진실로 믿게 하고, 뒤집어보면 쉬운 말인 것을 마치 대단한 것이라도 되는 양 꾸며 댄다. 집안에서는 혈육을 이간질하고 집을 나가서는 조정에 질시와 혼란을 불러일으킨다. 이 같은 자를 일러 '참신^{讒臣}'이라 한다.

四曰智足以飾非 辯足以行說 反言易辭而成文章 內離骨肉之親 外妬
亂朝廷 如此者讒臣也
사왈지족이식비 변족이행설 반언이사이성문장 내리골육지친 외투
란조정 여차자참신야

다섯 번째, 권세를 전횡하여 국사를 평계 삼아 나랏일은 대충 하면서

사리사욕에 힘쓴다. 파당을 지어 집안의 부를 꾀하고, 위세를 높여 군주의 명령을 제멋대로 바꾸어 자신의 지위를 더욱 귀하고 높게 만든다. 이 같은 자를 일러 '적신賊臣'이라 한다.

五曰專權擅勢 持招國事 以爲輕 重於私門 成黨以富其家 又復增加威勢 擅矯主命以自貴顯 如此者賊臣也
오왈전권천세 지초국사 이위경 중어사문 성당이부기가 우복증가위세 천교주명이자귀현 여차자적신야

마지막 여섯 번째, 사악한 말로 아첨하여 군주를 불의에 빠트리고 불온한 패거리를 만들어 군주의 눈과 귀를 가린다. 조정에 들어가서는 듣기 좋은 말만 하고 조정을 벗어나서는 그것과 다른 말을 해, 군주로 하여금 흑백을 구분하지 못하고 옳고 그름을 제대로 가리지 못하게 한다. 상황을 살피면서 사람들이 힘 있는 세력에 옮겨붙기 시작하면 온 나라 안에 임금이 악행을 저지른다고 소문을 내고 그 소문이 이웃 나라에까지 이르게 한다. 이 같은 자를 일러 '망국신亡國臣'이라 한다.

六曰諂言以邪 墜主不義 朋黨比周 以蔽主明 入則辯言好辭 出則更復異其言語 使白黑無別 是非無間 伺候可推 因而附然 使主惡布於境內 聞於四鄰 如此者亡國之臣也
육왈첨언이사 추주불의 붕당비주 이폐주명 입즉변언호사 출즉갱복이기언어 사백흑무별 시비무간 사후가추 인이부연 사주악포어경내 문어사린 여차자망국지신야[25]

유향의 좋은 신하, 나쁜 신하의 구분은 다른 것이 아닙니다. 원칙과 윤리에 충실한 '옳음'과 자신의 역할을 잘해 내는 '일을 잘하는 능력'을 갖춘 신하는 '옳은 신하(六正육정)'이고, 그렇지 못한 신하는 '옳지 않은 신하(六邪육사)'라는 이야기입니다.

조직구성원은 '옳은 일'을 하면서 동시에 '일을 잘하는 능력'을 갖추어야

'무엇이 옳은가?'를 따지는 기준은 철학적으로 크게 둘로 나뉩니다. 바로 칸트의 '도덕 법칙'과 벤담의 '공리주의功利主義(Utilitarianism)'입니다.

칸트는 사람은 태어날 때부터 이미 '옳음(義의)'의 근거인 '도덕 법칙'을 지니고 태어난다고 봅니다. 벤담은 일정 무리의 사람 또는 한 사회에 있어서의 '옳음(義의)'은 바로 '그 무리 또는 그 사회 전체를 가장 이롭게 하는 것'이라고 주장합니다.

흔히 칸트의 '도덕 법칙'과 벤담의 '공리주의'는 '옳음(義의)'에 대한 기준으로 서로 대립하고 갈등하는 것으로 여겨집니다. 그러나 꼭 그렇지는 않습니다. 많은 경우 상호 보완적입니다. 우리 주변에서 흔히 발생하는 '옳고 그름'에 대한 개인적인 차원의 판단 또는 대부분의 판단은 칸트의 '도덕 법칙'으로 거의 해결 가능합니다. 그리고 '도덕 법칙'으로만 해결하기에 한계가 있는 나머지 판단들은 '도덕 법칙'에 더해, 벤담의 '공리주의'를 추가로 적용함으로써 해결할 수 있습니다. 주로 사람의 무리 또는 사회 단위 차원에서 발생하는 '옳고 그름'의 판단이 바로 이 후자에 해당됩니다.

　일상에서 개인적으로 발생하는 '옳고 그름'의 판단 또는 대부분의 판단들은 보통 자신의 '양심' 또는 '자기 입장만 생각하는지 여부'와 관련이 깊습니다. 칸트의 도덕 법칙은 바로 '양심', '보편성'을 기반으로 하기 때문에, 이 경우 매우 유효한 해결책이 됩니다. 자신의 '양심'에 비춰보거나 '상대방과 입장을 바꾸어 생각'해 보면 '무엇이 옳은지?' 또는 '누가 옳은지?' 금방 명확해지니까요.

　한 무리의 사람 또는 사회를 단위로 전체적으로 의사 결정을 할 때 '무엇이 옳은가?'에 대한 '의견(Opinion)'은 사실 그 무리 또는 그 사회의 사람 수 만큼이나 많습니다. 이때 무리 단위 전체를 대상으로 한 '무엇이 옳은가?'에 대한 결정은 칸트의 '도덕 법칙'을 참고하면서, 벤담의 '최대 다수의 최대 행복(The greatest happiness of the greatest number)'이라는 '공리주의' 원칙을 적용하는 것 외에 사실 다른 특별한 방법이 없습니다.

　조직의 '옳음(義의)'은 '옳은 일'을 하는 것과 '일을 잘하는 능력' 두 가지로 구성됩니다. 칸트의 도덕 법칙은 '옳은 일'과 통합니다. 그리고 벤담의 공리주의功利主義는 '이익에 기여한다'는 '공리功利' 의미처럼, '일을 잘하는 능력'과 통하는 부분이 있습니다.
　'무엇이 옳은가?'에 있어서의 '옳음(義의)'은 두 기준인 칸트의 도덕 법칙과 벤담의 공리주의의 관계처럼, 개인에게 있어서는 '옳은 일'을 하는 것으로 충분하지만, 조직에 있어서는 '옳은 일'을 하는 것과 동시에 '일을 잘하는 능력'이 함께 요구됩니다.

군신유의君臣有義, 즉 '조직의 상사와 부하 사이에는 옳음(義의)이 있어야'는 다름 아닌 모든 조직구성원이 '옳은 일'을 하면서 동시에 '일을 잘하는 능력'을 갖춤으로써 가능합니다.

5장

——

부부유별

夫婦有別

·

남편과 아내는
서로의 개별적
'다름(別별)'을
인정해야

'부부유별夫婦有別'의 의미는 시대에 따라 달라집니다. '남편과 아내 간에
는 차별(別별)을 두어야'는 고대의 고전적 의미입니다. 근대적 의미는 '남
편과 아내 간에는 역할의 구별(別별)이 있어야'입니다. 그리고 21세기의
현대적 의미는 '남편과 아내는 서로의 개별적 다름(別별)을 인정해야'입니
다. 맹자가 주장한 다섯 가지 윤리 법칙 중 하나인 '부부유별夫婦有別'에서
핵심어는 '별別'입니다. 한자 '별別'의 사전적 의미는 '차별', '구별', '다르다',
'따로 달리', '나누다', '틀리다'(네이버 한자사전 참조) 등입니다.

동서양 할 것 없이 근대 이전 여성의 지위는 남성에 비해 절대적으로
낮았습니다. 한마디로 남존여비男尊女卑였습니다. 남녀 간의 '차별(別별)'이
'남자는 높고 여자는 낮다'였습니다. 인류 역사 내내 지속되어 온 여성의
낮은 지위는 근대 시민사회의 등장과 함께 민주주의가 인류 보편적 사
회 원리로 자리 잡으면서 향상되기 시작했습니다. 수직적 관계의 '차별
(別별)'이 수평적 구분인 '역할의 구별(別별)'로 바뀌었습니다. 남편은 지시
하고 아내는 복종하는 것이 아닌, 가정의 공동 운영자로서 각자의 역할
을 서로 보완적으로 수행하는 평등 관계가 되었습니다.

20세기 말, 21세기 초의 IT 및 AI 기술의 등장은 다시 한 번 남녀 관

계에 큰 변화를 가져왔습니다. 경제활동이 본격적으로 '탈脫근육화'되기 시작하면서 사회와 가정의 대부분 역할에서 남녀 간 역할 경계가 사라지기 시작합니다. 남편과 아내 모두 영역 구분 없이 경제활동을 하게 되었고, 그런 상황에서 가정에서 남편과 아내의 역할 또한 '구별(別別)'이 사라졌습니다.

'구별(別別)'이 있다면 그것은 보편적 특성으로서 남성과 여성 간의 '다름(別別)' 또는 인간 개별적 특성으로써 '다름(別別)'이 있을 뿐입니다. 남편과 아내 간 기존 '역할의 구별(別別)'이 이제 인간 개별적 '서로의 다름(別別)' 관계로 전환되었습니다. '남편과 아내는 서로의 개별적 다름(別別)을 인정해야'라는, 바로 그 '서로의 개별적 다름(別別)' 관계로의 전환입니다.

이 5장의 '부부유별夫婦有別-남편과 아내는 서로의 개별적 다름(別別)을 인정해야'는 세 가지 주제로 살펴봅니다. 첫번째, '평등-부부간 역할은 환경 변화에 따라 달라져야', 두 번째, '다름-남편과 아내는 서로의 개별적 '다름(別別)'을 인정해야', 그리고 마지막 세 번째, '결혼-결혼의 의미에 대하여'입니다. 먼저 '평등-부부간 역할은 환경 변화에 따라 달라져야'에 대해서입니다.

평등

부부간 역할은 환경 변화에 따라 달라져야

동양 문화의 흑역사,
삼종지도三從之道와 칠거지악七去之惡

인류 역사가 시작된 이래 오랫동안 여성은 남성과 동등한 대우를 받지 못했습니다. 여성은 독립된 인격이 아닌 남성의 종속물로 살기를 강요받아 왔습니다.

《예기》〈교특생〉 편에 나오는 '삼종지도三從之道'입니다.

"여성은 남을 따르는 자이다. 어렸을 때는 아버지를 따르고, 출가해서는 남편을 따르고, 남편이 죽고 난 다음에는 아들을 따라야 한다."

婦人 從人者也 幼從父兄 嫁從夫 夫死從子
부인 종인자야 유종부형 가종부 부사종자[1]

다음은 동양 사회 남녀차별의 전형인 '칠거지악七去之惡'입니다. 《소학》
〈명륜〉 편에 실려 있는 내용입니다.

"시부모 말씀을 거역하면 쫓아내며, 아들을 못 낳으면 쫓아내며, 행동
이 음란하면 쫓아내며, 질투하면 쫓아내며, 나쁜 병을 지니고 있으면
쫓아내며, 말이 많으면 쫓아내며, 남의 물건을 훔치면 쫓아낸다."

不順父母去 無子去 淫去 妬去 有惡疾去 多言去 竊盜去
불순부모거 무자거 음거 투거 유악질거 다언거 절도거[2]

삼종지도와 칠거지악은 20세기에 이르러서까지 이 땅에서 사람들의
입에 자주 오르내리던 말이었습니다. 물론 지금은 여성에 대한 극단적
편견의 화석일 뿐입니다.

인류의 스승으로 다른 영역에 있어서는 매우 균형적이었던 공자부터
남녀 관계에 있어서만은 매우 균형 잃은 모습을 보였습니다. "여자는 다
른 사람에게 굴복하는 존재다"[3], "여자와 소인은 상대하기 어려우니 가
까이하면 불손해지고 멀리하면 원망한다"[4] 따위의 편견을 보였으니까
요. 그런 결과 동양 사회에서 오랫동안 남자는 귀한 존재이고 여자는 하
찮은 존재였습니다.

《예기》〈내칙〉 편에 실려 있는 남녀 차별에 대한 내용입니다.

"아내는 남편과 같은 선반을 사용할 수 없고, 남편의 옷걸이에 감히 자기 옷을 걸 수 없고, 남편이 사용하는 상자에 감히 자신의 물건을 넣어 둘 수 없고, 남편이 사용하는 욕실을 감히 함께 사용할 수 없다. 남편이 집을 비우면 남편의 베개를 상자 속에 넣어 보관하고 남편이 사용하는 자리를 싸서 소중히 잘 간직한다. 아이가 어른을 모시거나 천한 자가 존귀한 이를 모실 때도 모두 이와 같이 한다."

男女不同椸枷 不敢縣於夫之楎椸 不敢藏於夫之篋笥 不敢共湢浴 夫不在 斂枕篋 簟席襡 器而藏之 少事長 賤事貴 咸如之
남녀부동이가 불감현어부지휘이 불감장어부지협사 불감공벽욕 부부재 염침협 점석독 기이장지 소사장 천사귀 함여지[5]

여자는 어린아이이고 천한 자이고, 남자는 어른이고 존귀한 자였습니다. 남녀 차별, 인간 차별의 극치입니다.

서양문화의 흑역사,
'여자 죄罪 기원론'과 '여자 악惡 기원론'

여성에 대한 남성의 편견 역사는 동양의 동북아시아에 한정되지 않습니다. 서양 또는 서아시아 역시 마찬가지입니다.

서양문화의 출발인 성경의 〈집회서25:24〉에서는 "죄는 여자로부터 시작하였고 우리의 죽음도 본시 여자 때문이다"라고 여자를 탓하고 있습니다. 바로 구약에서 하와가 하느님의 지시를 어기고 선악과를 따먹으면서 남편인 아담에게도 선악과를 권한 원죄 사건과 그 결과, 하느님의 경고대로 인간에게 죽음이 있게 된 일에 대한 언급입니다. 성서상 존재했던 사건은 실제 현실에 영향을 미칩니다. 서양 문화의 뿌리가 기독교인 만큼, "남편을 마음대로 주무르고 싶겠지만 도리어 남편의 손아귀에 들리라"(창세기3:16)와 같은 성서상의 여성에 대한 원죄 벌칙은 실제 서양의 정신과 사회 깊숙이 배어들 수밖에 없습니다.

서양문화의 또 다른 뿌리인 그리스로마 신화 역시 여성에 대해 매우 부정적입니다. BC 7세기, 그리스 신들의 계보를 정리한 음유시인 헤시오도스는 《신통기》에서 "여자를 믿는 자는 도둑을 믿는 것과 같다"[6]라고 말합니다. 단정적이면서 극단적입니다.

주장의 근거는 짐작이 갑니다. 그리스 신화에 등장하는 최초의 인간 여성이 판도라입니다. 그런데 판도라는 바로 신 중의 신인 제우스가, 프로메테우스와 야합해 자신을 속인 남자 인간에게 '고통'을 주기 위해 헤파이스토스를 시켜 만든 인물입니다. 신화상 인간이 겪는 '모든 고통'의 출발이 바로 이 판도라, 더 정확히 말하면 판도라가 신의 명령을 거역하고 개봉한 '판도라의 상자'입니다.

서양 문화의 두 근간이 성서의 헤브라이즘(Hebraism)과 그리스로마 신화의 헬레니즘(Hellenism)인 만큼, 하와와 판도라의 역할과 이미지는 서양 사회 속에서 여성에 대한 인식에 상당히 투영될 수밖에 없습니다.

12세기 인도에는 '사티(Sati)'라는 풍습이 있었습니다.[7] '정숙한 아내'라는 의미로, 남편이 죽어 화장을 할 때 부인도 그 불 속에 뛰어들어 함께 죽는 풍습입니다. 근대화 이전 중국이나 이 땅에서 권장되었던 '열녀' 비슷한 개념입니다. 《소학》의 〈계고〉 편과 〈선행〉 편에 나오는, 자식 없는 청상과부가 평생 수절하거나 친정의 재혼 권유에 죽음으로 맞서는[8], 여성만의 교조화된 정절·절개와 같은 비인륜적이고도 야만적인 바로 그 '열녀'입니다.

삼종지도도 인도판 삼종지도로 동일하게 존재했습니다. 어려서는 아버지에게 종속되고 결혼해서는 남편 그리고 남편이 죽고 난 뒤에는 아들에게 종속되는, 여성에 대한 불완전 인격으로서의 강요가 12세기 인도에서도 존재했습니다.[9]

'인간 생존에 누구의 역할이 더 필수냐?'가 남녀 차별의 출발

성경이나 그리스로마 신화에서 나타난 여성 편견은 사실 원인 아닌 결과로 보는 것이 적절합니다. 인류사적으로 여성에 대한 남성의 차별이 있고 난 다음, 그런 현실의 인식이 종교로 그리고 신화 형태로 반영된 것이 바로 하와의 선악과 사건이고, '판도라의 상자'일 것이기 때문입니다.

그렇다면 최근까지 인류 역사 내내 지속되어 온 남성 절대 우위의 근본 배경은 무엇일까요? 일단 출발은 남녀 간의 특성 차이입니다. 남녀 간의 특성 차이가 남녀 간에 노동의 분업을 가져오고, 그 나뉜 남녀의 노동 중 어느 것이 더 인간 생존에 필수이냐가 남녀의 상대적 지위를 결정했습니다.

플라톤은 《국가론》 〈여자, 아이들 그리고 전쟁〉 편에서 이렇게 말합니다.

"남자와 여자는 공동체를 지키는 데 있어 근본적으로 능력의 차이가 없다. 다만 여자는 남자에 비해 천성적으로 육체적 힘이 약할 뿐이다 - 중략- 여자는 노동 분배에 있어 남자보다 힘이 덜 드는 것을 담당한다. 천성적으로 육체가 약하기 때문이다."

Both women and men, then, have the same natural ability for guarding a community, and it's just that women are innately weaker than men -중략- They will receive lighter duties than the men, because of the weakness of their sex.[10]

남자가 여자보다 육체적으로 힘이 더 센 결과, 남자는 육체적 힘이 더 많이 요구되는 사냥이나 밭일을 주로 담당하고 여자는 자녀 양육과 집안 살림을 담당했습니다.

이슬람 경전 《코란》 〈여인의 장〉 편에서는 이렇게 말하고 있습니다.

"남자는 여자보다 우위에 있다 -중략- 남자가 생활에 필요한 돈을 대고 있기 때문이다."[11]

먹을 것을 외부에서 구해 오는 역할이 집에서 그것을 관리하는 것보다 더 생존에 절실했을 터입니다.

노동의 속성은 인류의 문명 발전에 따라 바뀝니다. 인류 역사 내내 인간의 힘과 근육 사용 중심이던 노동은 18c 산업혁명을 계기로 그 속성이 바뀌기 시작합니다. 그러다 20세기 말, 21세기 초 정보통신혁명과 함께 완전히 새로운 국면을 맞습니다. 산업혁명 이후 진행되던 분업화·기계화가 200여 년이 지나 자동화는 물론 인공지능화로 전개되면서 힘과 근육을 쓰는 노동이 거의 사라지고 머리를 쓰는 노동이 노동의 주가 됩니다. 해가 뜨면 바깥에 나가 먹을 것을 구하는 일이 힘과 근육에서 우위인 남자만의 영역이었던 것이 산업혁명 이후 조금씩 무너지기 시작하다 이제 완전히 그 독점적 지위를 잃고 맙니다.

노동의 속성 변화는 당연히 남녀 간 직업 활동 기회의 평등과 함께 남녀 간의 역할 구분 무의미라는 결과를 가져오고, 남녀 간의 역할 구분 무의미는 사회적·가정적으로 남녀 간의 지위 변화를 초래합니다. 바로 이의異議가 있을 수 없는 남녀평등의 실현입니다.

밖에 나가 돈을 버는 것과 집에서 아이를 돌보고 집안일을 관리하는 것이 이제 남녀 기준으로 나뉘어야 할 각각의 고정 역할이 아니라, 남녀 간의 공동 역할 또는 서로의 능력과 상황에 따라 편의적으로 나누어 말는 가변적 역할로 바뀌었습니다.

견우가 '견우牽牛'이고,
직녀가 '직녀織女'인 까닭은?

많은 사회학자, 여성학자들은 여자는 태어나는 것이 아니라 만들어졌다고 말합니다. 인류사가 시작된 이래 근대까지 우優와 열劣로, 적극적인 태도와 수동적인 태도로 대비되어 인식되어 온 남자와 여자의 모습이 태어날 때부터 그랬던 것이 아니고 사회화 과정에서 그렇게 역할을 하도록 강요되고 길러졌다는 것입니다. 사회화의 핵심 수단은 교육입니다.

《예기》〈내칙〉 편에서는 태어나서 죽을 때까지의 사람에 대한 교육 또는 강요된 역할을 이렇게 말하고 있습니다.

"말을 할 무렵이 되면 남자는 씩씩하게 여자는 공손하게 대답하도록 가르치며, 남자에게는 가죽 주머니를 여자에게는 비단 주머니를 차게 한다. 6세가 되면 숫자 세는 법과 방향을 가르치고, 7세가 되면 남녀가 한자리에 앉지 않고 함께 음식을 먹지 않도록 가르친다. 8세가 되면 문을 출입하거나 자리에 앉아 음식을 먹을 때 반드시 어른에게 먼저 양보하도록 가르치고, 9세가 되면 절기 세는 법을 가르친다. 남자는 10세가 되면 집을 떠나 스승을 찾아 그곳에서 기숙하면서 문장과 산수를 배운다. 비단옷을 입어서는 안 되고 처음 배웠던 예절에 따라 행동하며 아침저녁으로 아동이 갖춰야 할 자세를 배우고, 스승에게 청하여 좀 더 크면 갖춰야 할 것들을 간략하게 익힌다. 13세가 되면 음악을 배우고 시를 읊고 작무勺舞를 춘다. 15세가 넘으면 상무象舞를 추고 활쏘기와 말타는 법을 배우며, 스무 살이 되면 관을 쓰고 성인이 된다. 이때부터 성인으로서 갖춰야 할 오례五禮를 본격적으로 배우기 시작하며 갖옷과 비단옷을 입을 수 있게 된다 –중략– 여자는 10세가 되면 집 밖으로 나가지 않으며 유모로부터 여자로서 갖춰야 할 부드러운 말씨와 공손한 자세 그리고 말을 잘 듣고 순종하는 태도를 배운다. 또한 물레로 실을 잣고 베틀로 옷감을 짜 옷을 만드는, 여자가 맡아야 할 일을 배워 가족의 의복을 마련한다. 제사 시 음식과 제기를 준비하고 상 차리는 것을 돕는다. 15세가 되면 비녀를 꽂고 20세가 되면 출가를 한다."

能言 男唯女兪 男鞶革女鞶絲 六年 敎之數與方名 七年 男女 不同席 不共食 八年 出入門戶 及卽席飮食 必後長者 始敎之讓 九年 敎之數 日 十年 出就外傅 居宿於外 學書計 衣不帛襦袴 禮帥初 朝夕 學幼儀 請肄簡諒 十有三年 學樂 誦詩 舞勺 成童 舞象 學射御 二十而冠 始學 禮 可以衣裘帛 –중략– 女子 十年 不出 姆 敎婉娩聽從 執麻枲 治絲繭 織紝組紃 學女事 以共衣服 觀於祭祀 納酒漿籩豆菹醢 禮相助奠 十有 五年而笄 二十而嫁

능언 남유여유 남반혁여반사 육년 교지수여방명 칠년 남녀 부동석 불공식 팔년 출입문호 급즉석음식 필후장자 시교지양 구년 교지수 일 십년 출취외부 거숙어외 학서계 의불백유고 예솔초 조석 학유의

청이간량 십유삼년 학락 송시 무작 성동 무상 학사어 이십이관 시학
례 가이의구백 -중략- 여자 십년 불출 모 교완만청종 집마시 치사견
직임조순 학녀사 이공의복 관어제사 납주장변두저해 예상조전 십유
오년이계 이십이가[12]

근대 이전 동양 사회에서의 예절 교육은 아이가 말을 할 수 있게 될 무
렵부터 시작되었습니다. 남자와 여자에 대한 사회화 차별 역시 이때부
터 시작되었습니다.

남자는 적극적이고 씩씩하게, 여자는 소극적이고 온순하게 행동할 것
을 지속적으로 주입받고 강요당했습니다. 그리고 9세까지 남녀 공통의
기본 예절과 절기 읽는 법 등에 대한 교육이 끝나면 10세부터는 훨씬 강
화된 남녀 간의 차별 교육이 시작됩니다. 아니 정확히 말하면, 남자는
10세부터 본격적인 사회화와 함께 본격적인 지식 교육이 시작되었고,
여자는 아예 비사회화와 함께 가내노동에 대한 훈련이 시작되었습니다.

인류 역사 내내 여성이 남성에 비해 열등하거나 성과를 덜 냈다면 그
것은 많은 사회학자, 여성학자들의 지적처럼 남녀 간에 그렇게 차별적
으로 교육받고 그렇게 차별적으로 길들어졌기 때문입니다.

우리가 흔히 낭만적으로 입에 올리는 견우, 직녀라는 이름만 해도 그
냥 여느 남자 이름, 여느 여자 이름이 아닙니다. 각각 '밭에서 소를 끄는
사람(牽牛견우)', '집 안에서 베틀로 천을 짜는 여자(織女직녀)'라는 의미로, 남
녀 간의 사회적 역할 구분 및 차별 소지를 함의하고 있습니다. 언제 어

디서나 사람들은 깨어 있는 동안 끊임없이 남녀 각각의 역할을 교조적으로 강요받으면서 살아온 셈입니다.

유일무이한 이성적 존재인 인간은 인격상 어떠한 차별도 허용될 수 없다

지금으로부터 400여 년 전인 중국 명나라 때의 사상가 이탁오(1527-1602)는 《분서》의 〈답이여인학도위견단서〉라는 글에서 이렇게 말합니다.

"사람에 남자와 여자가 따로 있다고 말할 수 있지만, 식견에 남자와 여자가 따로 있다고 말한다면 그것이 어찌 타당하다 할 수 있겠는가? 사람의 식견에 길고 짧음이 있다고 말할 수 있지만, 남자의 식견은 모두 길고 여자의 식견은 모두 짧다고 말한다면 그것이 어찌 타당하다 할 수 있겠는가?"

故謂人有男女則可 謂見有男女豈可乎 謂見有長短則可 謂男子之見盡長 女人之見盡短 又豈可乎
고위인유남녀즉가 위견유남녀기가호 위견유장단즉가 위남자지견진장 여인지견진단 우기가호[13]

사람 간에 우열은 당연히 있을 수 있지만, 남녀 간 일률적인 우열 차이는 존재할 수 없다는 이야기입니다. 19세기 서양에서 페미니즘 운동이 시작되기 200여 년 전 일찍이 동양에서 나온 남녀평등 사상입니다. 사실 남녀평등의 문제는 남녀 간 역할 기여도에 따른 우열 합리화 논리 이전, 인권의 문제입니다. 남자와 여자의 차이라면 서로 남과 여로 성性만 다를 뿐 동일한 이성적 존재입니다.

이성理性은 지구상 다른 모든 생명들과 확연하게 구분되는 인간만의 특질입니다. 따라서 모든 인간은 유일무이한 이성적 존재로, 남녀 간 성별 차이는 물론 그 어떠한 차별도 허용되는 일 없이 평등하게 인권을 누릴 자격을 갖습니다. 물론, 현실에서의 남녀 간 역할 기여도에 따른 우열優劣 합리화 논리로 따지더라도 이제 더 이상 남녀 간 차별 근거는 존재하지 않습니다. 남녀는 평등합니다. 가정에서의 부부 역할 역시 평등합니다.

02

다름

남편과 아내는 서로의 개별적 '다름^(別별)'을 인정해야

가족 만들기에 나서는 것은
참으로 위대한 도전

결혼생활은 도전적인 일입니다. 30년 가까이 서로 다른 환경에서 살아온 남녀가 하루 중 상당 시간을 한 공간에서 지내고, 각자 지금까지의 가족을 떠나 새로운 가족 만들기에 나서는 매우 특별한 일이기 때문입니다. 상당한 각오와 인내가 요구되는 도전입니다. 성인 남녀가 좋은 친구가 되고 진정한 한가족으로 화합되기까지는 당연히 시간이 걸리고 부단한 노력이 요구됩니다.

성인들은 즐겨 먹는 음식이 다르고, 식사하는 습관이 다르고, 자고 일

어나는 시간이 다르고, 잠버릇이 다르고, 좋아하는 TV프로그램이 다르고, TV 시청 시 볼륨 높이가 다르고, 샤워 습관이 다르고, 치약 짜는 습관이 다르고, 양말을 벗어놓은 방식이 다르고, 배변 습관이 다릅니다.

하루 24시간의 일상을 서로 알고 이해하기까지 넘어야 할 장벽이 많습니다. 그러나 아무리 서로를 잘 파악하고 이해를 하더라도 모든 것에 다 합의를 이룰 수는 없습니다. 신체 구조, 기능 차이에 따른 습관과 기호 차이가 있고, 무엇보다 자기 의지를 소유한 인간인 만큼 누구나 자신의 습관이나 기호에 자기 나름대로의 합리적인 이유를 가지기 때문입니다. 환상이 아닌 현실의 삶에서 남편과 아내가 좋은 친구가 되고 행복한 가정을 이루기 위해서는 무엇보다 서로 간의 '다름(別별)'을 인정해야 합니다.

부부간의 '다름'은 '남녀 차이'에서 비롯된 '다름'도 있고, 사람의 '개인 간 차이'에서 비롯된 '다름'도 있습니다. 여기에서 '남녀 차이'란 고대부터 근대에 이르기까지의 남녀 간 수직적 우열(優劣)에 의한 차별을 의미하지 않습니다. 남녀 간의 보편적 특성에 의한 수평적 차이를 의미합니다.

'만능 수리공' vs. '가정진보위원회 위원장'

《화성에서 온 남자 금성에서 온 여자》는 '남녀 차이'를 매우 설득력 있게 설명하고 있는 세계적인 베스트셀러입니다. 남녀 관계 관련 자기계발서의 고전으로, 성인이라면 누구나 한 번쯤은 꼭 읽어보아야 할 책입니다. 저자 존 그레이는 〈미스터 수리공, 그리고 가정진보위원회〉 편에서 남녀의 차이를 몇 가지로 정리합니다. 주요 내용을 요약하면 이렇습니다.

① 배우자에게 고민이 있을 때, 남자들은 만능 수리공인 양 해결책만 들이밀고 상대방의 감정 상태를 살피지 않으며, 여자들은 가정진보위원회를 만들어 필요 이상의 충고와 비판을 가하면서 상대를 개조하려 든다.

② 고민거리가 발생했을 때, 남자들은 혼자 골방에 틀어박혀 문제를 해결하고자 하며, 여자들은 누군가에게 자신의 상황을 말로 풀어놓음으로써 문제를 해결하려 한다.

③ 동기부여에 있어, 남자는 상대가 자기를 필요로 한다고 느낄 때 힘이 솟고, 여자들은 자기가 사랑받고 있다는 느낌을 가질 때 의욕을 갖는다.

④ 의사소통 방식에 있어, 남자는 직설적으로 말하고 여자는 은유 등의 간접적 표현을 많이 사용한다. 따라서 여자가 남자에게 말을 할 때는 콕 집어서 말해 주는 것이 좋고, 남자가 여자의 말을 들을 때는 곧이곧대로 해석할 것이 아니라 행간 또는 그 말의 배경을 읽어내야 한다.

⑤ 사랑 감정에 있어, 남자는 여자가 신뢰해 주고 인정해 주고 감사할 때 자신이 사랑받고 있다는 느낌을 가지며, 여자는 남자가 관심을 기울여주고 이해해 주고 존중해 줄 때 사랑받는다는 느낌을 갖는다.

⑥ 논쟁 시, 남자들은 자신이 무조건 옳은 것처럼 행동하면서 여자의 감정 상태를 잘 헤아리지 않으며, 여자는 논쟁의 핵심을 벗어나 불만을 말하거나 비난조로 상대를 심문한다.[14]

존 그레이는 남성은 화성(Mars: 로마 신화에 나오는 전쟁의 남자 신)에서, 여성은 금성(Venus: 로마 신화에 나오는 미의 여신)에서 온 존재들로 가정합니다. 그런데 그들은 지구에 온 지 얼마 안 된 어느 날, 환경의 영향으로 갑자기 선택적 기억상실증에 걸리고 맙니다. 그 결과, 남자와 여자는 자신들이 각각 다른 행성 출신이고, 따라서 서로 다를 수밖에 없는 존재라는 사실을 까맣게 잊어버립니다. 이때부터 남자와 여자는 사사건건 충돌하기 시작합니다.

그래서 저자 존 그레이는 《화성에서 온 남자 금성에서 온 여자》의 〈책을 여는 글〉에서 조언합니다.

"당신의 배우자가 다른 별에서 온 사람처럼 당신과 다르다는 것을 기억할 때 당신은 상대를 변화시키려고 애쓰거나 맞서려고 하는 대신 그 차이를 편하게 받아들이고, 더불어 잘 지낼 수 있을 것이다."[15]

《화성에서 온 남자 금성에서 온 여자》는 초판 출간으로부터 30여 년이 지났습니다. 자연과학이 아닌 이상, 그리고 한 세대의 시간차가 있는 만큼 존 그레이의 분석은 오늘날 남녀 간의 보편적 차이를 설명하는 데 어느 정도 한계가 있을 수 있습니다. 그러나 한 세대가 지난 지금까지도 여전히 세계인의 '사랑학 지침서' 고전으로 자리매김하고 있는 것을 보면, 이 책이 '남녀의 다름'에 대한 뛰어난 통찰력을 제공하고 있는 것은 틀림없는 듯합니다.

'먹이 추적자' vs. '둥지 수호자'

《화성에서 온 남자 금성에서 온 여자》가 사회과학적으로 남녀 간의 다름을 설명하고 있다면, 앨런 피즈와 바바라 피즈의 공저인《말을 듣지 않는 남자, 지도를 읽지 못하는 여자》는 자연과학적으로, 진화론적 관점에서 남녀의 다름을 설명하고 있습니다. 참고로 다윈《진화론》의 핵심은 '원인을 알 수 없는 어떤 종種 개체들의 변이變異 중 환경에 가장 적합한 것이 선택을 받아 유전된다'는 것입니다. 《말을 듣지 않는 남자, 지도를 읽지 못하는 여자》역시 성인이라면 남녀 간의 차이 탐구를 위해 한 번쯤은 꼭 읽어야 할 책입니다.

《말을 듣지 않는 남자, 지도를 읽지 못하는 여자》에 따르면, 인류 역사가 시작된 이래 최근까지 남자 고유의 전통적인 역할은 사냥 등을 통해 먹이를 구하는 '먹이 추적자(Lunch-chaser)'였고, 여자 고유의 전통적인 역할은 집을 관리하고 아이를 양육하는 '둥지 수호자(Nest defender)'[16]였습니다. 따라서 남자의 뇌 기능은 시간이 지나면서 '먹이 추적자' 역할에 맞게 선택되고, 여자의 뇌 기능은 '둥지 수호자' 역할에 맞게 선택되어 집니다. 사회적 역할의 차이가 남녀의 뇌 기능을 서로 다르게 유전시켜왔다는 거죠.

인간의 뇌는 반구半球 형태인 좌뇌와 우뇌로 이루어져 있습니다. 몸의 오른쪽을 관할하는 좌뇌는 주로 언어와 어휘를 담당하고, 몸의 왼쪽을 담당하는 우뇌는 주로 시각적·공간적 정보를 저장하고 통제합니다. 그리고 좌뇌와 우뇌는 뇌량(뇌들보)이라는 신경섬유 다발로 연결되어 있는데, 뇌량은 여자가 남자보다 훨씬 더 두껍고 또 여성 호르몬인 에스트로겐에 의해 촉진됩니다.[17]

여자는 '둥지 수호자'로서 자녀를 양육합니다. 그런데 어린아이를 돌보는 데는 높은 정서적 태도(감정)가 요구됩니다. 남자가 우뇌 일부에 한정해 '정서 기능'을 가지고 있는 데 반해, 여자는 좌우의 뇌 전체에 걸쳐 '정서 기능'을 가지고 있습니다.[18] 여자가 남자에 비해 감성이 풍부할 수밖에 없습니다.

여성은 집안일과 양육의 속성상 다중 트랙 기능과 언어 능력이 요구됩니다. 여성은 좌뇌와 우뇌 양쪽에 언어 기능을 가지고 있습니다. 그리고 좌뇌와 우뇌를 두껍게 연결하는 뇌량의 역할로 여러 가지 일을 동시에 처리할 수 있습니다. 대화에 있어서의 화제뿐만이 아니라 집안일에 있어서도 동시 다중처리가 가능합니다.[19]

'먹이 추적자'인 남자는 사냥감의 위치를 정확하게 파악하는 것이 무엇보다 중요합니다. 그 결과 남자는 우뇌 앞쪽의 공간 지능이 발달합니다.[20] 따라서 남자는 일반적으로 여자보다 지도를 잘 읽고, 공간 감각이 요구되는 스포츠에도 능합니다.

또한 남자는 모든 상황이나 사물을 '먹이 추적자'의 문제 해결적 입장에서 바라봅니다.[21] 그래서 아내와의 대화에서도 정서적 이해보다는 틈만 나면 문제 해결사 역할을 하려 들고, 일이든 게임이든 하다못해 공중화장실(파리가 그려져 있는 소변기)에서 소변을 보는 일이든 그 의미를 성취와 문제 해결에 둡니다.

그리고 보면 남자와 여자는 염색체부터가 다릅니다. 인간은 수태 후 6-8주 사이에 성性이 결정되는데, 어머니로부터 23개, 아버지로부터 23개 물려받은 46개의 염색체 중 어머니의 23번째 염색체가 X면 XX로 여자, Y면 XY로 남자로 태어나게 됩니다. 염색체가 성性을 다르게 하고 신체를 다르게 한 만큼 그 외 남녀의 여러 특성에도 염색체가 전혀 영향을 끼치지 않는다고 생각하기 어렵습니다.

뇌생리학적으로, 남자는 '먹이 추적자'로서 '일'을 완수하는 데 적당하게 뇌가 발달해 왔고, 여자는 '둥지 수호자'로서 '인간관계'를 잘 유지하는 데 적합하게 뇌가 발달해 왔습니다.[22] 뇌 생리학적 차이는 객관적인 사실인 만큼 남자와 여자는 서로의 다름을 인정하지 않을 수 없습니다.

가정에서는 예나 지금이나 여전히 '인간관계' 능력이 중시됩니다. 그런데 노동에 있어서도 정신노동의 일반화와 함께 서비스 비중의 확대로

'인간관계' 능력이 점점 더 많이 요구되고 있습니다. 오늘날 직장에서 여성이 약진하게 된 주요 이유 중 하나라 할 수 있습니다. 노동의 성격이 바뀌고 있습니다.

배우자의 '사랑의 언어'를 파악해, 그것으로 자신의 사랑을 나타내야

사람 간에는 당연히 개인차가 있습니다. 남녀 간의 다름뿐만 아니라 개인 간의 다름도 부부는 당연히 인정하고 존중해야 합니다. 개인 간의 다름은 일상생활에서뿐만 아니라 사랑을 느끼는 방식에서도 존재합니다.

'사랑'처럼 복잡한 것이 없습니다. 실제 '사랑'이라는 것을 하는 데 있어서도 그렇고, '사랑'이라는 말 자체로도 그렇습니다. '사랑'은 세상에서 사람들이 가장 많이 입에 올리는 말입니다. 그런데 동시에 또 가장 모호한 말이 바로 이 '사랑'입니다. 사람들은 서로 '사랑'해서 결혼한다고 말합니다. 그런데 어떤 이는 '사랑'하기에 헤어진다고 말합니다.

'사랑'이 복잡한 이유는 다름이 아닙니다. 사랑의 구체적인 모습, 사랑의 구체적인 의미가 사람마다 모두 제각각이기 때문입니다. 사랑한다면서 아내를 인간이 아닌 조화나 인형으로 만들려 하고, 사랑한다면서 남편의 모든 생각과 말과 행위를 하나하나 통제하고 조종하려 듭니다. 자기만의 편집된 방식으로 배우자를 '사랑'하는 경우입니다. 사랑하는 방식, 사랑받고자 하는 방식은 저마다 다릅니다.

　게리 채프먼은 저서 《5가지 사랑의 언어》의 〈제1의 사랑의 언어를 발
견하는 방법〉 편에서 '사랑의 언어' 다섯 가지를 들고 있습니다. 오랜
기간의 실증적 연구 결과, ① 인정하는 말, ② 함께하는 시간, ③ 선물,
④ 봉사, ⑤ 육체적인 접촉[23] 다섯 가지를 '사랑의 언어'로 제시합니다.
　사람들은 자신에 대한 파트너의 행동에서 사랑을 느낍니다. 그런데
어떤 하나의 행동은 다른 행동들보다 특별히 더 크게 사랑의 감정을 느
끼게 합니다. 채프먼은 그것을 그 사람의 '사랑의 언어' 또는 '제1의 사랑
의 언어'라고 말합니다. 그렇다면 자신의 '사랑의 언어'가 무엇인지는 어
떻게 알 수 있을까요? 채프먼은 세 가지 방법을 제시합니다.

　먼저 배우자가 당신의 마음에 깊은 상처를 주곤 했다면 그 원인이 무
엇인지를 생각해 보라는 것입니다. 당신에게 상처를 주었던 배우자의
그 행동과 반대되는 행동이 바로 당신의 '사랑의 언어'일 수 있다는 것입
니다. 상대가 나를 무시할 때 마음에 큰 상처를 받곤 했다면 당신의 '사
랑의 언어'는 '인정하는 말'이기 쉽고, 배우자가 언제나 바쁘다는 핑계로
당신을 혼자 있게 할 때 삶이 무의미하게 느껴지곤 했다면 당신의 '사랑
의 언어'는 '함께하는 시간'일 가능성이 높다는 이야기입니다.

　두 번째로, 당신이 수시로 배우자에게 요구했던 것이 무엇인가를 생
각해 보면 그것이 바로 당신의 '사랑의 언어'이기 쉽습니다. 평소에 포옹
하거나 부부생활 하기를 자주 원했다면 당신의 '사랑의 언어'는 '육체적

인 접촉'이기 쉽고, 집에서 맛있는 음식을 요리해 주기를 원하거나 집안이 청결하게 유지되기를 원했다면 '사랑의 언어'가 '봉사'일 가능성이 높습니다.

세 번째로는, 당신이 배우자에게 평소 어떻게 당신의 사랑을 표현하고 있는가를 생각해 보면, 그것이 바로 당신의 '사랑의 언어'일 가능성이 높습니다. 특별한 날에는 항상 배우자를 위해 잊지 않고 선물을 준비했다면 당신의 '사랑의 언어'는 바로 그 '선물'일 가능성이 높습니다. 사랑의 표시로 상대에게 선물을 준 만큼, 당신 역시 상대방으로부터 '선물'을 받을 때 사랑받는다는 느낌을 갖기 쉬울 것이기 때문입니다.[24]

사람들의 '사랑의 언어'는 모두 다릅니다. 남편과 아내는 '사랑의 언어'가 서로 다름을 인정해야 합니다. 그리고 배우자에게 자신의 '사랑의 언어'를 강요할 것이 아니라, 먼저 배우자의 '사랑의 언어'로 배우자에게 사랑을 표현해야 합니다. 그것이 진짜 사랑입니다. 게리 채프먼의 《5가지 사랑의 언어》 역시 앞의 두 책처럼 남녀 탐구생활에 크게 도움되는 책입니다.

자기 기질의 장점은 살리고
약점은 개선해 나가야

사람들은 기질(Temperament) 측면에서도 서로 다릅니다. 기질은 '감정

및 그것과 관계되어 있는 의지의 활동으로 나타나는 인간의 소질素質상의 차이'[25]를 말합니다.

남편과 아내는 서로의 기질이 다를 수 있음을 인정해야 합니다. 의학의 아버지인 고대 그리스의 히포크라테스(BC460?-BC377?)와 근대 초기에 이르기까지 서양의학에 막대한 영향을 미친 갈레노스(129-200)는 사람의 기질을 네 가지로 분류하였습니다. ① 다혈질(sanguine), ② 우울질(melancholic), ③ 담즙질膽汁質(choleric), ④ 점액질(phlegmatic)입니다.

기질별 주요 특성을 간단히 알아보면, 다혈질은 활동적이며 쾌활하지만 의지가 약하고 무질서하다는 단점이 있습니다. 우울질은 풍부한 감성과 함께 예술적인 소질을 지니고 있지만 자기중심적이고 변덕스러운 면이 있습니다. 담즙질은 의지와 독립심이 강하지만 오만하다는 단점이 있습니다. 점액질은 유머가 있고 명랑하지만 게으르다는 단점이 있습니다.[26]

네 가지 기질은 모두 장점과 함께 단점을 지닙니다. 자신이 어떤 기질의 소유자인지는 감정을 나타내는 여러 문항으로 이루어진 기질 테스트를 통해 알아볼 수 있습니다. 그런데 기질론에 있어 중요한 것은 단순히 자신의 기질을 알아보는 데 있지 않습니다. 기질 파악을 통해 자신의 장점은 살리고 약점은 보완해 나가는 데 있습니다. 혹시라도 기질 파악을 통해 '나는 원래 이런 기질이니 당신들은 나의 문제점을 그대로 인정해야 해'라는 식으로 기질 테스트가 자기 합리화에 이용된다면 그것은 기질 테스트의 존재 의의에 반하는 경우입니다.

기질 테스트의 존재 이유는 상대의 약점을 이해하고 자신의 약점을 고쳐나가기 위한 것이지, 자신의 약점에 대한 상대의 포용을 요구하기 위한 것이 아닙니다. 부부는 서로의 기질이 다름을 인정함과 동시에 자기 기질의 장점은 살리고 약점은 개선해 나가야 합니다.

자신의 '행복가치(Happiness Value)'를 파악해, 그것을 자신의 삶 중심에 두어야

사랑만큼이나 자주 사람들의 입에 오르내리면서 사랑 못지않게 다양한 의미를 갖는 말이 '행복'입니다. 누구나 행복을 목표로 하지만 자신을 진정 행복하게 할 각자의 '행복가치(Happiness Value)'[27]는 모두 다릅니다.

남편과 아내 역시 함께 행복을 추구하는 부부이지만 각자의 '행복가치'는 다를 수 있습니다. 한 사람은 해마다 재산이 늘어나는 데서 행복을 찾고, 다른 사람은 해마다 지혜가 늘어나는 데서 행복을 찾을 수 있습니다.

신동기·신태영은 공저《오늘, 행복에 한 걸음 더 다가갑니다》에서 사람들이 추구하는 '행복가치'를 여섯 가지로 정리하고 있습니다. ① 성공, ② 무소유, ③ 도덕, ④ 이성, ⑤ 종교, ⑥ 감성[28]입니다. 여섯 가지 '행복가치' 뒤에 '행복론'을 붙이면 각각의 가치에 상대적으로 큰 행복 비중을 두는 여섯 가지 행복론이 됩니다.

'성공 행복론'은 자신의 행복을 성공에 두는 행복론입니다. 어떤 다른 것보다 돈, 권력, 명예 등을 얻을 때 자신이 행복할 것으로 생각하는 행복론입니다. '무소유 행복론'은 욕심과 기대치를 줄임으로써 '만족도(=결과/기대)'를 높이고, 더불어 마음의 자유를 확대하는 행복론입니다. '도덕 행복론'은 남을 위한 삶에서 행복을 느끼는 봉사와 희생의 행복론입니다. '이성 행복론'은 지혜를 추구하는 데서 행복을 느끼는 행복론입니다. '종교 행복론'은 신을 위한 삶과 믿음 속에서 행복을 찾는 행복론입니다. 마지막으로, '감성 행복론'은 예술, 문학 등의 감성 활동에서 자신의 행복을 찾는 행복론입니다.

사람들은 이 여섯 가지 중 어느 한 '행복가치' 또는 하나의 행복론만을 반드시 추구하지는 않습니다. 여섯 가지가 아닌 다른 '행복가치'를 추구하기도 하고 복수의 '행복가치'를 추구하기도 합니다. 그러나 어찌되었든 자신이 가장 우선시하는 '행복가치' 또는 행복론이 있습니다. 그것이 바로 그 사람의 '행복가치(Happiness Value)' 또는 행복론입니다.

신동기·신태영이 최초로 제안한 개념인 '행복가치(Happiness Value)'의 가치는 삶에서 가급적 이른 시기에 자신의 '행복가치(Happiness Value)'가 무엇인지를 파악해, 이 '행복가치'를 자신의 삶 중심에 세우는 데 있습니다.

그렇게 함으로써, 대학 전공을 정할 때 이 '행복가치'의 실현에 도움이 되는 전공을 선택하고, 직업 또는 직장을 선택할 때 마찬가지로 자신의 '행복가치' 실현과 연관이 깊은 일을 선택하고, 삶의 반려자를 찾을 때도 가급적 '행복가치'가 같은 이를 선택할 수 있게 됩니다. 곧, 별도로 자신의 행복 실현을 위해 따로 애쓰지 않아도 직업활동 자체가 행복이 되고, 결혼생활 자체가 행복이 되고, 또한 삶의 이른 시기부터 행복 상태로 접어들수 있게 됩니다. 당연히 '행복가치' 개념을 전혀 의식하지 못하고 살았을 경우에 비해 훨씬 더 오랫동안 그리고 훨씬 더 큰 행복을 누릴 수 있게 됩니다.

이미 결혼한 남녀의 경우는 어떻게 해야 할까요? 먼저 남편과 아내의 '행복가치'가 같다면 행운이고, 같지 않다면 마땅히 서로의 다름을 인정하고 상대방의 '행복가치'를 존중해야 합니다. 자기 의지를 가진 이성적 존재로서 사람들의 '행복가치'는 같은 경우보다 다른 경우가 더 일반적입니다.

성인成人은 '사람들은 모두 다르다(別別)'는 것을 아는 이

언어는 의식을 반영합니다. 사람들은 한 번씩 '그 사람 생각은 우리와 틀려'라고 말할 때가 있습니다. '달라'라고 표현해야 할 것을 '틀려'라고 잘못 표현한 것이죠. 견해나 입장이 서로 다를 때 사람들이 무의식중에 '나는 옳고 상대는 틀리다'라고 미리 정하고 들어간다는 이야기입니다.

30년 가까이 다른 환경에서 살아온 성인 두 사람이, 그것도 성性이 다른 한 남자와 한 여자가 어느 날 가장 강한 형태의 공동체인 '가족'이라는 이름의 공동생활에 도전(?)하는 것은 참으로 대단한 일입니다. 남녀 간의 '다름(別別)', 자의식을 가진 인간 개체로서의 서로 '다름(別別)'을 미리 충분히 인식하고 각오하지 않으면 결혼은 '사랑으로 가는 꽃길' 아닌 '전쟁으로 치닫는 불길'이 될 수도 있습니다.

남편과 아내는 서로의 '다름(別별)'을 인정해야 합니다. 결혼의 전제인 '성인成人'은 곧 '성숙한 사람'을 의미합니다. 성숙은 세상을 어느 정도 안다는 것이고, 그 아는 것 중 가장 우선되는 것은 무엇보다 먼저 '사람을 아는 것'입니다. 나 이외의 '사람들은 모두 틀리다'가 아닌, '사람들은 모두 다르다'는 것을 아는 것.

결혼

결혼의 의미에 대하여

결혼은 이 세상
모든 것의 시작이다

인간의 가장 위대한 행위는 결혼입니다. 신적 역할을 하기 위한 의지의 실천이기에 그렇습니다. 신은 세상 모든 것들의 원인이자 창조자입니다. 인간은 사색가이고 탐험가이고 발견자일 뿐입니다. 그러나 결혼을 통해 인간은 잠시 창조자가 됩니다. 바로 자녀를 만들고 낳는 순간입니다. 자신을 만든 신을 닮아 창조자로 나서는 길, 결혼입니다.

중국 명明나라 때의 사상가 이지(1527-1602)는 《분서》 〈부부론인축유감〉에서 이렇게 말합니다.

"부부는 모든 인간사의 출발이다. 부부가 있고 난 다음 부자父子가 있고, 부자가 있고 난 다음 형제가 있고, 형제가 있고 난 다음 위아래가 있다. 부부가 바르게 되고 난 다음 이 바름에서 모든 일이 시작되니, 부부는 이처럼 만물의 시초 역할을 한다."

夫婦人之始也 有夫婦然後有父子 有父子然後有兄弟 有兄弟然後有上
下 夫婦正然後萬事無不出于正 夫婦之爲物始也如此
부부인지시야 유부부연후유부자 유부자연후유형제 유형제연후유상
하 부부정연후만사무불출우정 부부지위물시야여차[29]

《예기》〈혼의〉 편에서는 이렇게 말하고 있습니다.

"남녀 간의 구별이 있고 난 다음 부부간의 옳음이 있고, 부부간의 옳음이 있고 난 다음 부자간의 친함이 있고, 부자간의 친함이 있고 난 다음 군주와 신하 간의 바름이 있다. 그래서 결혼을 모든 예禮의 근본이라 한다."

男女有別而后夫婦有義 夫婦有義而后父子有親 父子有親而后君臣有
正 故曰昏禮者禮之本也
남녀유별이후부부유의 부부유의이후부자유친 부자유친이후군신유
정 고왈혼례자예지본야[30]

남녀 간의 결혼이 모든 사람 관계의 출발, 세상 만물의 시초임은 물론

모든 예禮의 시작이라는 이야기입니다. 곧 남녀 간의 결혼이 없으면 사람 관계도 없고, 세상 만물도 없고, 예禮 등 그 어떤 것도 존재할 수 없다는 것입니다. 결혼이 이 세상 모든 것의 출발입니다.

사랑은 참고
또 참는 것

　결혼은 가족을 만듭니다. 가족은 구성원 각자 개별적 인격으로 존재함과 동시에 '사랑이라는 감정상의 통일'[31]에 바탕한 혈연공동체로 존재합니다. 최소 단위의 혈연공동체인 가족은 사랑과 신뢰 속에서 생활을 공유하는 또 하나의 독립 인격체입니다.[32] 기업 법인法人이 법적으로 인격이 부여된 존재라면, 가족이라는 공동체는 실질적·천륜天倫적으로 인격이 부여된 존재입니다.

　철학자 헤겔(1770-1831)은 '가족의 완성'을 세 가지 요소로 정리합니다. ① 결혼, ② 자녀 교육, ③ 재산[33]입니다.
　가족의 완성은 결혼의 결과입니다. 그리고 결혼은 '사랑'이 가장 큰 전제입니다. 그렇게 되면 결혼의 완성 또는 결혼의 의미는 곧 ① 사랑, ② 자녀 교육, 그리고 ③ 재산 세 가지를 갖추는 것이 됩니다.

　첫째, '사랑'에 대해서입니다.
　결혼에서 제일 중요한 것은 사랑입니다. 결혼하는 데도 그렇고, 결혼생활을 유지하는 데도 그렇고, 행복한 결혼생활을 위해서는 더욱 그렇습니다.

바그너의 악극 《트리스탄과 이졸데》에서 트리스탄은 "사랑을 위해서라면 지옥불도 두렵지 않다. 이졸데에 대한 사랑으로 불타고 있는 한 그것은 지옥이 될 수 없다"고 독백합니다. 결혼할 때의 신랑 신부는 누구나 트리스탄이 됩니다. 열병 같은 사랑의 열기에 주위 사람들이 델 정도입니다. 그러나 그 열기는 영원하지 않습니다. 미적지근해지기도 하고 때로는 사위어 냉기로 바뀌기도 합니다. 어떻게 하면 사랑의 열기를 계속 유지할 수 있을까요?

성경 〈고린도전서13:4-13〉는 사랑에 대해 이렇게 말합니다.

"사랑은 오래 참습니다. 사랑은 친절합니다. 사랑은 시기하지 않습니다. 사랑은 자랑하지 않습니다. 사랑은 교만하지 않습니다. 사랑은 무례하지 않습니다. 사랑은 사욕을 품지 않습니다. 사랑은 성을 내지 않습니다. 사랑은 앙심을 품지 않습니다. 사랑은 불의를 보고 기뻐하지 아니하고 진리를 보고 기뻐합니다. 사랑은 모든 것을 덮어주고 모든 것을 믿고 모든 것을 바라고 모든 것을 견디어 냅니다. 사랑은 가실 줄을 모릅니다 -중략- 그러므로 믿음과 희망과 사랑, 이 세 가지는 언제까지나 남아 있을 것입니다. 이 중에서 가장 위대한 것은 사랑입니다."

성경은 '참는 것'을 사랑의 여러 요건 중 첫째로 꼽습니다.

중국 당나라 때 9대째 한 집에서 자손들이 화목하게 모여 사는 집이 있었습니다. 당의 3대 황제 고종이 그 집을 찾아 존장^{尊長}인 장공예에게 화목의 도리를 물었습니다. 공예는 말없이 붓을 들어 글을 써 내려갔습니다. '참을 인^忍'자 100여 자였습니다.[34] 참고, 참고, 참고, 또 참고, 또 계속 참아야 한다는 의미입니다.

사랑을 위해 해야 할 것들이 많이 있지만 그중 가장 앞서는 것은 '참는 것'입니다. 부부간의 다툼은 사실 그리 특별한 문제에서 시작되지 않습니다. 먼지보다 작고 솜털보다 가벼운 매우 사소한 것으로부터 시작되는 경우가 대부분입니다. 의식적으로, 마음속으로 참을 '인^忍'자 세 번만 새겨도 대부분 해결될 문제들입니다. 성경, 그리고 《소학》에서 말하듯 사랑은 일단 '참는 것'으로부터 시작됩니다.

생색을 내지 않는 것이 진정한 베풂이다

불교의 가르침 중 '삼륜청정^{三輪淸淨}'이 있습니다. 바로 남에게 '보시^{布施}', 즉 베푸는 행위를 했을 때 '베풂을 받은 사람(受者수자)', '베푼 것(施物시물)' 그리고 '베푼 사람(施者시자)' 셋을 베푼 즉시 머릿속에서 지워버려야 한다는 가르침입니다. 남에게 베푼 뒤 앞의 세 가지를 당사자에게 드러내고 주변 여기저기 방송하고 다니는 것을 '유주상^{有住相}'이라 합니다. 그리고 보시 그 자체로 끝낼 뿐, 일체 생색 내지 않는 것을 '무주상^{無住相}'이라 합니다. 유주상에는 '유루복^{有漏福}'이 따르고 무주상에는 '무루복^{無漏福}'

이 따릅니다. '유루복'은 '복이 다 빠져나간다'는 것이고, '무루복'은 '복이 그대로 머물러 있다'는 의미입니다.

삼륜청정에 의하면, 베풀고 난 뒤 생색을 내면 그것은 베푼 것이 아니게 됩니다. 뻐기는 마음으로 자신을 내세웠을 때 그 뻐기는 마음 자체로 이미 스스로 보상을 모두 받았기 때문입니다.

가정의 공동 운영자로서 남편과 아내는 끊임없이 서로의 역할을 합니다. 역할을 할 때마다 상대에게 생색을 낸다면 그것은 시장에서 물건을 사고파는 거래와 별 다름이 없게 됩니다. 대가를 따지는 계산 속에 넉넉함이 머무를 공간이 없습니다. 상대에 대한 넉넉함은 유주상 아닌 무주상에서 나옵니다. 생색 내는 일 없이 조용히 사랑하는 이를 위해 무엇인가를 하고 또 하는 것이 진정한 의미의 베풂이고 사랑입니다.

자신의 부모형제를 사랑하듯
배우자의 부모형제를 배려하고 존중하려 노력해야

결혼이 위대한 행위가 되는 것은 그것이 창조자가 되려는 의지의 실천이기 때문만이 아닙니다. 서로 다른 환경에서 오랫동안 살아온 두 인격이 '가족'이라는 새로운 실질적·천륜天倫적 인격 만들기에 도전하는 일이기도 하기 때문입니다.

'혼인婚姻'에서 '혼婚'은 '신부 아버지'를 가리킵니다. 그리고 '인姻'은 '신랑 아버지'를 가리킵니다.[35] 그것은 결혼結婚이 개인 간의 '맺음(結결)'이기 전에, 집안 간의 '맺음'이기도 하다는 의미입니다.

따라서 남편과 아내는 서로에 대해서뿐만 아니라, 상대방의 집안에 대해서도 배려와 존중을 해야 합니다. 배려와 존중의 기준은 역지사지易地思之입니다. 자신의 부모를 사랑하는 만큼 상대의 부모를 위하려 노력하고, 자신의 집안을 소중히 여기듯 상대방 집안을 존중하는 것입니다. 상대의 부모와 상대의 집안에 대한 진심 어린 정성과 존중은 부부를 한 몸이게 하는 튼튼한 사랑의 끈으로 오랫동안 남습니다.

배우자를 포함한 보다 큰 인격인 배우자의 집안, 배우자의 부모에게 진심으로 정성을 다하는 것은 배우자 한 사람에게 잘하는 것과는 비교 안 될 정도로 배우자에게 큰 기쁨을 줍니다. 평생 고맙고 평생 마음의 빚으로 남는, 그런 잊을 수 없는 기쁨. 배우자는 그런 아내 또는 그런 남편을 더욱 뜨겁게 사랑하지 않을 수 없습니다.

대화를
유지하라

우리 몸이 10만 킬로미터 정도에 달하는 길이의 혈관에 의해 소통된다면 가족이라는 공동체는 대화를 통해 소통됩니다. 피의 흐름이 멈추면 몸 기능이 멈추듯 가족 역시 대화가 사라지면 그 기능이 멈춥니다. 부부 또는 가족 간에 갈등이 발생하더라도 대화만 유지되고 있다면 갈등 대부분은 시간이 지나면서 좋은 방향으로 정리되고 상처도 아뭅니다.

대화는 대화를 유지하는 것 자체도 중요하지만 어쩌면 방법이 더 중요합니다. 방법의 첫 번째는 공감적 경청입니다. 공감적 경청은 '상대를 이해하려는 의도를 가지고 상대방의 말을 경청하는 것'입니다. 그러기 위해서는 자신이 말하기에 앞서 먼저 상대방의 말을 들어야 합니다. 두 번째는 '메라비언의 법칙(The Law of Mehrabian)'을 염두에 둘 필요가 있습니다. 메라비언의 법칙은 커뮤니케이션을 할 때 사람들이 상대방의 의도를 상대의 표정 등 시각적 요소를 통해 55%, 목소리 톤 등 청각적 요소를 통해 38%, 그리고 말의 내용인 언어를 통해 나머지 7%를 받아들인다는 이론입니다. 말의 내용보다 훨씬 중요한 것이 말하는 사람의 표정, 그리고 말투라는 이야기입니다. 성실한 표정, 성실한 말투가 동반되지 않은 대화는 긍정적 효과는커녕 상대방의 반감과 분노만 불러옵니다.

결론은, 갈등 발생 시 이해하려는 마음 자세로 상대방의 말을 먼저 듣고, 그다음 온화한 표정으로 자신의 생각을 진심 어린 목소리에 담아 배우자에게 전달해야 합니다. 공감적 경청과 성실한 말하기는 상대방의 분노와 흥분을 가라앉히고, 상대방의 진정鎭靜은 나의 마음을 차분하게 합니다. 부드러운 흙이 씨앗을 꽃피울 수 있듯, 서로 누그러진 마음에서 사랑은 다시 피어날 수 있습니다.

부부는 한 공간에서
잠자리에 들어야

신화학자 조지프 캠벨은 《신화의 세계》〈성배를 찾아서: 파르치팔 전설〉에서 이렇게 말합니다.

> "결혼은 사랑의 확인이며, 성애는 결혼의 상징이다. 그것이 사랑과 결
> 혼을 하나로 만든다."[36]

결혼은 인격의 만남이기도 하지만 육체적 결합이기도 하다는 이야기입니다. 신적 속성인 이성과 동물적 속성인 육체를 함께 지니고 태어난 인간은 정신적인 교감뿐만 아니라 육체적으로도 교감을 할 때 행복합니다.

맹자와 동시대 사상가로 인성에 관해 맹자와 논쟁을 벌였던 고자는 《맹자》〈고자장구상〉에서 이렇게 말합니다.

> "식욕과 성욕은 사람의 타고난 본성이다."
>
> 食色性也
> 식색성야[37]

성욕은 본성인 만큼 성욕이 이성의 관리 테두리 안에 있는데도 억제당한다면 육체로서의 인간은 행복할 수 없습니다. 물론 정신적 평온을 유지하는데도 영향을 미칩니다.

결혼은 따져보면 인간의 본성과 이성이 치밀하게 반영된 제도입니다. 인류 역사를 통해 자연스럽게 형성된 관습인 만큼 당연히 그럴 수밖에

없습니다. 이성과 생식 능력이 완성될 즈음 남녀를 제도적으로 짝짓게 함으로써, 성숙된 이성은 한 가정을 건사하게 하고 성적 결합은 종족 번식을 가능하게 합니다. 그리고 동시에 안정적인 성욕 관리로 인간사회의 '동물의 왕국화化'를 방지합니다.

철학자 헤겔은 "부부간의 성적 결합은 수치스러울 수 없다"[38]고 했습니다. 부부간의 성적 결합은 본능적인 것이면서도 결혼이라는 형식의 인륜적 유대에 의한 것이니 정당하고 자연스럽고 바람직하기까지 합니다. 성적 결합의 속성은 이성 아닌 감성이고 동물성입니다. '부부 싸움은 칼로 물 베기', '하룻밤 잠자리에 만리장성을 쌓는다', '베갯머리송사'와 같은 속담들도 따져보면 사실 남녀 간 성적 결합의 특별한 효과와 관련된 말들입니다.

당장 끝내고 말 것처럼 으르렁거리던 부부가 아침이 되자 언제 그랬냐는 듯이 서로 헤헤거리고 있다면 그것은 밤사이 육체적 교감을 통해 갈등이 해소되었기 때문입니다. 절반은 동물인 인간이 동물로서의 자연스러운 원초적, 본능적 교감을 나누었으니 어느 정도의 갈등은 눈 녹듯 사라지는 게 당연합니다.

불가피한 사유가 아니라면 부부는 한 공간에서 잠자리에 들어야 합니다. 부부 간 갈등이 있거나 삶에 어렵고 힘든 일이 있을 때일수록 더욱 그렇습니다. 언제든 화해할 기회를 열어놓기 위해, 그리고 역경을 이겨내고 부부가 마음을 합쳐 다시 일어설 힘을 얻기 위해 그렇습니다. 갈등이 있다고, 삶이 버겁다고 부부가 잠자리를 따로 하면 그것은 갈등이 확대될 가능성을 키우는 것이고 자칫 의도치 않았던 파경으로까지 치달을 수 있습니다.

부부는 하나일 때 강하고 하나일 때 행복합니다. 부부를 하나로 만드는, 단순하지만 강한 연결고리는 기본적으로 이성이나 물질이 아닌 포옹, 쓰다듬기, 입맞춤 등을 포함한 육체적 교감입니다. 육체적 교감이 만능일 수는 없지만 뒤엉킨 감정의 실타래를 풀어가고, 캄캄한 절망의 늪을 벗어나기 위한 단초端初 역할에는 부족함이 없습니다. 육체적 교감은 부부 사랑의 필요조건입니다.

더 나은 사람 하나를 창조하려는 두 사람의 의지. 이것을 결혼이라 부른다

두 번째, '자녀 교육'에 대해서입니다.

생물은 종족 번식의 본능을 갖습니다. 종족 번식을 위해 암수는 일회적으로 만나기도 하고 한동안 같이 생활하기도 하고 가족을 구성해 평생 함께 지내기도 합니다. 암수가 일 회, 한동안 또는 평생으로, 함께 지내는 기간이 갈라지는 배경은 다름 아닌 새끼의 잉태 및 양육 기간의 차이에 의해서입니다. 임신 기간과 새끼가 성체가 되어 혼자 독립하기까지 걸리는 시간에 따라 어미 암수는 일 회, 한동안 또는 평생을 함께 지냅니다.

인간은 착상에서 태어나기까지 10개월이 걸립니다. 그리고 성체가 되어 독립된 한 인간으로 서기까지는 20년이 걸립니다. 그래서 인간 암수

는 가족을 구성해 평생을 함께 보냅니다.[39]

근대 계몽사상가인 몽테스키외(1689-1755)는 저서 《법의 정신》 〈제23편 주민 수와 관계되는 법〉 편에서 남녀의 혼인 의미와 자식의 양육에 대해 이렇게 말합니다.

"아버지가 그 자식을 기르는 자연적인 의무가 혼인을 성립시켰다. 그래서 혼인은 이 의무를 다해야 할 자를 명백히 한다 -중략- 이 의무는 동물에 있어서는 보통 어미(암컷)만으로 다할 수 있는 정도의 것이다. 인간에게는 이 의무가 훨씬 커다란 넓이를 가진다. 인간의 자식은 이성을 가진다. 그러나 이성은 그들 속에 서서히 나타나는 데 불과하다. 즉, 그들은 기르는 것만으로 충분하지 않고 이를 지도해야 한다."[40]

인간은 자식이 육체적으로 성장하기까지 부양해야 할 뿐만 아니라, 자식이 성숙한 이성적·사회적 존재로 존립할 수 있도록 단련시켜야 한다는 이야기입니다. 인간의 종족 번식은 자식이 독립된 인간으로 서는 데 필요한 교육까지 포함합니다.

니체(1844-1900)는 《차라투스트라는 이렇게 말했다》의 〈아이와 결혼에 대하여〉 편에서 결혼의 의미에 대해 말합니다.

"그대는 젊고, 아이를, 결혼을 원하고 있다. 하지만 나는 그대에게 묻는다. 그대는 아이를 원해도 될 만한 인간인가? 그대는 승리에 승리를 거듭하는 자, 자기를 극복한 자, 관능의 지배자, 자신의 덕의 주인인가?, 라고 나는 그대에게 묻는다 -중략- 그대는 보다 높은 몸을, 최초의 움직임을, 스스로의 힘으로 돌아가는 수레바퀴를 창조해야 한다. 창조하는 자를 창조해야 한다. 창조한 자들보다 더 나은 사람 하나를 창조하려는 두 사람의 의지. 이것을 나는 결혼이라 부른다."[41]

니체는 결혼에 대한 자격을 묻습니다. 그리고 자기 자신보다 더 나은 자식을 만들어내는 것, 그것이 바로 결혼의 목적이라 말합니다.

우리나라 부모들의 교육열은 기본적으로 니체에 부합합니다. 물론 '더 나은 사람'에서, "그 '더 나은'의 대상이 무엇이냐?"는 근본적인 질문은 남습니다. 저자 입장에서의 대상은, 이 책 '들어가는 말'에서 언급한 '선한 본성'과 '높은 이성 능력'입니다. '더 나은 사람'은 당연히 나의 자식이 '선한 본성', '높은 이성 능력'을 부모인 나보다 더 잘 갖추는 것이겠고요.

결혼이 사랑의 확인이라면 자녀는 그 사랑의 결과입니다. 자녀 교육은 그 사랑의 결과를 자신보다 더 낫게 만드는 일입니다.

가족을 건사할
물질을 마련해야

세 번째, '재산'에 대해서입니다.

부부가 자식을 교육시키고 가족을 건사하는 데는 당연히 물질이 필요합니다. 최소한의 생계 유지, 자녀 교육, 기본적인 문화생활 그리고 자녀 결혼과 부부의 노후 준비[42]에 문제없을 정도의 돈을 마련해야 합니다.

그런데 생애 전체를 대상으로 할 때, 일반적으로 한 가계의 소득 흐름과 지출 흐름은 잘 일치하지 않습니다. 결혼 이후 생애는 신혼기, 자녀 양육기, 자녀 성장기, 은퇴 준비기, 노후기로 구분됩니다. 일반적으로 소득은 결혼 이후 꾸준히 증가하다 은퇴와 함께 크게 줄어듭니다. 반면 지출은 자녀 성장기에 크게 늘어나고 은퇴 이후까지 꾸준히 발생합니다. 자녀 성장기 때는 교육비, 은퇴 이후는 자녀 결혼, 부부 건강관리에 따른 지출 등이 계속 발생하기 때문입니다. 따라서 생애 전체의 소득과 지출 흐름을 대상으로 한 재무 계획을 일찍부터 세우지 않으면 안정적인 가정생활 유지에 어려움이 닥칠 수 있습니다.

경제 전문가들은 사람들이 재무 계획을 제대로 세우지 않는 이유로 '금융 문맹' 현상을 듭니다. '금융 문맹'은 '글을 읽지 못하는 사람들'을 가리키는 '문맹'에 빗대어 '금융에 대한 기본 지식이 없는 사람들'을 이르는 말입니다. 금융에 대한 기본 지식을 갖춤으로써 개인의 신용관리는 물론 자산 증식 노력을 통해 생계 유지, 자녀 교육, 기본적인 문화생활, 자녀 결혼과 부부의 노후 준비에 문제가 없을 정도의 재산을 마련해야 합니다. 돈이 많다고 반드시 행복한 것은 아니지만, 돈이 있으면 여러 가지 불편과 불행을 막을 수 있습니다.

인간은 죽지 않습니다. DNA를 통해 영원히 삽니다. 내 몸에 이 땅 인류 최초의 DNA가 담겨 있고, 내 아들딸로 그리고 그 아들딸의 아들딸로 피가 이어지는 한 나의 DNA 역시 사라지지 않고 영원히 삽니다. 영원한 생명의 연결고리는 결혼입니다. 그래서 인간의 결혼은 위대합니다. 감정 쏠림에 의한 잠깐의 시끌벅적한 이벤트가 아닙니다.

결혼은 세 가지를 필요로 합니다. 먼저 사랑입니다. 사랑은 참는 것이고, 사랑은 베푸는 것이고, 사랑은 배려이고, 사랑은 배우자의 말을 경청하는 것이고, 사랑은 부부가 하루 일을 마치고 같은 침대에서 손을 잡고 잠자리에 드는 것입니다. 두 번째는 자녀 교육입니다. 자녀 교육은 나보다 더 나은 나를 창조하는 일입니다. 마지막 세 번째는 가족을 건사할 물질을 마련하는 것입니다. 머리는 하늘을 향하고 눈은 별빛을 보지만 몸은 아래를 향하고 발은 땅을 딛고 있는 것이 인간입니다. 굳건히 땅을 딛지 못하면 인간은 언제든 쓰러지고 맙니다. 의식주 그리고 최소한의 문화생활을 영위하지 못하면 인간은 인간으로서 생존할 수 없습니다.

결혼은 인간이 신을 닮고자 하는 의지의 표현입니다. 곧, 인간이 인간 창조에 나서는 위대한 일입니다.

6장

장유유서
長幼有序

·

더 갖춘 자와
덜 갖춘 자 간에는
배려와 감사의 '질서
(序서)'가 있어야

맹자의 오륜五倫 중 오늘날 민주주의 가치와 가장 어울리지 않는 것이 바로 '어른과 아이 또는 연장자와 연소자 간에는 질서가 있어야 한다'는 의미의 '장유유서長幼有序'입니다.

오늘날 민주주의는 자유와 평등을 양 날개로 합니다. 모든 사람은 법 앞에 '평등'하고, 법을 준수하는 한 모든 이는 타인 또는 국가로부터 구속받지 않을 '자유'를 갖습니다. 동등한 인격체를 나이로 차별하거나 어느 한쪽의 일방적인 공경을 강요하는 '장유유서長幼有序'는 민주주의 원칙에 부합하지 않습니다.

《예기》〈예운〉 편에서는 예禮에 대하여 이렇게 말합니다.

"선왕의 예법에 없던 예禮라 할지라도 의義에 적합하면 새롭게 예禮가 될 수 있다."

禮雖先王 未之有 可以義起也
예수선왕 미지유 가이의기야[1]

한번 정해졌다 해서 그 예禮가 영구불변인 것은 아니라는 이야기입니다. '나이'를 기준으로 사람을 상하로 나누는 '어른과 아이 또는 연장자와 연소자 간에는 질서가 있어야 한다'는 의미의 '장유유서長幼有序'에 대한 해석은 21세기의 '옳음(義의)'에 적합하지 않기 때문에 바뀌어야 합니다.

그렇다면 21세기에 맞는 '장유유서長幼有序'의 새로운 해석은 무엇이어야 할까요?

그것은 바로 오늘날 민주주의 정신과 맞아떨어지면서 동시에 개인과 사회를 더욱 행복하게 할 수 있는 '더 갖춘 자(長장)와 덜 갖춘 자(幼유) 간에는 배려와 감사의 질서(序서)가 있어야(有유)' 입니다. '더 갖춘 자(長장)'와 '덜 갖춘 자(幼유)'의 구분 기준은 '건강'일 수도 있고, '부富'일 수도 있고, '지식'일 수도 있고, '사회적 지위'일 수도 있고 또 혈육이라는 특수 관계에 있어서는 '태어난 순서'일 수도 있습니다.

건강한 이는 건강하지 못한 이를 '배려'해야 합니다. 그리고 건강하지 못한 이는 그 '배려'에 대해 '감사'의 마음을 나타내야 합니다. 부富, 지식, 지위, 형제 관계와 관련해서도 마찬가지입니다. 그렇게 기본적으로 '배려'와 '감사'하는 마음을 주고받을 때, 사회는 법과 제도의 빈틈과 한계를 메꿔가며 좀 더 사람 사는 세상으로 나아갈 수 있습니다.

이 6장의 '장유유서長幼有序'-더 갖춘 자와 덜 갖춘 자 간에는 배려와 감사의 질서(序서)가 있어야'는 세 가지 주제로 살펴봅니다. 첫 번째, '형제자매-사랑하고 공경해야', 두 번째, '스승과 제자-사랑하고 존경할 수 있어야', 그리고 마지막 세 번째로, '더 갖춘 자와 덜 갖춘 자-배려와 감사의 질서(序序)가 있어야'입니다. 먼저 '형제자매-사랑하고 공경해야'에 대해서입니다.

형제자매

사랑하고 공경해야

본디 한 뿌리에서
함께 태어났거늘

콩을 삶기 위하여 콩대를 태우나니

콩은 가마 속에서 소리 없이 우노라

본디 한 뿌리에서 함께 태어났거늘

콩 괴롭히기가 어찌 이리도 심한고

煮豆燃豆萁

豆在釜中泣

本是同根生

相煎何太急

자두연두기

두재부중읍

본시동근생

상전하태급²

중국 위魏 왕조(220-265) 초대 황제인 조비(187-226)의 동생이자,《삼국
지》주인공 조조(155-220)의 셋째 아들인 조식(192-232)이 지은 〈칠보지
시七步之詩〉라는 시입니다.

조식은 두보(712-770) 등장 이전 500년 동안 중국 시인들의 이상형으
로 꼽혔던 인물입니다. 조조의 총애를 받으며 형 조비와 후계 자리를 다
퉜던 조식은 아버지 조조가 죽자 제위에 오른 형 조비로부터 온갖 고난
과 핍박을 받습니다. 그러던 어느 날 황제 조비가 연회석상에서 동생 조
식에게 영을 내립니다. 일곱 걸음을 걷는 사이에 시 한 수를 지어 바치
라는 명령입니다. 조식은 형 조비의 자신에 대한 핍박을 가슴 아파하면
서 시를 읊습니다. 바로 '일곱 걸음의 시'라는 의미의 〈칠보지시七步之詩〉
입니다.

형제는 시에서의 콩과 콩대처럼 부모라는 한 뿌리에서 태어납니다.
그러나 자라면서 생각이 달라지고, 입장이 달라지고, 사는 환경이 달라
지고, 가진 것들이 달라지고, 함께 사는 사람이 달라지면서 사이가 벌어
지고 심지어 남보다 못한 관계로 발전하기까지 합니다.

《동몽선습》〈장유유서〉편에서는 형제 관계에 대해 이렇게 말하고 있습니다.

"형제는 같은 기운을 타고난 사이로 뼈와 살을 나눈 가장 가까운 친족이니 마땅히 더욱 우애가 깊어야 한다. 따라서 노여움을 마음속에 두거나 원망을 품어 천륜을 저버리는 일이 있어서는 안 된다."

兄弟同氣之人 骨肉至親 尤當友愛 不可藏怒宿怨 以敗天常 也
형제동기지인 골육지친 우당우애 불가장노숙원 이패천상야[3]

형제자매는 한 부모로부터 몸을 내리받습니다. 부자지간만 하늘에 의해 연이 맺어진 천륜天倫이 아니라 형제자매도 마찬가지로 서로 떼려야 뗄 수 없는 천륜의 관계입니다. 부자지간처럼 똑같이 서로 간에 천륜의 의무를 집니다.

앞으로는 옷깃을 잡고
뒤로는 옷자락을 당긴다

《소학》〈선행〉편에서는 이렇게 말합니다

"세상에서 얻기 어려운 것이 형제이고 구하기 쉬운 것이 재산이다. 재산을 얻는다 한들 형제간의 정의情意를 잃어버리면 무슨 의미가 있겠는가?"

天下難得者兄弟 易求者田也 假令得田地 失兄第心如何
천하난득자형제 이구자전야 가령득전지 실형제심여하[4]

《소학》의 가르침대로 재산, 아니 재산 이상의 그 어떤 것도 천륜을 넘어설 수 없습니다. 재산은 잃으면 다시 찾으면 되지만 한번 저버린 천륜, 한번 훼손된 형제자매 간의 정의情意는 회복되기 쉽지 않습니다. 때로는 영영 회복 기회를 놓칠 수도 있습니다.

사자성어 '전금후거前襟後裾'는 '앞으로는 옷깃을 잡고 뒤로는 옷자락을 당긴다'는 의미로, '형제간의 정의情意'를 나타내는 말입니다. 《소학》〈가언〉 편에 나오는 말입니다.

"형제는 몸은 다르지만 기운은 같은 사이이다. 어릴 때는 부모가 왼손으로 끌고 오른손으로 붙들며, 앞으로는 옷깃을 잡고 뒤로는 옷자락을 당기며 데리고 다녔으며, 밥을 먹을 때에는 같은 상에서 먹고, 옷을 입을 때는 서로 돌려가며 입었으며, 공부할 때 함께 했으며, 놀 때 함께 놀았다. 그러니 형제 중 어느 한쪽이 극악무도한 일을 저질렀다 할지라도 서로 아끼고 사랑하지 않을 수 없다."

兄弟者 分形連氣之人也 方其幼也 父母 左提右挈 前襟後裾 食則同案
衣則傳服 學則連業 遊則共方 雖有悖亂之人 不能不相愛也

형제자 분형연기지인야 방기유야 부모 좌제우설 전금후거 식즉동안
의즉전복 학즉연업 유즉공방 수유패란지인 불능불상애야[5]

영상처럼, 동화처럼 어린 두 형제의 고집 부리고 떼쓰는 모습이 눈앞
에 선합니다. 형제자매는 누구나 그렇게 자랍니다. 동생은 엄마 손을 뿌
리치고 앞으로 먼저 나가려 기를 쓰고 형은 안 가겠다고 뒤로 뻗대면서
엄마를 힘들게 합니다. 고사리 같은 손으로 한 살 터울의 동생 손을 꼭
잡고 극진히도 보살피면서 유치원을 다녔던 언니가 10대가 되면서는 예
쁜 옷을 두고 동생과 전쟁을 벌입니다. 같이 어울려 놀다, 다투다, 다시
안아주고 서로 위하는 것이 어린 날의 형제자매입니다.

형제, 누이를 위해
한 그릇의 죽을 끓여야

어른이 되어 형제자매의 관계가 틀어졌다면 그 원인으로 두 가지를
먼저 생각해 볼 수 있습니다.

첫째, 재산 차이 등 외적인 것에 대한 잘못된 인식 때문입니다.

형제자매는 같은 부모 아래서 비슷하게 시작하지만 성인이 되면서 차
이가 나기 시작합니다. 재산 차이가 나기 시작하고, 지식 차이가 나기
시작하고, 사회적 지위 등의 차이가 나기 시작합니다. 불완전한 존재인
인간은 재산 차이, 지식 차이, 사회적 지위 차이 등의 영향을 받지 않을
수 없습니다. 타인들에 대해서만 우쭐하지 않고 형제자매들 간에도 우

쭐합니다.

그러나 이런 차이들은 노년으로 접어들면서 그 의미가 급속도로 축소됩니다. 재산은 소찬이나마 상대에게 밥 한 끼 대접할 수 있을 정도면 되고, 지식은 일상생활에 필요한 지식 정도면 충분하고, 사회적 지위는 사실 거의 무의미해집니다. 이때부터 중요한 것은 건강 유지와 함께 정을 나누며 지난 삶의 기억들을 함께 공유할 수 있는 이들이 얼마나 내 곁에 있느냐입니다.

정을 나누며 지난 삶의 기억들을 함께할 수 있는 이들로는 당연히 형제자매가 최고입니다. 부부의 백년해로百年偕老(오랫동안 장수하면서 함께 늙어가는 것)에 형제자매들의 백년해로까지 더해질 수 있다면 그것은 더할 나위 없는 축복입니다. 노년의 의좋은 형제자매는 그야말로 보물이고 약이고 밥이고 축복입니다.

두 번째, 형제자매가 천륜의 관계라는 것을 망각했기 때문입니다.

부자지간만 천륜이 아닙니다. 형제 자매지간도 당연히 천륜입니다. 부모는 자식이 어떤 극악무도한 일을 저지르더라도 그 자식을 버리지 않습니다. 자식 역시 부모가 세상 모든 이들로부터 지탄받더라도 그 부모를 외면하지 않습니다. 살과 피를 나눈 천륜의 관계이기 때문입니다.

형제자매는 부자지간 다음의 천륜입니다. 천륜의 의미는 '부모 형제 사이에서 마땅히 지켜야 할 도리'입니다. 부모가 돌아가시고 안 계시면 아래 형제자매는 위 형제자매를 부모 대신 공경해야 합니다. 수시로 안부를 묻고 때가 되면 한 번씩 찾아봐야 합니다. 위 형제자매 역시 부모 대신 아래 형제자매의 근황에 관심을 갖고 애정 어린 지지를 보내야 합니다. 위는 아래를 사랑하고 아래는 위를 공경해야 합니다.

《소학》〈선행〉편에 나오는 내용입니다. 중국 당나라 때 재상을 지낸 이적(?-669)은 누님이 병들자 몸소 불을 때 죽을 끓였습니다. 주변 사람들이 왜 하인을 시키지 않고 직접 죽을 끓이느냐고 물었습니다. 그러자 이적이 말합니다.

"어찌 사람이 없어서 그러겠습니까? 생각해 보니 누님 나이가 많이 되었고 저 역시 그렇습니다. 제가 누님을 위해 자주 죽을 끓여드리고 싶어도 얼마나 또 그럴 수 있겠습니까?"

豈爲無人耶 顧今 姉年老 勣亦老 雖欲數爲姉煮粥 復可得乎
기위무인야 고금 자년로 적역로 수욕삭위자자죽 부가득호[6]

형제자매가 세상을 떠나는 것은 내 삶의 한 덩어리가 뭉텅 잘려나가는 일입니다. 어린 시절 부모님 슬하에서의 소중한 기억을 공유한 이들이 하나둘 곁을 떠나면 사람들은 어떤 경우와도 비교할 수 없는 극도의 상실감과 공허에 빠집니다. 그것은 형제자매가 타인 아닌 내 삶, 내 생명의 중요한 일부이기 때문입니다. 당장이라도 형제와 누이에게 안부를 전하고, 안아주고, 나의 형제 나의 누이를 위해 한 그릇의 죽을 끓여야 합니다. 함께할 수 있는 시간이 허락된 순간인 지금.

낟가리가 조금도
줄어들지 않은 까닭은?

《국부론》을 쓰기 전, 철학자로서 애덤 스미스(1723-1790)는 《도덕감정론》을 씁니다. 《도덕감정론》〈제2장 칭찬받는 것과 칭찬받을 만한 사람이 되는 것을 좋아함〉 편에서 애덤 스미스는 이렇게 말합니다.

> "조물주가 사회를 위해 인간을 만들 때, 그는 처음부터 인간에게 자신의 형제들을 기쁘게 해주고 싶다는 욕구와 그들을 불쾌하게 하는 것에 대한 혐오를 부여하였다. 그는 인간에게 형제의 호의에 기쁨을 느끼고 형제의 혐오에 고통을 느끼도록 가르쳤다. 그는 형제들의 시인是認을 그에게 가장 기쁘고 가장 유쾌한 것으로, 동시에 그들의 부인否認을 가장 수치스럽고 불만인 것으로 만들었던 것이다.[7]

형제는 천륜이고, 부자지간의 사랑이 의무이듯 형제자매 간의 사랑역시 의무라는 이야기입니다.

사이 좋은 '형제자매'의 모범은 '의 좋은 형제' 스토리입니다. 예전 초등학교 2학년 국어 교과서에 등장했던 바로 그 '의 좋은 형제' 내용입니다.

형제는 함께 벼농사를 짓습니다. 가을이 되어 추수를 해 벼를 똑같이 나눈 날 저녁, 동생은 형님네가 식구가 많아 식량이 더 필요할 것으로 생각해 밤에 몰래 자신의 볏단 중 일부를 형님의 낟가리로 옮겨놓습니다. 그런데 형님도 동생이 이제 막 살림을 차려 돈이 많이 들 것으로 생각해 그날 밤 동생 몰래 자신의 볏단 중 일부를 동생네 낟가리로 옮겨 놓습니다.

날이 샌 뒤 형과 동생은 각각 자신의 낟가리가 전날과 비교해 전혀 줄어들지 않은 것을 확인합니다. 그날 밤 형제는 또 서로 몰래 자신의 볏단을 상대방 낟가리로 옮깁니다. 날이 샌 뒤 형제는 여전히 자신의 낟가리가 전날과 똑같은 것을 발견하고 의아하게 생각합니다. 그날 밤 형제는 또 서로 몰래 볏단을 옮깁니다.

똑같은 일을 몇 차례나 반복하던 어느 날, 형제는 볏단을 나르다 그만 휘영청 달빛 아래 얼굴을 마주하게 됩니다. 그제야 두 사람은 자신의 낟가리가 지금까지 조금도 줄어들지 않은 까닭을 알게 됩니다. 형제는 들고 있던 볏단을 내던지고 서로 얼싸안습니다.

'의좋은 형제'는 실제 있었던 이야기입니다. 조선왕조실록 1420년 1월 21일자 기록에 실려 있는 이성만과 그의 아우 이순 형제가 바로 그 주인공들입니다.

노후가 쓸쓸한 것은 돈이 없거나 몸이 늙어서가 아니라, 진정한 내 편이 없기 때문

인간은 고독합니다. 알 수 없는 곳에서 혼자 왔다 어느 날인가는 다시 알 수 없는 곳으로 홀로 홀연히 길을 떠나야 합니다. 또한 그 혼자 왔다

홀로 떠나야 한다는 사실을 삶 내내 직시하며 살아야 합니다.

삶에서 절대 내 편 한 명 정도는 있다는 안도마저 없다면 인간은 고독의 심연에서 헤어날 길이 없습니다. 형제자매는 부모 다음으로 내 편입니다. 부모는 나의 기쁨을 나보다 더 기뻐해 주고 나의 슬픔을 나보다 더 슬퍼해 주는 절대 내 편이지만 나와 함께할 수 있는 시간은 많지 않습니다. 생애의 절반 남짓 정도입니다. 형제자매는 삶의 시간 거의 대부분을 나와 함께합니다. 내가 내 형제자매의 절대 내 편이 되고 나의 형제자매가 나의 절대 내 편이 될 수 있도록 해야 합니다. 부모만큼의 절대 내 편은 아니지만, 그 어떤 이들보다 절대 내 편이 되어줄 수 있는 나의 형제, 나의 자매입니다.

노후가 쓸쓸한 것은 돈이 없거나 몸이 늙어서가 아닙니다. 진정한 내 편이 없어서입니다. 나를 무조건 기다려주고, 언제든지 나를 환한 웃음으로 맞아주고, 나의 이야기를 가슴으로 들어주고, 나를 믿고 지지해 주는 나의 편이 한 명 두 명 나의 곁을 떠나기 때문입니다. 영영.

성경의 〈요한1서2:7-11〉에서는 형제자매와의 관계에 대해 이렇게 말하고 있습니다.

"자기가 빛 속에서 산다고 말하면서 자기의 형제를 미워하는 자는 아직도 어둠 속에서 살고 있는 자입니다. 자기의 형제를 사랑하는 사람은 빛 속에서 살고 있는 사람이며 그는 남을 죄짓게 하는 일이 없습니다. 그러나 자기 형제를 미워하는 자는 어둠 속에 있으며 어둠 속에서 살아가기 때문에 그 눈이 어둠에 가리워져서 자기가 어디로 가는지 알지 못합니다."

형제자매를 미워하는 것은 어둠 속에서 사는 일입니다. 어리석습니다. 형제자매는 사랑하고 공경해야 합니다. 천륜으로도 그렇고 나 자신을 위해서도 그렇습니다.

02

스승과 제자

사랑하고 존경할 수 있어야

|

임금과 스승과
아버지의 은혜는 같다?

《소학》〈명륜〉 편에서는 아버지, 스승, 임금에 대해 이렇게 말하고 있습니다.

"백성은 세 사람으로부터 생명을 받으니 이 셋을 하나같이 잘 섬겨야한다. 아버지는 생명을 주시고, 스승은 가르침을 주시고, 임금은 길러주신다. 아버지가 없으면 태어날 수 없고, 길러주심이 없으면 자라날수 없고, 가르침이 없으면 앎이 있을 수 없으니, 이 셋은 바로 나의 생명을 있게 한 것들이다. 따라서 사람은 이 셋을 동일하게 섬겨야 하고,

각각을 섬김에 있는 힘을 다해야 한다."

民生於三 事之如一 父生之 師敎之 君食之 非父不生 非食不長 非敎

不知 生之族也 故一事之 唯其所在則致死焉

민생어삼 사지여일 부생지 사교지 군사지 비부불생 비사부장 비교

부지 생지족야 고일사지 유기소재즉치사언[8]

그 유명한, '임금과 스승과 아버지의 은혜는 같다'는 '군사부일체^{君師父}
一體'의 출처입니다. 당연히 권위주의, 신분제, 왕정시대의 고릿적 유물
입니다.

전인全人적 교육을
중시해야

스승과 제자는 '교육'으로 연결되고, 둘의 관계는 교육의 의미 또는 목
적에 의해 설정됩니다. 교육의 의미 또는 목적은 시대와 환경에 따라 달
라집니다.

서양의 근대 이전 교육 목표는 '집단 전체의 권위와 이익·질서를 그대
로 유지하는 것'[9]이었습니다. 그리고 근대 이후는 '개인주의, 자유주의,
합리주의에 바탕을 둔 행복한 민주주의 사회의 시민 양성'[10]입니다.

우리나라 교육의 의미 역시 서양에서의 교육 의미 변화 과정과 크게

다르지 않습니다. 우리나라는 1895년(고종32년) 〈교육입국조서〉의 발표로, 유교 경전 중심의 경학교육 방식을 벗어나 지육智育·덕육德育·체육體育[11]의 전인교육을 지향합니다.

그리고 현재 우리나라 교육제도의 근간인 〈교육기본법〉에서는 '교육의 목적', '학교 교육'의 의미를 각각 이렇게 밝히고 있습니다.

> "교육은 홍익인간弘益人間의 이념 아래 모든 국민으로 하여금 인격을 도야하고 자주적 생활 능력과 민주시민으로서 필요한 자질을 갖추게 함으로써 인간다운 삶을 영위하게 하고 민주국가의 발전과 인류 공영의 이상을 실현하는 데에 이바지하게 함을 목적으로 한다."(교육기본법 제2조)

> "학생의 창의력 계발 및 인성人性 함양을 포함한 전인적全人的 교육을 중시하여 이루어져야 한다."(교육기본법 제9조③항)

근대 이전 사회는 한 사람 또는 사회 일부만 행복하고 다른 사회구성원 대부분은 이들의 행복을 위해 일방적으로 봉사하는 존재였습니다. 따라서 근대 이전의 교육 의미 내지 목적은 동서양을 막론하고 '기본적으로' 이런 신분 질서의 유지와 재창조를 위한 수단에 있었습니다.

그러나 같은 근대 이전이라 할지라도 동양과 서양 사이에는 교육 주제에 차이가 있었습니다. 서양의 고대 그리스에서는 '이성(ex) 자유 7과)', 그리고 중세에는 '신에 대한 절대 의지'가 교육의 중심 주제였습니다. 그리고 동양 사회는 시종일관 '윤리', '인간의 본성' 등이 중요한 교육 주제였습니다. 바로 오늘날 우리나라 학교 교육이 지향하는 전인교육과 관계가 깊은 것들이었습니다.

일찍이 공자가 살았던 중국 주 왕조(BC11C−BC256) 때 학교에서 가르쳤던 내용은 육예六藝였습니다. ① 예禮(예절)와 ② 악樂(음악)의 '덕육德育', ③ 사射(활쏘기)와 ④ 어御(말타기)의 '체육體育', ⑤ 서書(글쓰기)와 ⑥ 수數(셈하기)의 '지육智育'으로 이루어진, 종합반 육예六藝[12]였습니다. 육예六藝는 구성 균형상에 있어 오늘날의 전인교육과 같은 틀이었습니다. 물론 근대 이전 신분 사회에서의 교육은 일부 지배층을 위한 전유물일 뿐, 백성의 대다수인 기층민과는 별 관련이 없습니다.

따라서 여기서는 수천 년간 이어져 내려온 동양의 윤리론, 인성론 중 오늘날 '민주시민'을 위한 전인교육에 부합하는 내용을 중심으로 스승과 제자가 각각 갖춰야 할 몇 가지 자세들을 알아봅니다. 당연히 민주주의의 적敵인 신분 차별, 절대적 상하 질서 강조와 같은 요소들은 배제하고서입니다.

스승 된 자는 학문하는 것 자체를 좋아하는 이여야

먼저 스승으로서 존경받기 위해 스승이 갖춰야 할 것들에 대해서입니다.

첫째, 가르치는 이라면 학문하기 자체를 좋아해 항상 공부하고 연구하는 자세여야 합니다.

공자는 《논어》 〈위정〉 편에서 이렇게 말합니다.

"옛것을 익혀 그것을 미루어 새것을 알면 남을 가르치는 일을 할 수 있다."

溫故而知新 可以爲師矣
온고이지신 가이위사의[13]

스승은 남을 가르치는 자입니다. 가르치는 자는 무엇보다 공부하기를 좋아하는 자여야 합니다. 공부 자체를 좋아하지 않으면 교사, 교수는 될 수 있을지언정, 남의 좋은 스승이 될 수는 없습니다. 공자의 말처럼 남을 가르치는 일을 하기 위해서는, '기존의 축적된 지식을 탐구하고 풀어내'(溫故온고) '스스로 새로운 것을 알게 되는'(知新지신), '온고지신溫故知新'을 즐길 수 있어야 합니다.

맹자는 《맹자》 〈진심장구하〉 편에서 당시 가르치는 자들의 잘못된 태도를 이렇게 질타합니다.

"지난날 현자들은 자신의 밝음으로써 다른 이들을 밝게 했는데, 오늘날 가르치는 자들은 자신의 어둠으로써 남을 밝게 하려 한다."

賢者以其昭昭使人昭昭 今 以其昏昏使人昭昭

현자이기소소사인소소 금 이기혼혼사인소소[14]

오늘날도 다르지 않습니다. 학문하기를 좋아하지 않은 이가 남 가르치는 일에 욕심을 내는 것은 어두운 자가 다른 이를 밝게 만들겠다고 나서는 무모한 일입니다. 적절치 않습니다.

공자가 같은 질문에
서로 다른 답을 한 까닭은?

두 번째, 눈높이 교육을 하여야 합니다.

공자는 《논어》 〈선진〉 편에서 "옳은 것을 들으면 곧장 실행에 옮겨야 합니까?"라는 제자들의 질문에 각각 다른 답을 줍니다. 자로에게는 "부모 형제가 있는데 어찌 옳은 일이라고 무턱대고 행동에 들어갈 수 있겠는가?"[15]라고 말하고, 염유에게는 "옳은 것을 들었으면 곧바로 행동에 옮겨야 한다"[16]라고 말합니다.

공서화라는 제자가 공자에게 왜 같은 질문에 대답이 서로 다르냐고 묻습니다. 공자가 대답합니다.

"염유(求구)는 우유부단한 성격이어서 바로 실행에 들어가야 한다고 말했고, 자로(由유)는 너무 성급한 성격이어서 신중하게 행동하라고 한 것이다."

求也退故進之 由也兼人故退之

구야퇴고진지 유야겸인고퇴지[17]

사람을 가르치는 것은 다름 아닌 '배우는 이를 향상시키기 위한 것'입니다. 배우는 자는 저마다 다릅니다. 따라서 가르치는 자는 최대한으로 맞춤 교육을 하여야 합니다. 물론 맞춤 교육에는 배려하는 마음이 앞서야 하고 노고가 들어갑니다.

내가 잘못한 것이 있으면
사람들이 반드시 그것을 알고 있으니

셋째, 제자의 비판을 수용할 줄 알아야 합니다.

《논어》〈술이〉편에서 사패라는 인물이 공자에게 노나라 임금인 소공이 예禮를 아는 인물이냐고 묻자 공자는 "그렇다"고 대답합니다. 소공은 동성同姓과의 결혼이 예에 어긋남에도 불구하고 동성 여자와 결혼하고, 거기에 동성이 아닌 것처럼 하기 위해 심지어 부인의 이름을 거짓으로 꾸미기까지 한 인물입니다.

사패는 공자의 제자 무마기에게 공자의 대답이 부당함을 알립니다. 무마기는 그것을 공자에게 전합니다. 그러자 공자는 자신의 잘못을 인정합니다.

"나(丘구)는 다행이다. 내가 혹시 잘못한 것이 있으면 사람들이 반드시 그것을 알고 있으니."

丘也幸 苟有過 人必知之
구야행 구유과 인필지지[18]

《논어》〈양화〉 편에 나오는 내용입니다. 공자가 제자 자유가 다스리는 무성이라는 고장을 찾았을 때 사람들이 악기 연주에 맞춰 노래를 부르고 있었습니다. 그것을 보고 공자가 "이런 촌에서 무슨 악기 연주까지 갖춰 가며 노래를 부르냐"며 조소했습니다. 그러자 자유가 공자에게 "예전에 군자뿐만 아니라 소인에게도 도道가 필요하다고 말씀하시지 않았느냐"고 반문합니다. 그러자 공자가 제자들을 향해 공개적으로 말합니다.

"얘들아, 자유(偃언)의 말이 맞다. 좀 전에 내가 한 말은 웃자고 한 말이다."

二三子 偃之言 是也 前言 戲之耳
이삼자 언지언 시야 전언 희지이[19]

공자는 성인聖人으로 동양 역사상 가장 뛰어난 인물로 평가받습니다. 성인 공자는 자신에게 잘못이 있으면 제자들의 비판을 기꺼이 수용했습니다. '교학상장敎學相長',[20] 즉 '가르치고 배우면서 함께 성장하기'의 출발은 다름이 아닙니다. 제자는 끊임없이 스승에게 질문과 함께 이의를 제기하고, 스승은 제자의 질문과 비판을 흔쾌히 수용하는 것입니다.

사랑한다면 어찌
수고롭게 하지 않을 수 있겠는가?

넷째, 애정 어린 자극을 아끼지 않아야 합니다.

《논어》〈옹야〉편에서 '제자 중에 누가 공부하기를 좋아하는가?'라는 애공哀公의 질문에 공자가 이렇게 대답합니다.

> "안회라는 자가 공부하기를 좋아했는데 -중략- 불행히도 일찍 죽었다. 그가 죽고 난 뒤 아직 공부하기를 좋아한다는 자에 대해 들어보지를 못했다."

> 有顏回者好學 -중략- 不幸短命死矣 今也則亡 未聞好學者也
> 유안회자호학 -중략- 불행단명사의 금야즉망 미문호학자야[21]

예나 지금이나 공부를 좋아하는 이는 드뭅니다. '교육敎育'의 '교敎' 자는 '본받다'는 의미의 '효爻'와 '아들'이라는 의미의 '자子', '채찍질하다'는 의미의 '복攵'자로 이루어졌습니다. 따라서 '교敎'는 '자식을 혼내가면서 공부시킨다'라는 의미가 됩니다.

영어의 '교육'이라는 의미의 'education'은 '밖으로'라는 의미의 'e'와 '끄집어내다'라는 의미인 'ducare'의 합성어[22]입니다. 따라서 'education'은 '안에 있는 것을 밖으로 끄집어내다'라는 의미입니다. 동양이나 서양 모두 교육에 있어 가르치는 자의 적극적인 역할을 중시했다는 증거입니다.

공자는 《논어》 〈헌문〉 편에서 이렇게 말합니다.

"사랑한다면 어찌 수고롭게 하지 않을 수 있겠는가?"

愛之 能勿勞乎
애지 능물로호[23]

'미운 자식 떡 하나 더 주고 고운 자식 매 하나 더 준다'는 속담과 통하는 말입니다. 격려할 때는 격려하고 꾸짖을 때는 엄하게 '꾸짖으면서(敎교)' 제자를 '기르는(育육)' 것이 진정한 스승이라는 이야기입니다.

스승의 그림자도
밟지 않는 까닭은?

마지막 다섯 번째, 스승은 제자에게 좋은 모범이 되어야 합니다.
《소학》 〈계고〉 편에서 증자가 제자인 공명선이 자기 문하에 들어온 지 3년이 지났는데도 책을 손에 들지 않자 왜 배우기를 하지 않느냐 묻습니다. 그러자 공명선이 대답합니다.

"어찌 감히 배우지 않고 있겠습니까? 제가 보니 선생님께서는 댁에 계실 때 선생님의 부모님이 계시면 개나 말에게도 함부로 성내면서 꾸짖는 일이 없었습니다. 제가 그것을 기쁘게 생각해 배우고 있으나 아직 잘되지 않습니다. 제가 보니 선생님께서는 손님을 대하실 때 항상 공경하는 자세로 검소하게 대접하시면서 소홀함이 없었습니다. 제가 그것을 기쁘게 생각해 배우고 있으나 아직 잘되지 않습니다. 제가 보니 선생님께서는 조정에서 일을 보실 때 엄격하게 아랫사람들을 대하면서도 그들을 함부로 하대하지 않으셨습니다. 제가 그것을 기쁘게 생각해 배우고 있으나 아직 잘되지 않습니다. 제가 이 세 가지를 기쁘게 생각해 열심히 배우고 있으나 아직 잘되지 않습니다. 제가 어찌 감히 아무 배움도 구하지 않으면서 그냥 시간만 보내고 있겠습니까?"

安敢不學 宣見夫子居庭 親在 叱咤之聲 未嘗至於犬馬 宣說之學而未能 宣見夫子之應賓客 恭儉而不懈惰 宣說之學而未能 宣見夫子之居朝廷 嚴臨下而不毀傷 宣說之學而未能 宣說此三者學而未能 宣安敢不學而居夫子之門乎
안감불학 선견부자거정 친재 질타지성 미상지어견마 선열지학이미능 선견부자지응빈객 공검이불해타 선열지학이미능 선견부자지거조정 엄림하이불훼상 선열지학이미능 선열차삼자학이미능 선안감불학이거부자지문호[24]

《예기》〈곡례〉 편에서는 "예禮는 찾아와서 배우는 것이지 가서 가르치는 것이 아니다"[25]라고 말하고 있습니다.

교육은 가르치는 것만으로 이루어지지 않습니다. 보고 배우는 부분도 큽니다. 특히 윤리, 인성 교육은 가르치는 이의 '말'보다 가르치는 이의

'행동'이 중요합니다.

그래서 우리나라 〈교육기본법〉에서는 가르치는 자인 '교원'에게 "교육
자로서 갖추어야 할 품성과 자질을 향상시키기 위하여 노력"(제14조②항)
하고, 아울러 먼저 "교육자로서 지녀야 할 윤리의식을 확립하고, 이를 바
탕으로 학생에게 학습윤리를 지도하고 지식을 습득하게"(제14조③항) 할
것을 요구하고 있습니다. 스승은 제자에게 좋은 모범이 되어야 합니다.

한 귀퉁이를 들어주는데도 남은 세 귀퉁이를
유추하지 못하면 다시는 더 일러주지 않는다

그렇다면 제자로서 스승에게 사랑받기 위해서는 어떻게 해야 할까요?
첫째, 항상 배우려 애써야 합니다.

공자는 《논어》〈술이〉편에서 배우는 자의 태도에 대해 이렇게 말합
니다.

"분한 마음을 갖지 않으면 일깨워주지 아니하고, 표현하려 애쓰지 않
으면 말을 틔워주지 않으며, 한 귀퉁이를 들어주는데도 남은 세 귀퉁이
를 유추하지 못하면 다시는 더 일러주지 않는다."

不憤不啓 不悱不發 擧一隅不以三隅反則不復也
불분불계 불비불발 거일우불이삼우반즉불부야[26]

스스로 배우려 애쓰지 않는 자는 가르치지 않겠다는 이야기입니다.

불교의 '줄탁동시啐啄同時' 또는 '줄탁지기啐啄之機'[27]라는 말은 '안에서 병아리가 쪼고 밖에서 어미 닭이 함께 쪼아 껍질을 깬다'는 의미입니다. 병아리가 세상 밖으로 나오기 위해서는 먼저 스스로 안에서 껍질을 쪼아야 합니다. 그러면 어미 닭이 여기에 맞춰 바깥에서 함께 껍질을 쪼아 병아리의 알 깨기를 돕습니다. 교육은 스승을 위한 것이 아닌 배우는 자를 위한 것입니다. 마땅히 배우는 자가 먼저 배우고자 애써야 합니다.

배우는 자가 의심하지 않는다면 그것은 큰 병통

둘째, '자기 생각'이 있어야 합니다.

《논어》〈위정〉 편에서 공자가 말합니다.

"배우기만 할 뿐 스스로 생각하지 않으면 사리에 어둡고, 생각만 할 뿐 배움이 없으면 위태롭다."

學而不思則罔 思而不學則殆
학이불사즉망 사이불학즉태[28]

공부는 '배우는 것(學학)'과 '생각하기(思사)'가 한 세트라는 이야기입니다. 배우는 자는 반드시 배운 것을 다시 되새기는 '생각의 시간'을 가져야 합니다. 그래야 배운 내용을 나름대로 판단해 볼 수 있고, 원리·법칙을 터득하고, 유추를 통해 지식을 확장하고, 아울러 배운 것을 자기 것으로 만들 수 있습니다.

명나라 때의 사상가 이지는 《분서》〈잡술〉 편에서 배우는 자의 태도에 대해 이렇게 말합니다.

"배우는 자가 의심하지 않는다면 그것은 큰 병통이다. 의심해야만 자주 따져보게 되고 따져서 의심이 해소되면 그것이 바로 깨달음이다."

學人不疑 是謂大病 唯其疑而屢破 故破疑卽是悟
학인불의 이위대병 유기의이루파 고파의즉시오[29]

근대 철학의 아버지인 데카르트는 《방법서설》〈제6부〉에서 말합니다.

"어떤 것을 남에게 배울 때에는 자기 스스로 생각해서 하는 때만큼 잘 이해하고 자기 것으로 소화하기 힘들다."[30]

배움에 있어 스스로 생각하고 의심하는 것이 매우 중요하다는 이야기입니다.

뛰어난 이가 열 번에 해낸다면,
나는 천 번을 시도할 것이다

셋째, 부지런해야 합니다.

맹자는 《맹자》 〈양혜왕장구상〉 편에서 말합니다.

"태산을 옆구리에 끼고 북해를 뛰어넘는 것을 할 수 없다고 말한다면 그것은 진실로 할 수 없는 것이다. 그러나 나이 든 노인을 위해 나뭇가지 하나 꺾는 것을 할 수 없다고 말한다면, 그것은 '하지 않는 것'이지 '할 수 없는 것'이 아니다."

挾太山 以超北海 語人曰我不能 是誠不能也 爲長者折枝 語人曰我不能 是不爲也 非不能也
협태산 이초북해 어인왈아불능 시성불능야 위장자절지 어인왈아불능 시불위야 비불능야[31]

사람들은 '할 수 없는 것'과 '하지 않는 것'을 자주 헷갈립니다. 물론 자신의 게으름과 잘못을 자신의 의지 아닌 환경 탓으로 돌리려는 인간의 무의식중의 이기주의적 심리 작용 탓입니다. 1등을 하는 것은 할 수 없는 일일 수 있습니다. 그러나 꾸준히 공부하는 것은 할 수 없는 것이 아닙니다. 다만 하지 않는 것일 뿐입니다.

《중용》〈제20장〉, 〈제26장〉에서는 사람의 노력에 대해 각각 이렇게 말합니다.

"뛰어난 이가 한 번에 해낸다면 나는 백 번을 시도할 것이며, 뛰어난 이가 열 번에 해낸다면 나는 천 번을 시도할 것이다."

人一能之 己百之 人十能之 己千之
인일능지 기백지 인십능지 기천지[32]

"그만두지 않고 꾸준히 하다 보면 시간이 쌓이고, 시간이 쌓이면 성과가 나오기 마련이다."

不息則久 久則徵
불식즉구 구즉징[33]

'할 수 없는 것'이 아니라면 배우는 자는 일단 부지런히 시도해 보아야 합니다. '하지 않는 것'을 '할 수 없는 것'이라 말하면서 그냥 주저앉아 있는 것은 스스로를 무용지물로 만들고 스스로를 무가치한 존재로 전락시키는 안타까운 일입니다.

공자는 《논어》〈공야장〉 편에서 이렇게 말합니다.

"썩은 나무로는 조각할 수 없고 거름흙으로는 담장을 바를 수 없다."

朽木 不可雕也 糞土之牆 不可杇也
후목 불가조야 분토지장 불가오야[34]

　자신을 썩은 나무로 만들고 거름흙으로 만드는 것은 스스로를 업신여
기고 자신을 이 세상에 있게 한 이들을 실망시키는 행위입니다.

달마 참선할 뿐이니,
혜가 팔을 자르다

마지막 네 번째, 배우는 이는 가르치는 이를 공경해야 합니다.

　김군수는《삼국사기》의 저자 김부식(1075-1151)의 손자입니다. 문무文
武 모두에 뛰어났던 김군수는 이런 시를 남겼습니다.

　석가모니 꽃을 들자, 가섭 미소 짓고
　달마 참선할 뿐이니, 혜가 팔을 자르다

　牟尼示花兮 迦葉破顏
　達磨面壁兮 慧可斷臂
　모니시화혜 가섭파안
　달마면벽혜 혜가단비[35]

시의 전반부는 부처의 가슴속 생각이 수제자 가섭에게 이심전심以心傳心 마음으로 전해진 영산靈山 설법에서의 일을 말하고 있습니다. 그리고 후반부는 불교 선종禪宗의 창시자인 달마대사(?-528?)가 소림사 면벽 수도 때 후에 2대 조사祖師가 되는 혜가(487-593)를 제자로 받아들이려 하지 않자, '혜가가 칼로 자신의 왼쪽 팔을 자른' '혜가단비慧可斷臂' 사건을 말하는 것입니다.

가섭은 불교를 창시한 부처의 수제자로 부처의 자리를 이어받고, 혜가는 선종의 창시자인 달마를 잇는 선종의 제2조祖가 됩니다. 이심전심은 배우는 자가 가르치는 자를 공경할 때에야 가능할 수 있습니다. 혜가가 자신의 왼팔을 스스로 잘라내면서까지 깨달음을 얻고자 한 행위는 스승에 대한 공경의 극치입니다. 공경하는 마음이 없으면 스승의 무언의 말이 가슴에 와 닿기 힘들었을 것이고, 또, 한쪽 팔을 잘라내면서까지 깨달음을 추구할 수 없었을 것입니다.

전인교육은 창의력 계발만이 아닌 인성, 인격 함양을 함께 목표로 합니다. 인성과 인격 함양은 암기 아닌 자기 수양이고, 스승의 '말'이 아닌 스승의 '행동 본보기'가 관건입니다. 따라서 '가르치는 이'에 대한 '배우는 자'의 '공경심'이 전제되지 않으면 전인교육은 난망합니다. 물론 그전에 가르치는 이의 좋은 인성과 고매한 인격이 먼저 확립되어 있어야 합니다.

'군사부일체君師父一體'라는 말은 틀림없이 고릿적 유물입니다. 그러나 아동·청소년에게 있어 스승의 존재가 부모 못지않게 중요한 것만은 오늘날도 여전합니다. 아동·청소년의 지적·윤리적·정서적·육체적 발달에 부모 이상으로 크게 영향을 미치는 이가 스승이기 때문입니다. 따라서 배우는 자는 마땅히 스승을 부모 못지않게 공경해야 합니다. 그리고 스승 역시 부모 못지않게 제자를 아끼고 사랑해야 합니다.

공경과 사랑은 어느 한쪽만의 노력으로 이루어지지 않습니다. 각각 공경받을 자격, 사랑받을 만한 태도가 먼저 갖춰져야 합니다. 제자는 스승에게 사랑받을 수 있도록 행동해야 하고, 스승은 제자에게 존경받을 수 있도록 행동해야 합니다. 각자 해야 할 최소한의 기본은 앞서 내용과 같은 것들입니다.

스승은 제자가 자신을
능가하기를 바란다

니체는 《차라투스트라는 이렇게 말했다》의 〈베푸는 덕에 대하여〉 편에서 이렇게 말합니다.

"언제까지나 학생으로 머물러 있는 자는 선생에게 제대로 보답하지 못한다. 그대들은 어찌하여 나로부터 월계관을 빼앗으려 하지 않는가?"[36]

순자는 《순자》〈권학편〉에서 이렇게 말합니다.

"푸른색은 남빛 쪽풀에서 나왔지만 남빛 쪽풀보다 푸르고, 얼음은 물에서 나왔지만 물보다 차갑다."

靑取之於藍而靑於藍 氷水爲之而寒於水
청취지어람이청어람 빙수위지이한어수[37]

동양이나 서양 모두 좋은 스승은 제자가 자신을 능가하기를 바랍니다. 스승이 제자를 사랑하고, 제자가 스승을 존경할 수 있을 때 가능한 일입니다.

03
더 갖춘 자와 덜 갖춘 자

배려와 감사의 '질서(序서)'가 있어야

예禮는
시대 상황에 따라 바뀐다

동양 고대 예禮에 대한 종합 설명서인 《예기》〈예운〉 편에서는 이렇게
말합니다.

"예禮는 의義의 결실이다. 의義에 맞추어봐 적합하면 그것이 곧 예禮다.
따라서 선왕의 예법에 없던 예禮라 할지라도 지금의 의義에 적합하면
새롭게 예禮가 될 수 있다."

禮也者 義之實也 協諸義而協 則禮雖先王 未之有 可以義起也

예야자 의지실야 협저의이협 즉예수선왕 미지유 가이의기야[38]

예禮는 영구불변의 진리가 아닙니다. 상황에 따라 바뀝니다. 그리고 그 바뀌는 기준은 '새로운 시대 상황의 옳음(義의)에 적합하냐?' 여부입니다.

21세기는 민주주의 사회입니다. 가장 전체주의적인 국가로 평가되는 북한도 정식 국명은 '조선민주주의인민공화국'으로 '민주주의' 국가를 표방합니다. '민주주의'가 이의 없는 인류 보편적 가치로, 가장 소중한 사회 원칙이라는 증거입니다.

맹자의 오륜五倫 중 오늘날 민주주의 원칙과 가장 배치되는 것이 바로 '어른과 아이 또는 연장자와 연소자 간에는 질서가 있어야 한다'는 의미의 '장유유서長幼有序'입니다. 여기에서의 질서는 당연히 엄격한 '상하' 관계로서의 질서입니다.

민주주의는 자유와 평등을 양 날개로 합니다. 모든 사람은 법 앞에 '평등'하고, 법을 준수하는 한 모든 이는 타인 또는 국가로부터 구속받지 않을 '자유'를 갖습니다. '엄격한 상하 관계로서의 질서'를 의미하는 '장유유서長幼有序'는 21세기가 가장 소중하게 여기는 가치인 '민주주의'와 어울리지 않습니다. '평등'과 반대되고 '자유'와 부딪힙니다.

따라서 '장유유서長幼有序' 윤리는 21세기의 '옳음(義의)'인 '민주주의' 정신에 맞게 새롭게 해석될 필요가 있습니다. '더 갖춘 자(長장)와 덜 갖춘 자(幼유) 간에는 배려와 감사의 질서(序서)가 있어야(有유)'와 같은 의미로입니다.

새 해석은 오늘날의 '평등', '자유' 개념과 갈등을 일으키지 않으면서, 민주주의 시민 정신에 입각한 상호 역할의 질서(序서)를 담고 있습니다. '더 갖춘 자(長장)'와 '덜 갖춘 자(幼유)'는 형과 동생이 될 수도 있고, 스승과 제자가 될 수도 있고, 건강한 사람과 노약자가 될 수도 있고, 부자와 가난한 사람이 될 수도 있습니다.

그 예禮가 생겨난
본래의 뜻을 돌아봐야

《예기禮記》〈예기禮器〉 편에서는 예禮의 기준에 대해 이렇게 말합니다.

"예禮에 있어 사람들은 언제나 그 예禮가 생겨난 본래의 뜻을 돌아봐야 한다."

禮也者 反其所自生
예야자 반기소자생[39]

예禮는 그냥 생겨나지 않습니다. 원인 또는 배경이 있습니다. '어른과 아이 또는 연장자와 연소자 간에는 질서가 있어야 한다'는 의미의 '장유유서長幼有序' 역시 사회 보편적 가치로 자리 잡게 된 배경이 있습니다.

《장자(외편)》 〈천도〉 편에서는 이렇게 말합니다.

"종묘에서는 친척을 존중하고, 조정에서는 높은 지위를 존중하고, 마을에서는 나이 든 이를 존중하고, 일 처리에 있어서는 능력 있는 이를 존중하니, 이것이 대도大道의 질서다."

宗廟尚親 朝廷尚尊 鄉黨尚齒 行事尚賢 大道之序也

종묘상친 조정상존 향당상치 행사상현 대도지서야[40]

제사를 지내는 자리에서 친척 관계를 우선하고, 여러 사람이 모여 조직적으로 일을 하는 조정에서 지위를 따지는 것은 시대와 장소를 불문하고 마땅합니다. 여기서 주목할 부분은 '나이 든 이를 존중하고'와 '일 처리에 있어서는 능력 있는 이를 존중하니'의 관계입니다.

농경사회에서 일 처리 능력은 대부분 '경험'을 통해 길러집니다. 그리고 완만한 사회 변화와 변변한 기록 보존 수단이 없는 환경에서 사람들의 '경험'은 각자의 머릿속에 축적됩니다. 물론 문자로 기록되더라도 문자 해독 능력을 소유한 이는 인류 역사 내내 매우 소수였습니다. 따라서 '경험'의 크기는 당연히 '나이'에 비례했습니다.

근대 이전 사회는 신분제 사회였던 만큼 사람의 가치는 첫째 '신분'이 좌우했고, 그다음이 '나이'였습니다. 신분제 사회의 기반은 안정적 질서입니다. 고대 시대 연장자와 연소자 또는 어른과 아이를 수직적 상하 관계로 규정한 것은 우선은 사회를 안정적으로 통제하기 위해서였습니다. 그러나 근본적으로는, '나이가 많고 적음'이 바로 '일 처리 능력' 자체로, 연소자 또는 아이는 연장자 또는 어른에게 절대적으로 의존할 수밖에 없었습니다. 이런 현실 관계가 반영된 것이 '나이' 중시였습니다.

일 처리 능력이 탁월한 이가 존중받는다는 것은 시대·상황 불문하고 '대원칙(大道대도)'인데, 고대의 일 처리 능력은 '경험', 즉 '나이'가 절대적으로 좌우했던 것입니다. 따라서 '나이'를 중시하는 질서인, '어른과 아이 또는 연장자와 연소자 간에는 질서가 있어야 한다'는 '장유유서長幼有序'는 고대 당시의 기준으로 매우 '옳은(義의)' 원칙이었습니다.

일 처리 능력이 뛰어난 이가 존중받는 원칙은 당연히 오늘날에도 유효합니다. 그런데 오늘날 21세기는 인류 역사상 가장 빠른 변화의 시대입니다. 또 육체노동이 아닌 기술과 창의성이 생산을 결정하는 시대입니다. 변화가 빠르고 기술과 창의성이 생산을 좌우하는 시대에는 '경험'이 더 이상 '일 처리 능력'을 결정하는 핵심 요인이 되지 못합니다. 아니 그 반대로, '경험'이 '고정관념'으로 작용해 오히려 걸림돌이 될 수도 있습니다. 당연히 변화와 새로운 기술을 즐기면서 거부감 없이 자연스럽게 받아들이는 수용 자세, 그리고 활발한 오감五感 작용이 '일 처리 능력'을 결정하는 핵심 요소가 됩니다.

변화를 자연스럽게 받아들이는 수용 자세와 활발한 오감五感 작용은 젊은 세대의 특징입니다. 반면 기성세대에게는 바로 이것들이 가장 취약한 부분들입니다. 과거에 문맹文盲이 있었다면 지금은 컴맹(컴퓨터+맹盲)·폰맹(스마트폰+맹盲)·넷맹(인터넷+맹盲)·겜맹(컴퓨터 게임+맹盲)·디맹(Digital+맹盲)·AI맹(AI+맹盲)이 있습니다. 기성세대는 새로운 것을 받아들이기 불편해하고, 받아들이려 해도 더딜 뿐만 아니라 육체적 노쇠로 오감작용도 둔하고 느립니다. 문맹 아닌 문맹이 되기 십상입니다. 일단 기본적으로 문제 해결의 양적 측면에서 연장자가 연소자를 넘어서기 힘듭니다.

연장자가 연소자에게 더 의지해야 하는 현실에서, '상하 관계로서의 질서' 의미의 '장유유서長幼有序'는 더 이상 유효할 수 없습니다. 21세기의 지상 가치인 '민주주의' 개념까지 동원하지 않더라도, '환경 변화에 맞게 '장유유서長幼有序'는 '더 갖춘 자(長장)와 덜 갖춘 자(幼유) 간에는 배려와 감사의 질서(序서)가 있어야(有유)' 정도로 해석할 수밖에 없습니다.

강자는 반드시 배려를,
그리고 약자는 꼭 감사를

그렇다면 '더 갖춘 자(長장)와 덜 갖춘 자(幼유) 간에는 배려와 감사의 질서(序서)가 있어야(有유)'는 어떻게 실행되어야 할까요?

'더 갖춘 자(長장)'는 한마디로 '강자'입니다. 그리고 '덜 갖춘 자(幼유)'는 '약자'입니다. 강자와 약자는 '건강', '부富', '지식', '지위' 등 여러 가지 기준으로 나뉠 수 있습니다. 지하철에서 자리를 양보한다면 그것은 무조건 상대가 연장자여서가 아니라 상대가 자신보다 '건강'이 더 안 좋은 약자이기 때문이어야 합니다. 건강이 안 좋은 이는 기력이 약한 노인일 수도 있고, 어린아이일 수도 있고, 임산부일 수도 있고, 몸이 불편한 이일 수도 있습니다. 동일한 승차 및 착석 권리를 가진 승객 입장에서 단순히 연장자라는 이유 때문에 자리를 양보해야 하거나 자리 양보를 요구하는 것은 민주주의의 자유와 평등 원칙에 어긋납니다.

또 하나, 자리를 양보받은 입장에서는 배려한 이에게 반드시 '스스로' 감사 표시를 해야 합니다. 법 등의 규정으로 정하지 않은 이상, 건강 강자가 건강 약자에게 자리를 양보하는 것이 '반드시' 당연한 절대 의무는 아니기 때문입니다. 양보한 이의 법적 의무도 아니고 양보받은 이의 법적 권리도 아닌 이상 양보받은 이는 감사 표시를 해야 합니다.

'배려' 다음에 '감사'의 표시가 반드시 따라야 하는 이유는 그래야 '배려'가 더 잘 지속되고 또 사회 전체적으로 확산되어 나갈 것이기 때문입니다. 어떤 한 사람의 '배려'를 상대방이 마땅한 권리인 것처럼 여기는 일이 여러 차례 반복되면 그 '배려'는 머지 않아 멈추기 쉽습니다.

부富나 지식, 지위 모두 마찬가지입니다. 더 가진 자는 덜 가진 자를 '배려'하고, '배려'를 받은 이는 '감사'의 뜻을 '스스로' 나타내야 합니다.

동물의 왕국과
문명의 세계를 가르는 경계, 배려

《논어》〈자한〉 편에서, 공자가 광匡 땅에서 목숨을 잃을 위험에 처했을 때 이런 말을 합니다.

"문왕文王이 세상에 있지 않으니 사람들을 교화시킬 사명이 지금 이 몸에 있지 않겠는가?"

文王 旣沒 文不在玆乎
문왕 기몰 문부재자호[41]

문왕은 중국 주周 왕조의 통일 기반을 쌓은 왕으로 하夏 왕조의 창업자 우禹, 은殷 왕조의 창업자 탕湯과 함께 중국 고대 '3인의 성왕聖王'(三王3왕)에 꼽히는 인물입니다. 공자의 말은 곧 사람을 교화시키는 대업이 문왕 이후 자신에게 이어졌고, 또 그것이 하늘의 뜻이니 감히 누가 자신을 해칠 수 있겠는가 하는 고대 동양 문화 건설자로서의 자부심 표출이었습니다.

맹자가 《맹자》〈진심장구상〉 편에서 이렇게 말합니다.

"강태공이 주紂 임금의 폭정을 피해 동해 물가에서 살다 문왕이 군사를 일으켰다는 소식을 듣고 말하기를, '어찌 돌아가지 않을 것인가? 문왕(서백)이 나이 든 이를 잘 봉양한다고 했으니'라고 했다. 천하에 늙은 이를 잘 봉양하는 자가 있다면 어진 사람들이 모두 그곳으로 모여들 것이다."

太公 辟紂 居東海之濱 聞文王作興 曰盍歸乎來 吾聞西伯善養老者 天下有善養老則仁人以爲己歸矣

태공 피주 거동해지빈 문문왕작흥 활합귀호래 오문서백선양로자 천
하유선양로즉인인이위기귀의[42]

중국 역사에서 문화 또는 인간에 대한 교화는 주周 왕조의 기반을 닦
은 문왕으로부터 시작해 주공단, 공자로 이어집니다.

인간에 대한 교화와 문화 모두 그 핵심은 인간이 인간답게 사는 것입
니다. 동물과 다르게 인간답게 산다는 것은 강자가 약자를 배려하는 것
에서부터 시작됩니다. 약자에 대한 배려가 인간 교화, 문화의 가장 첫머
리에 서는 것은 약자에 대한 배려가 없다면 그 사회는 곧바로 약육강식
의 정글이 되고 말기 때문입니다. 바로 그 '동물의 왕국'인 약육강식弱肉强
食의 세계.

약육강식의 세계에서는 약자가 버틸 수 없습니다. 그리고 약자가 사
라지면 그 약자에 기반한 강자도 결국 무너집니다. 당연히 사회도 해체
됩니다. 그래서 공자와 맹자는 국가 운영에 있어 약자에 대한 배려를 무
엇보다 중시했고, 상식적인 이들이라면 당연히 그런 땅을 찾아들 것이
라 했습니다. 동물이 아닌 사람이 사는 땅으로, 동물의 세계가 아닌 문
화가 있는 교화된 땅으로.

절대 왕조를 무너트린 프랑스혁명 때 시작된 프랑스의 국기 삼색기는
자유(파란색), 평등(흰색), 박애(빨간색)를 나타냅니다. 민주주의 시민사회
는 자유, 평등뿐만 아니라 박애도 필요하다는 의미입니다.

자유와 평등의 보장은 법으로 정합니다. 그러나 박애는 법으로 모든 것을 정할 수도 없고, 또 윤리와 관련이 깊어 정하기에 적절치 않은 부분도 있습니다. '자발적으로' 사회구성원 각자가 박애에 나서야 합니다.

행복한 사회를 만들고 행복한 시민의 삶을 누리기 위해서는 '더 갖춘 자(長장)와 덜 갖춘 자(幼유) 간에는 배려와 감사의 질서(序서)가 있어야(有유)'를, 즉 '21세기 민주사회 버전의 장유유서長幼有序'를 행동으로 옮겨야 합니다.

7장

붕우유신
朋友有信

·

'믿음(信신)'이
있어야
친구다

사람은 친구를 필요로 합니다. 사람들은 자랄 때는 부모나 형제자매, 결혼해서는 배우자에게 세상일들에 대한 자신의 마음을 털어놓고 공감을 기대합니다. 그러나 삶에서 나를 공감해 주는 대상으로 혈육과 배우자만으로는 충분치 않습니다. 혈육이나 배우자에 대한 고민 또는 혈육이나 배우자에게는 털어놓을 수 없는 고민을 함께할 또 다른 대상이 필요합니다. 바로 '친구'입니다.

혈육과 배우자는 혈연, 혼인으로 묶여 있습니다. 기본적으로 믿음이 장착되어 있습니다. 새삼스레 '믿음(信信)'을 강조할 필요가 없습니다. 친구의 전제는 '믿음(信信)'입니다. 삶에서 혈연과 혼인 관계들에 대한 보완적 존재일 '친구'라면 마땅히 '믿음(信信)'이 있어야 하고, '믿음(信信)'이 없다면 애초에 그런 관계가 될 수 없습니다. 그것은 '친구' 아닌 그냥 '지인'일 뿐입니다.

따라서 붕우유신朋友有信은 '친구 간에는 믿음(信信)이 있어야 한다'로 해석되지만, 시간 순서를 고려하면 '믿음(信信)이 있어야 친구다'가 더 맞습니다. 혈육 또는 배우자에 버금가는 사이인 친구라 할 때, '믿음(信信)'은 마땅한 전제입니다.

니체는 《차라투스트라는 이렇게 말했다》의 〈동정하는 자들에 대하여〉 편에서 이렇게 말합니다.

"그대에게 고통받는 친구가 있다면, 그대는 그의 고통이 쉴 수 있는 휴식처가 되도록 하라. 그러면서도 딱딱한 침대, 야전침대가 되도록 하라. 그래야만 그대가 그에게 가장 필요한 자가 될 것이다."[1]

친구의 의미가 이중적이라는 이야기입니다. 친구는 서로 위로하고 공감하는 사이인 동시에 서로의 성장을 도모하는 사이여야 한다는 것입니다.

중국 사상계의 이단아 이지는 《분서》 〈여초약후〉 편에서 이렇게 말합니다.

"나보다 나은 벗이 있고, 또 진정으로 나를 알아주는 이가 있는 곳이야말로 내가 죽을 곳이다."

有勝我之友 又眞能知我者 乃我死所也
유승아지우 우진능지아자 내아사소야[2]

'나보다 나은 벗'은 나를 성장시키는 존재이고, '나를 알아주는 이'는 나를 위로하고 공감해 주는 존재입니다.

친구는 한편이면서 맞은편이기도 합니다. 친구의 기쁨이 나의 기쁨이지만 동시에 부러움이기도 하기 때문입니다. 부러움은 '자기도 그렇게 되었으면 하는 마음'입니다. 그것은 곧 자신의 성장을 위한 동력입니다. 친구는 휴식처이자 동시에 나의 성장 동력이 되어야 합니다.

이 7장의 '붕우유신朋友有信-믿음(信신)이 있어야 친구다'는 두 가지 주제로 살펴봅니다. 첫 번째, '믿음-믿음(信신)이 있어야 친구다', 그리고 두 번째로 '배움과 성장-친구 간에는 배움과 성장이 있어야'입니다. 먼저 '믿음-믿음(信신)이 있어야 친구다'입니다.

믿음

'믿음(信신)'이 있어야 친구다

'혼자'와 '함께' 사이,
'공감'

인간은 '공감(Sympathy)'을 필요로 합니다. 인간은 '이성적 존재(Homo sapiens)'이면서 동시에 '사회적 존재(Homo socialis)'이기 때문입니다.

'이성'은 '생각하는 능력'으로, 그것은 곧 인간이 각자 별개의 독립된 개체일 수밖에 없음을 드러냅니다. '사회적' 존재는 다른 이들과 관계를 형성하며 함께 어울리지 않고는 살 수 없다는 의미입니다. '혼자'임과 동시에 '함께'일 수밖에 없는 인간은 '혼자'와 '함께' 사이의 모순적 간극을 메울 수단을 필요로 합니다. 답은 '공감(Sympathy)'입니다.

'공감'은 '혼자'인 개별적 존재를 '함께'일 수 있게 합니다. 그리고 다른 이들과 '함께'하면서도 '혼자'를 상실하지 않게 합니다. 결국 인간은 '공감적 존재(Homo sympathicus)'일 수밖에 없습니다.

공자는 《장자(내편)》〈중니·안회문답〉 편에서 제자 안회에게 이렇게 말합니다.

"사람이 잠시 속세로부터 떠나 있는 것은 어렵지 않지만, 아예 땅을 밟지 않고 살 수는 없다."

絶迹易 無行地難
절적이 무행지난[3]

'혼자'와 '함께' 사이에서 고뇌하는 인간의 딜레마를 드러내고 있습니다. 공자는 성인聖人입니다. 《논어》〈자로〉 편에서 해결책을 제시합니다.

"군자는 조화롭게 어울리되 무리에 휩쓸리지 않고, 소인은 무리에 휩쓸리되 조화롭게 지내지를 못한다."

君子和而不同 小人同而不和
군자화이부동 소인동이불화[4]

현명한 자는 '공감'으로 자기의 생각도 지키면서 다른 이들과 조화롭게 함께 어울리고, 어리석은 자는 이성적 존재인 자기를 상실하고 '공감'

도 제대로 하지 못한다는 이야기입니다.

벗이란
덕德으로 사귈 뿐

　가족과 친척 이외의 인간관계로 '친구'와 '지인'이 있습니다. '친구'와 '지인'은 분명 다릅니다. 사람들은 '지인'에게는 의례적이고 정중합니다. 그에 반해 '친구'는 언제나 반갑고 따뜻하고 부담이 없습니다. 그래서 사람들은 '친구'에게는 허물없이 흉금을 털어놓고, '지인'에게는 앞뒤 재면서 말하고 가려 행동합니다. 그렇다면 '친구'와 '지인'을 가르는 것은 무엇일까요?

　'친구'와 '지인'을 가르는 것은 다름 아닌 '믿음(信신)'입니다. 나의 말과 행동을 우호적으로 받아들이고 이해하려 할 것이라는 믿음(信신), 내가 잘못된 길을 가려 할 때는 자기 일처럼 생각해 충고를 아끼지 않을 것이라는 믿음(信신), 나의 일을 자기 일처럼 기뻐하고 또 슬퍼해 줄 것이라는 믿음(信신), 내가 없는 곳에서는 나의 부족한 점은 감싸고 나의 좋은 점은 앞장서 드러내줄 것이라는 믿음(信신), 앞으로도 오랫동안 그런 마음들이 변치 않을 것이라는 믿음(信신) 등입니다. 그런 '믿음'에 확신이 갈 때 사람들은 그를 자신의 삶에서 혈육과 배우자 다음의 특별한 존재인 '친구'로 여깁니다. 따라서 '믿음(信신)'은 친구 삼기의 원인이 됩니다. '믿음(信신)'이 있어야 친구가 됩니다.

그렇다면 어떻게 하면 '믿음(信신)'을 주는 '친구'가 될 수 있을까요? 맹자는 《맹자》〈만장장구하〉편에서 벗의 사귐에 대해 이렇게 말합니다.

"나이 많음을 내세우지 않고, 높은 자리에 있음을 내세우지 않고, 형제 잘난 것을 내세우지 않으면서 벗을 사귀는 것이니, 벗이란 덕德으로 사귈 뿐 자기가 가지고 있는 것을 내세우며 사귀는 것이 아니다."

不挾長 不挾貴 不挾兄弟而友 友也者 友其德也 不可以有挾也
불협장 불협귀 불협형제이우 우야자 우기덕야 불가이유협야[5]

한마디로 진정한 친구, 즉 믿을 수 있는 친구는 다른 것이 아닌 '인격(德덕)'으로 사귀어야 한다는 이야기입니다. 나이나 사회적 지위, 집안 배경 등을 앞세워 사귀는 것이 아니라는 것입니다.

'비현실적'이면서도 '현실적'입니다. '비현실적'이라는 것은, 세상 사람들의 일반적인 친구 사귀기와 배치되는 주장이라는 것입니다. 그리고 '현실적'이라는 것은, 사회적 지위나 배경 등을 앞세운 사귐은 자신이 상대에게 줄 수 있는 이익이 사라지는 순간 언제든 그 친구 관계가 끝나고 만다는 것입니다.

거문고 소리
사라진 지 오래

생텍쥐페리의 《어린 왕자》에서 어린 왕자가 여우에게 말합니다.

"누구나 자기가 길들인 것밖에는 알지 못해. 사람들은 그 밖의 것에 대해 알 시간조차 없어지고 말았어. 사람들은 이제 다 만들어놓은 물건을 상점에서 사기만 하면 돼. 그렇지만 친구를 파는 상점은 없으니까, 사람들은 이제 친구가 없게 되었지. 친구가 갖고 싶거든 나를 길들여 봐! ―중략― 아주 참을성이 많아야 해. 처음에는 내게서 좀 떨어져서 그렇게 풀밭에 앉아 있기만 하면 돼. 내가 곁눈으로 너를 볼 테니 너는 아무 말하지 말고 가만히 있어. 말이란 오해가 생기는 근원이니까. 그러나 매일 조금씩 조금씩 더 가까이 앉아도 돼. 그렇게 하루하루 시간이 지나감에 따라 우리는 점점 더 친해지게 되는 거지."[6]

좋은 친구를 얻는 데는 급행이나 프리미엄 선택지가 없다는 이야기입니다. 들여야 할 시간 들이고, 쌓여야 할 관계가 쌓이면서 서서히 굳어지는 것이 친구 사이라는 이야기입니다. 특별한 모임을 통해 전투적으로 이루어지는 네트워킹은 비즈니스를 위한 또 하나의 투자 활동일 뿐 친구 사귀기가 아니라는 것입니다.

맹자는 《맹자》 〈진심장구상〉 편에서 이렇게 말합니다.

"나섬이 빠른 자는 물러섬도 빠르다."

其進銳者 其退速
기진예자 기퇴속[7]

빠르게 다가온 사람은 어느 날 갑자기 멀어지는 것도 그처럼 빠르다
는 이야기입니다.

공자는 《논어》 〈공야장〉 편에서 사람 사귀는 태도에 대해 말합니다.

"안평중은 사람 사귀기를 잘하는도다. 시간이 오래 지나도 공경하는
태도를 잃지 않는구나."

安平仲 善與人交 久而敬之
안평중 선여인교 구이경지[8]

잠깐 좋은 친구 사이로 지내는 것은 어렵지 않습니다. 그러나 오랫동
안 좋은 친구 사이로 지내는 것은 어렵습니다. 어떤 이는 만남 초기에
'과하게' 상대를 조심스러워합니다. 그러다 시간이 지나 좀 익숙해지는
가 싶으면 이내 '과하게' 상대를 소홀히 대하기 시작합니다. 냉탕 온탕
식의 불안정한 태도 변화는 그가 대하는 상대가 민주주의적, 즉 권위주
의적이지 않은 성품일수록 쉽게 나타납니다.

《논어》〈양화〉편에서 공자가 말합니다.

"소인은 상대하기 어려우니 친근하게 대하면 함부로 행동하고, 소원하
게 대하면 원한을 품는다."

小人爲難養也 近之則不孫 遠之則怨
소인위난양야 근지즉불손 원지즉원[9]

'넘치는 것(過과)'도 아니고 '미치지 못하는 것(不及불급)'도 아닌, 중간의 '공
경하는 태도'가 바람직한데 사람들이 그렇지를 못한다는 이야기입니다.
'중용中庸'에서의 '중中'은 "어느 한쪽으로 치우치지 아니하고, 넘치거나 미
치지 못함이 아닌 상태"[10]를 말합니다. '구이경지久而敬之', 즉 '오랜 시간이
지나도 변함없이 상대를 공경하는 것'이 상대방에게 '믿음(信신)'을 줍니다.

백아는 중국 춘추시대의 거문고 명인입니다. 백아가 마음속으로 물을
생각하면서 거문고를 타면 종자기가 그 소리를 듣고 물을 맞혔고, 산을
생각하면서 거문고를 타면 또 산을 맞혔습니다. 오직 종자기만이 '지음
知音', 즉 백아가 타는 거문고 소리를 들으며 백아의 마음을 알아냈습니
다. 어느 날 종자기가 죽었습니다. 백아는 '백아절현伯牙絶絃', 즉 백아 자
신이 아끼던 거문고의 줄을 스스로 칼로 끊습니다. 이제 거문고 소리를
들으며 자신의 마음을 알아줄 이가 더 이상 세상에 남아 있지 않기 때문
이었습니다.[11]

따지고 보면 백아에게만 '지음知音'이 없어진 것이 아닙니다. 지금 21세기를 사는 사람들 중 많은 이가 '자신을 진정으로 알아주는 친구'인 '지음知音'이 없습니다. 자기를 '공감'해 줄 이가 없습니다. 그래서 사람들은 '혼자'입니다. 거문고 소리 사라진 지 오래입니다.

고전에서 위로를 받는다면
그것은 현자가 나를 '공감'해 주는 것

덕으로 친구를 사귀려 하고, 친구에게 정성을 들이고, 항상 공경하는 태도로 주변을 대하는 데도 '믿음'을 주는 친구가 없다면 어떻게 해야 할까요?

애덤 스미스의 《국부론》에 크게 영향을 미친 영국의 사상가 버나드 맨더빌(1670-1733)은 명저 《꿀벌의 우화》 〈사회의 본질을 찾아서〉 편에서 '사람 사귐'에 대해 이렇게 말합니다.

"사람들이 혼자 있는 것을 가장 두려워하며, 혼자 있기보다는 아무하고라도 어울리려 할 것이다. 반면에 분별 있고 지식 있는 사람으로서 깊이 생각할 줄 알고 감정에 잘 흔들리지 않는 사람이라면, 혼자 있는 것을 군소리 없이 가장 오래 참아낼 수 있을 것이고, 시끄럽고 멍청하고 뻔뻔한 것들을 안 볼 수 있다면 스무 번도 더 달아날 것이며, 제 입맛에 맞지 않는 것과 맞닥뜨리느니, 골방이나 정원, 아니면 공원이나

사막을, 사람들이 모인 사회보다 더 찾아 나설 것이다."¹²

혼자이기 외롭다고 아무하고나 어울리려 해서는 안 된다는 이야기입니다.

혼자인 것이 힘들다고 아무하고나 어울리는 것은 "성급한 사람과 벗하지 말고 성 잘 내는 사람과 가까이 지내지 말아라. 그들과 어울리다가는 올가미에 걸려 목숨을 잃는다"(잠언 22:24-25)라는 성경 〈잠언〉의 경구처럼, 스스로를 곤란에 빠트릴 수 있고, 최소한 자신의 한 번뿐인 소중한 삶을 애써 외면하면서 아무렇게나 방치하는 일이 됩니다.

자신을 진정으로 알아주는 친구인 지음知音 얻기가 힘들다면 그때는 맹자가 추천한 '타임 슬립(Time slip) 친구 사귀기' 방식에 귀를 기울여보는 것도 좋습니다.

《맹자》〈만장장구하〉 편에서 맹자가 말합니다.

"지금의 세상 선비들과 벗하는 것에 만족할 수 없으면 '옛날로 거슬러 올라가 옛사람과 의논(尙論상론)'을 하니, -중략- 이것은 과거로 돌아가 '현자들과 벗하는 것(尙友상우)'이다."

以友天下之善士 爲未足 又尙論古之人 -중략- 是尙友也
이우천하지선사 위미족 우상론고지인 -중략- 시상우야¹³

맹자는 현자들이 남긴 책을 통해 그들과 벗할 것을 권합니다. 책과의 대화를 통해 거기에서 '지혜'를 얻는다면 그것은 내가 현자의 말에 '공감'하는 것이고, 책 내용에서 '위로'를 받는다면 그것은 현자가 나를 '공감'해 주는 것입니다.

시간을 거슬러 올라가 인류사의 현자들과 논하고 그들과 벗하는 '상론상우尙論尙友'는 '지음知音' 갖기 어려운 시대에 좋은 친구를 언제든 가까이할 수 있는 훌륭한 대안입니다. 그리고 사실, 현실에서 지음知音 찾기에 절망하거나 갈증을 느낀 많은 이들이 이미 즐겨 사용하는 '타임 슬립(Time slip) 친구 사귀기' 방법이기도 합니다.

사람들 틈에 있어도
외로운 건 마찬가지

생텍쥐페리의 《어린 왕자》에서 어린 왕자는 "사막이라는 곳이 쓸쓸하다"는 뱀의 말에 이렇게 대답합니다.

"사람들 틈에 있어도 외로운 건 마찬가지야."[14]

오늘날 현대인의 스마트폰에 저장되어 있는 일일이 다 기억할 수 없는 수많은 이름처럼, '지인'만 넘칠 뿐 '친구'는 존재하지 않는다는 이야기입니다.

어린 왕자는 20세기 전반이 아닌 지금 우리의 21세기를, 그리고 작은 별이 아닌 24시간 SNS 넘실대는 화려한 조명의 불빛 도시를 말하고 있습니다. 풍요 속의 빈곤입니다.

믿음(信신)이 있어야 친구입니다. 믿음이 없으면 그냥 지인일 뿐입니다. 친구 사귐에 가장 좋은 것은 자신을 진정으로 알아주는 지음知音을 갖는 일입니다. 그리고 가장 안 좋은 것은 혼자이기 외롭다고 아무나 친구 삼는 것입니다. 그것은 잘하면 인생 소모에 그칠 일이고, 잘못하면 올가미에 걸리는 일입니다.

세상에는 눈에 보이는 친구만 있지 않습니다. 지금까지 인류 역사에 존재했던 수많은 현자들을 친구 삼는 방법이 있습니다. 맹자가 권한 '상론상우尙論尙友'가 바로 그것입니다. 거기에도 '공감'이 있습니다. '믿음(信신)'도 있습니다. 물론 얼마나 진지하게 '상론상우尙論尙友' 하느냐에 따라 그것들은 달라집니다.

배움과 성장

친구 간에는 배움과 성장이 있어야

휴식처가 되도록 하라.
그러면서도 딱딱한 침대, 야전침대가 되도록 하라

종횡가는 중국 전국시대(BC403-BC221)의 전쟁 전략 전문가를 이르는 말입니다. '종횡縱橫'의 본딧말은 '합종연횡合從連衡'입니다. '위아래로 합하고, 옆으로 연결한다'는 의미입니다. 바로 전국시대에 진秦·한韓·위魏·조趙·제齊·초楚·연燕 전국 7웅이 천하를 다툴 때, 동쪽에 위치한 한·위·조·제·초·연 여섯 나라가 위아래로 연합해 서쪽 진의 공격을 막아내자는 전략이 '합종책合從策'입니다. 그리고 서쪽의 진 입장에서 동쪽의 여섯 나라 각각과 동맹을 맺어 여섯 나라의 연합을 무너트리려는 전략이 '연횡책連橫策'입니다. 합종책을 대표하는 인물이 소진蘇秦이고, 연횡책을 대표하는 인물이 장의張儀입니다.

소진과 장의는 귀곡鬼谷 선생 밑에서 동문수학한 친구 사이입니다. 함께 공부하면서 소진은 자신의 재주가 장의에 미치지 못한다고 생각했습니다. 그런데 출세는 소진이 더 빨랐습니다. 소진은 동쪽 6개 강국의 연합 재상 자리에 오릅니다. 그리고 이때 아직 낭인 생활 중이던 장의가 도움을 청하기 위해 소진을 찾습니다. 소진은 장의를 쌀쌀맞게 대합니다. 그러고는 사람을 시켜 몰래 뒤에서 장의를 돕습니다. 이 사실을 알리 없는 장의는 배신감에 분발해 마침내 진秦 나라 재상에 오릅니다. 그리고 출세하고 난 뒤에야 지금까지 소진이 자신을 뒤에서 몰래 도왔다는 사실을 알게 됩니다. 물론 자신이 그를 찾았을 때 냉대했던 것도 자신을 분발시키기 위한 친구의 깊은 사려였다는 것을 알게 됩니다.

니체는 《차라투스트라는 이렇게 말했다》의 〈동정하는 자들에 대하여〉 편에서 이렇게 말합니다.

"그대에게 고통받는 친구가 있다면, 그대는 그의 고통이 쉴 수 있는 휴식처가 되도록 하라. 그러면서도 딱딱한 침대, 야전침대가 되도록 하라. 그래야만 그대가 그에게 가장 필요한 자가 될 것이다."[15]

벗은 친구의 말을 들어주고 수긍하고 함께 분노해 주기도 하지만, 친구의 성장을 위해 자극이 되고 잘못을 지적하고 진심 어린 충고를 아끼지 않는 역할도 해야 한다는 이야기입니다.

소진이 낭인이 되어 찾아온 장의에게 친구로서의 의리만 생각해 온정을 베풀었다면 어떻게 되었을까요? 아마 장의는 계속해서 소진에게 의지하는 삶을 살기 쉬웠을 것입니다. 그리고 그렇게 되면 둘은 결국 친구 아닌 상하 관계가 되고 말았을 것입니다. 일방적으로 한쪽이 베풀고 다른 쪽은 계속 은혜를 입는 상황에서 친구 관계가 온전하기는 힘듭니다. 결국 거듭되는 시혜가 만든 교만과 지속되는 수혜로 인한 눈치 보기·머리 조아림만 남았을 것입니다. 물론 소진보다 뛰어난 장의의 재주와 능력도 소진의 온정에 녹아 없어져 세상에서 사라지고 말았을 것이고요. 친구가 어렵다고 그의 말과 태도를 무조건 수용하고 긍정하고 토닥여 주는 것만이 친구를 위한 것이 아니라는 이야기입니다.

《춘추좌전》〈진나라 난서가 반기를 들다〉 편에는 이런 내용이 나옵니다.

> "계손의 나에 대한 사랑은 질병과도 같고, 맹손의 나에 대한 미움은 약이나 침과 같다. '통증을 동반하지 않는 질병'은 '입에 쓴 약이나 따끔한 침'만 못하니, '쓴 약과 따끔한 침'은 나를 살리지만 '무통증의 질병'은 나도 모르는 사이 온몸에 독을 퍼트린다."

季孫之愛我 疾疢也 孟孫之惡我 藥石也 美疢不如惡石 夫石 猶生我 疢
之美 其毒滋多
계손지애아 질진야 맹손지오아 약석야 미진불여악석 부석 유생아 진
지미 기독자다[16]

'미진약석美疢藥石' 즉, '무통증의 질병(美疢미진)'과 '쓴 약·따끔한 침(藥石약석)'을 대비해, '선善의 모습을 띤 독毒'에 대한 경계를 하고 있습니다. 우리가 흔히 사용하는 '쓴 약이 몸에는 좋다'라는 경구와 통하는 내용이기도 합니다. 더불어, 고통을 느끼지 못하는 무통증의 깊은 병이야말로 진짜 악惡이라는 이야기입니다. 바로, 친구의 무조건적 위로와 긍정이 '미래의 나'에게 악惡이 될 수도 있다는 가르침입니다.

좋아하더라도
그의 잘못된 부분을 볼 수 있어야

현실에서 친구를 책망하는 것은 사실 그리 쉬운 일이 아닙니다. 책망은 지금 당장은 친구에게 '약석藥石', 즉 '입에 쓴 약'이 되고 '따끔한 아픔을 주는 침'이 되기 때문입니다. 그래서 공자의 제자 자유는 《논어》〈이인〉 편에서 "임금을 모시면서 자주 충간하면 욕을 당하고, 벗을 사귀면서 자주 충고하면 관계가 소원해진다"[17]라고까지 말합니다. 진정 친구를 위하는 마음으로 친구에게 충고하는 것이 자칫 그 친구를 잃어버리는 결과를 가져올 수 있다는 것입니다.

맹자는 《맹자》〈이루장구하〉에서 이런 자유의 고민에 대해 단호하게 말합니다.

"잘못을 저질렀을 때 선한 행동을 하도록 책망하는 것은 친구의 도리다."

責善 朋友之道也
책선 붕우지도야[18]

친구가 잘못된 길을 가려 할 때 그 잘못을 분명히 지적하고 책망하는
것은 친구된 자로서 선택 아닌 의무라는 것입니다.

공자 역시 《논어》〈안연〉 편에서 제자 자공이 친구와의 사귐에 대해
묻자 이렇게 답합니다.

"진심으로 일러주면서 잘 인도하되 들으려 하지 않으면 멈춰야 한다.
자칫 자신까지 욕을 볼 수 있다."

忠告而善道之 不可則止 無自辱焉
충고이선도지 불가즉지 무자욕언[19]

'잘못을 일러줘도 듣지 않으면 그대로 놔둬라' 정도가 아닌, '본인까지
해를 입을지 모르니 아예 멀찌감치 피하라'는 뉘앙스입니다. 성경 〈잠
언〉에서도 공자의 가르침과 같은 경구를 주고 있습니다. 바로 "어리석
은 사람에겐 아무 말도 하지 말아라. 아무리 지혜로운 말을 해도 업신
여기리라"(잠언23:9)라는 내용입니다. 어리석은 이에게 조언을 하다가는
봉변만 당하게 된다는 경고입니다.

니체는 《차라투스트라는 이렇게 말했다》의 〈베푸는 덕에 대하여〉 편에서 이렇게 말합니다.

> "인식하는 인간은 적敵을 사랑할 뿐 아니라 벗을 미워할 줄도 알아야 한다."[20]

사람을 객관적으로 볼 수 있어야 한다는 경구입니다. 친구여서 '잘못'에 눈이 감기고, 적이라고 해서 '잘한 것'에 눈을 감는다면 그 눈은 더 이상 이성의 눈일 수 없습니다. 물론 친구도 더 이상 친구일 수 없고 적도 더 이상 적일 수 없습니다. '옳은 이'이기에 친구로 삼고 '그른 이'이기에 적으로 돌렸을진데, 그 옳고 그름이 뒤바뀌었으니 친구는 이제 더이상 친구가 아니게 되고 적 역시 더 이상 적이 아니게 되고 말기 때문입니다.

공자의 유가 정통을 잇는 증자 역시 《대학》〈석수신제가〉 편에서 니체와 같은 말을 하고 있습니다. 아니, 시간 순서로 보면 니체(1844-1900)가 증자(BC506-BC436)의 말을 따라 하고 있습니다. 증자의 말은 이렇습니다.

> "좋아하더라도 그의 잘못된 부분을 볼 수 있어야 하며, 미워하더라도 그의 착한 부분을 볼 수 있어야 한다."

好而知其惡 惡而知其美

호이지기악 오이지기미²¹

친구는 오늘 하루 만나고 말 사이가 아닙니다. 친구의 잘못에 눈감지 않는 것이 진정한 친구입니다. 자신을 위해서도 그렇고 친구를 위해서는 더욱 그렇습니다. 그렇게 하는 것이 오래가고, 함께 잘 가는 길입니다.

스승보다 친구가
더 중요한 이유

이지는 《분서》〈진사이수〉 편에서 "스승과 벗은 원래 하나다"²²라고 말합니다. 배움의 대상에는 스승뿐만 아니라 친구가 있고, 나를 성장시키는 존재 역시 스승뿐만 아니라 친구도 있다는 이야기입니다.

그런데 스승과 친구는 내가 그들로부터 배우는 방식, 또 내가 그들을 통해 성장하는 방식이 서로 다릅니다. 스승은 주로 바깥에서 변화시키는 방식으로 나를 가르치고 성장시킵니다. 반면 친구는 화선지에 먹물 번지듯 나도 모르는 사이 나를 물들이는 방식으로 나에게 변화를 줍니다.

어린이든 성인이든 사람은 외부에서 작용이 오면 자연스레 거기에 반작용을 합니다. 자신의 태도나 생각을 외부에서 바꾸려 들면 일단 경계하고 때로 저항하기까지 합니다. 그러나 자기도 모르는 사이 물드는 방식에는 당연히 경계도 없고 저항도 없습니다. 배움과 성장에서 스승보다 친구가 더 중요한 이유입니다. 부모가 자녀에게 친구를 잘 사귀어야 한다고 습관처럼 말하는 것도 바로 이 때문입니다. 물론 이것은 아이들 뿐만 아니라 어른들에게도 해당됩니다.

증자는 《논어》〈안연〉 편에서 말합니다.

"군자는 학문을 통해 벗과 어울리고, 벗과의 어울림을 통해 자신의 '인 仁'을 성장시킨다."

君子 以文會友 以友輔仁
군자 이문회우 이우보인[23]

벗은 마냥 어울려 놀기만 하는 사이가 아니라 함께 공부하기 위해 만 나고, 그런 만남을 통해 서로의 품성을 갈고닦는다는 것입니다. 스승으 로부터의 가르침을 통해 배우고 성장하기도 하지만, 벗들과의 어울림에 서 보고 배우는 것 역시 매우 많다는 이야기입니다.

공자는 《논어》〈계씨〉 편에서 친구에 대해 말합니다.

"정직한 친구, 성실한 친구, 견문이 넓은 친구 이 세 부류가 도움되는 친구다."

友直 友諒 友多聞 益也
우직 우량 우다문 익야[24]

정직하다면 남을 속이려 들지 않을 것이고, 성실하다면 자신의 삶과 친구에 대해 최선을 다할 것이고, 견문이 넓다면 누구보다도 나에게 많은 것을 가르쳐줄 수 있을 것입니다. 친구가 나의 배움과 성장에 도움이 되지 않는다면 친구 의미 중 절반 이상은 이미 공허한 상태입니다. 정직한 친구, 성실한 친구, 많이 아는 친구를 찾아 사귀어야 하는 이유입니다.

《대학》〈석신민〉 편에서는 말합니다.

"진실로 새로워지려거든 날마다 새롭게 하고, 또 날로 새롭게 하라"

苟日新 日日新 又日新
구일신 일일신 우일신[25]

'날로 새로워지고, 또 날로 새로워진다'는 '일신우일신日新又日新'의 원문입니다.

친구가 나로 인해 '일신우일신日新又日新'되어야 합니다. 그리고 나도 그 친구가 있어 '일신우일신日新又日新' 할 수 있어야 합니다. 자극과 격려를 서로 주고받으며 함께 성장해 가는 것, 그것이 진짜 멋진 친구 사이입니다.

오래전부터 인성 관련 내용을 정리해 보아야겠다고 생각해 왔습니다.

시간이 갈수록 사회가 사나워지고 뻔뻔해지고 부끄러움이 사라지고 있다는 생각, 그리고 일상화되는 이런 사건들에 대한 사람들의 경악과 염려가 점점 무뎌지고 있다는 느낌. 이것들이 인성에 관한 책을 써야겠다고 마음먹게 된 동기입니다. 정부와 국회가 서둘러 인성 관련 법을 만들고 학교가 인성 교육에 나서고 있지만, 학교나 사회 모두 기대했던 만큼 상황이 개선되고 있지는 않은 듯싶습니다.

어른들은 물론이고 청소년들이 잘못된 짓을 할 때 그것이 잘못인지를 몰라 그렇게 행동하는 경우는 사실 거의 없습니다. 잘못된 행위인 줄 알면서도 저지르는 경우가 대부분입니다. 문자를 알고, 최소한의 의무 교육 이상을 받는 중이거나 받았으니 기본적인 윤리 도덕을 모를 리 없습니다.

따라서 사회적으로 인성이 문제여서 그에 대한 해결책을 제시한다면 그 해결 방향은 당연히 '무엇이 윤리인가?(Know-what)'가 아닌, '왜 나는 윤리적이지 않으면 안 되는가?(Know-why)'가 되어야 합니다. 무엇이 옳고 무엇이 나쁜지를 번연히 알면서도 문제 있는 행동을 되풀이하는 상황에서 '무엇이 윤리인가?'만 반복해 강조하는 것은 공허합니다.

범죄와 윤리적 일탈을 막기 위한 궁극적 수단 또는 보완적 수단은 사람들 각자 자신의 가슴속에, 자신의 머릿속에 자신만의 '자발적 윤리 브레이크'를 장착할 수 있도록 하는 것입니다. 아무리 법을 강화하고 빈 구멍을 찾아 새로운 규제로 그것들을 촘촘히 틀어막더라도 외부적 규제만으로는 한계가 있습니다. 또 범죄는 어느 정도 통제할 수 있을지 모르겠지만 사람들의 윤리적 일탈은 사실 막을 방법이 없습니다.

윤리는 각자 알아서 하는 자율의 영역인데, 그 개인의 자율을 무엇으로 강제할 수 있겠습니까? 부지하세월不知何歲月이고 이상주의적이라 할 수 있겠지만 그래도 궁극의 해법은 사람들 각자가 자신만의 '자발적 윤리 브레이크'를 자신의 가슴속, 머릿속에 갖추도록 돕는 것입니다.

이 책은 '왜 나는 윤리적이지 않으면 안 되는가?'라는 입장에서 탐구했습니다. 고대의 인문 정신에서 현대 민주주의 가치와 시민 정신에 이르기까지, 동양의 공자에서 서양의 니체에 이르기까지 인간의 '본성'에 대한 통찰과 그 '본성'에 기초한 사람 간의 '관계'에 천착했습니다.

인간의 '본성'이 무엇인지, 어떻게 하면 인간의 선한 '본성'을 우리의 마음과 몸에 잘 익힐 수 있는지 그리고 윤리의 본령인 사람 간의 '관계'를 어떻게 올바르게 형성할 것인지를 알아봤습니다.

인간 탐구에 있어 동양은 일찍부터 인간의 '본성'에 관심을 두었습니다. 인간의 '본성'이 선하냐 악하냐가 주요 관심사였습니다. 서양은 '이성'과 '감성'의 구분에 관심을 두었습니다. 〈신동기의 인성 공부 시리즈〉 중 1편인 《부모의 인성 공부》는 인간의 인성 중 '본성'이 주제인 만큼 동양적 사유의 비중이 높습니다. 이어 나올 2편인 《어른의 인성 공부》는 '이성'을 다루는 만큼 서양적 사유의 비중이 1편보다 늘어날 것입니다.

책을 쓰면서 마음이 불편할 때가 많았습니다. 나의 행동이 미치지 못하는 내용을 써야 할 때였습니다. 맹자의 "현자들은 자신의 밝음으로써 다른 이들을 밝게 했는데, 오늘날 가르치는 자들은 자신의 어둠으로써 남을 밝게 하려 한다"는 질타는 여지없이 저자를 두고 한 말입니다.

가족과 형제 그리고 가까운 이들에게 좀 더 좋은 사람이 될 것을 마음에 새기면서. 아울러, 곁에 있는 나의 절친 은빈이가 멋진 대장부로 잘 자라나길 바라며.

2023년 12월

• 주석

1. 이이, 동호문답, 2014, 아카넷, 147-8면
2. "Men become sound and good because of three things. These are nature, habit, and reason. First, nature: a man must be born, and he must be born a man and not some other animal; so too he must have body and soul with certain characteristics. It may be of no advantage to be born with some of these qualities, because habits cause changes; for there are some qualities which by nature have a dual possibility, in that subsequent habits will make them either better or worse. Other creatures live by nature only; some live by habit also to some extent. Man, however, lives by reason as well: he alone has reason, and so needs all three working concertedly. Reason causes men to do many things contrary to habit and to nature, whenever they are convinced that this is the better course." Aristotle, The politics, 1992, Penguin classics, p429−30
3. 대학중용, 2000, 학민문화사, 대학1면 참조
4. 禮義法度者 應時而變者也 예의법도자 응시이변자야. 권오석 역해, 장자(외편), 2012, 홍신문화사, 207면
5. 논어, 2003, 학민문화사, 1권 210면
6. 논어, 2003, 학민문화사, 1권 151면

I 편

1. 주희 엮음, 소학, 2002, 홍신문화사, 14면
2. 키케로, 성염 역, 법률론, 2013, 한길사, 75-7면
3. 조지프 캠벨, 과학세대 역, 신화의 세계, 1999, 까치글방, 12-3면 참조

1장

1. 性善 성선. 맹자, 2009, 학민문화사, 1권 357면
2. 人之性惡 인지성악. 순자, 1991, 홍익신서, 323면
3. 대학중용, 2000, 학민문화사, 중용 9-14면 참조
4. 여정덕 편찬, 허탁·이요성 역주, 주자어류2, 2000, 청계, 793면 참조
5. 맹자, 2009, 학민문화사, 1권 266-9면
6. 맹자, 2009, 학민문화사, 1권 271면
7. 仁 子曰愛人 인 자왈애인. 논어, 2003, 학민문화사, 2권 484면 참조
8. 當來得於天者只是箇仁 당래득어천자지시개인. 여정덕 편찬, 허탁·이요성 역주, 주자어류2, 2000, 청계, 772면
9. 여정덕 편, 허탁·이요성 역주, 주자어류2, 2000, 청계, 773면 참조
10. 여정덕 편, 허탁·이요성 역주, 주자어류2, 2000, 청계, 746면
11. 舍之 吾不忍其觳觫若無罪而就死地 사지 오불인기곡속약무죄이취사지. 맹자, 2009, 학민문화사, 1권 64면

12. 맹자, 2009, 학민문화사, 1권 86-7면
13. 體仁足以長人체인족이장인, 여정덕 편, 허탁·이요성 역주, 주자어류2, 2000, 청계, 748면
14. 맹자, 2009, 학민문화사, 2권 303면
15. 논어, 2003, 학민문화사, 2권 401면
16. 논어, 2003, 학민문화사, 2권 421면
17. 學問之道 無他 求其放心而已矣 학문지도 무타 구기방심이이의, 맹자, 2009, 학민문화사, 2권 303면
18. 博學之 審問之 愼思之 明辨之 篤行之 박학지 심문지 신사지 명변지 독행지, 대학중용, 2000, 학민문화사, 중용 194면
19. 여정덕 편, 허탁·이요성 역주, 주자어류2, 2000, 청계, 767면 참조
20. 맹자, 2009, 학민문화사, 2권 418면
21. 맹자, 2009, 학민문화사, 1권 269면
22. 맹자, 2009, 학민문화사, 1권 271면
23. 人之所以異於禽獸者 幾希 인지소이이어금수자 기희, 맹자, 2009, 학민문화사, 2권 40면
24. 맹자, 2009, 학민문화사, 1권 547면
25. 맹자, 2009, 학민문화사, 2권 290면
26. 맹자, 2009, 학민문화사, 2권 290면
27. 맹자, 2009, 학민문화사, 2권 436면
28. 良者 本然之善也 양자 본연지선야, 맹자, 2009, 학민문화사, 2권 436면
29. 칸트, 백종현 역, 실천이성비판, 2009, 아카넷, 103면 참조
30. 맹자, 2009, 학민문화사, 1권 18면
31. 여정덕 편, 허탁·이요성 역주, 주자어류2, 2000, 청계, 748면
32. 애덤 스미스, 박세일·민경국 공역, 도덕감정론, 2010, 비봉출판사, 225면
33. 여정덕 편, 허탁·이요성 역주, 주자어류2, 2000, 청계, 798면
34. 義人之正路也 의인지정로야, 맹자, 2009, 학민문화사, 1권 549면
35. 논어, 2003, 학민문화사, 1권 503면
36. 논어, 2003, 학민문화사, 2권 408면
37. 이상옥 역저, 예기, 2003, 명문당, 49면
38. 맹자, 2009, 학민문화사, 1권 271면
39. 이상옥 역저, 예기, 2003, 명문당, 732면
40. 이상옥 역저, 예기, 2003, 명문당, 175면
41. 子生三年然後 免於父母之懷 夫三年之喪 天下之通喪也 자생삼년연후 면어부모지회 부삼년지상 천하지통상야, 논어, 2003, 학민문화사, 3권 384면
42. 壹獻之禮 賓主百拜 終日飮酒而不得醉焉 일헌지례 빈주백배 종일음주이부득취언, 이상옥 역저, 예기, 2003, 명문당, 989면
43. 介者不拜 爲其拜而蓌拜 개자불배 위기배이좌배, 이상옥 역저, 예기, 2003, 명문당, 132면
44. 논어, 2003, 학민문화사, 1권 246면
45. 논어, 2003, 학민문화사, 1권 334면
46. 논어, 2003, 학민문화사, 2권 114면
47. 이상옥 역저, 예기, 2003, 명문당, 37면
48. 논어, 2003, 학민문화사, 1권 378면

49. 맹자, 2009, 학민문화사, 1권 271면
50. 箇別白底意思是智 개별백저의사시지, 여정덕 편, 허탁·이요성 역주, 주자어류2, 2000, 청계, 786면
51. 覺自是智之用 각자시지지용, 여정덕 편, 허탁·이요성 역주, 주자어류2, 2000, 청계, 785면
52. 務民之義 敬鬼神而遠之 可謂知矣 무민지의 경귀신이원지 가위지의. 논어, 2003, 학민문화사, 1권 485면
53. 義包智 의포지, 여정덕 편, 허탁·이요성 역주, 주자어류2, 2000, 청계, 728면
54. 知人 지인. 논어, 2003, 학민문화사, 2권 484면
55. 논어, 2003, 학민문화사, 2권 485면
56. 맹자, 2009, 학민문화사, 1권 207면
57. 맹자, 2009, 학민문화사, 1권 230면
58. 智者不惑 지자불혹, 논어, 2003, 학민문화사, 3권 142면
59. 權稱錘也 권칭추야, 논어, 2003, 학민문화사, 3권 512면
60. 맹자, 2009, 학민문화사, 1권 587면

2장

1. 父兮生我 母兮鞠我 부혜생아 모혜국아, 조두현 역해, 시경, 1999, 혜원출판사, 279면
2. 父生之 母育之 부생지 모육지, 이사주당 등 지음, 김경미 등 역, 태교신기, 2020, 문사철, 70면
3. 生指入胞也 育指養胎也 생지입포야 육지양태야, 이사주당 등 지음, 김경미 등 역, 태교신기, 2020, 문사철, 71면
4. 이기석 역해, 소학, 2002, 홍신문화사, 15면
5. 이기석 역해, 소학, 2002, 홍신문화사, 162면
6. 네이버백과, 한국민족문화대백과 '신사임당' 참조
7. 네이버지식백과, 한국민족문화대백과 '태교' 참조
8. 네이버지식백과, 태아커뮤니케이션 '태교' 참조
9. 이상옥 역저, 예기, 2003, 명문당, 45면
10. 오극 찬, 최호 역해, 정관정요, 2001, 홍신문화사, 92면
11. 한비, 이운구 역, 한비자, 2011, 한길그레이트북스, 596면
12. 논어, 2003, 학민문화사, 1권 331면
13. 內無賢父兄 外無嚴師友 而能成者少矣 내무현부형 외무엄사우 이능성자소의, 이기석 역해, 소학, 2002, 홍신문화사, 325면
14. 이상옥 역저, 예기, 2003, 명문당, 954면
15. 이상옥 역저, 예기, 2003, 명문당, 956면
16. 이기석 역해, 소학, 2002, 홍신문화사, 180면
17. 이기석 역해, 소학, 2002, 홍신문화사, 225면
18. 유안 편, 안길환 편역, 회남자 상, 2013, 명문당, 34면
19. 이기석 역해, 소학, 2002, 홍신문화사, 164면 참조
20. 애덤 스미스, 박세일·민경국 공역, 도덕감정론, 2010, 비봉출판사, 281-3면 참조
21. 강건기, 불교와의 만남, 2002, 불지사, 201면 참조
22. 애덤 스미스, 박세일·민경국 공역, 도덕감정론, 2010, 비봉출판사, 475면
23. 김용선 역주, 코란, 2011, 명문당, 182면

II편

1. 맹자, 2009, 학민문화사, 2권 143면
2. 변원종, 주자학과 육왕학, 2008, 한국학술정보, 213면 재인용
3. 변원종, 주자학과 육왕학, 2008, 한국학술정보, 214면 참조
4. 明人倫也 명인륜야, 맹자, 2009, 학민문화사, 1권 387면
5. 맹자, 2009, 학민문화사, 1권 409면 참조
6. 논어, 2003, 학민문화사, 3권 422면
7. 대학중용, 2000, 학민문화사, 중용 167면 참조
8. 논어, 2003, 학민문화사, 1권 62면

3장

1. 맹자, 2009, 학민문화사, 1권 299면
2. 罪莫大於不孝 죄막대어불효, 이기석 역해, 소학, 2002, 홍신문화사, 70면
3. 논어, 2003, 학민문화사, 1권 58면 참조
4. 최대림 역해, 순자, 1991, 홍신신서, 275면 참조
5. 이기석 역해, 소학, 2002, 홍신문화사, 51면 참조
6. 이기석 역해, 소학, 2002, 홍신문화사, 64면
7. 논어, 2003, 학민문화사, 1권 329면
8. 이상옥 역저, 예기, 2003, 명문당, 57면
9. 이상옥 역저, 예기, 2003, 명문당, 1175면
10. 김용선 역주, 코란, 2011, 명문당, 305면
11. 논어, 2003, 학민문화사, 1권 136면
12. 맹자, 2009, 학민문화사, 1권 574면 참조
13. 이기석 역해, 소학, 2002, 홍신문화사, 179면
14. 易子而敎之 역자이교지, 맹자, 2009, 학민문화사, 1권 571면
15. 맹자, 2009, 학민문화사, 1권 570면
16. 오극 찬, 최호 역해, 정관정요, 2001, 홍신문화사, 335면
17. 플루타르크, 이성규 역, 플루타르크 영웅전 전집, 2003, 현대지성사, 278-9면 참조
18. 황견 엮음, 이장우 외 역, 고문진보 전집, 2004, 을유문화사, 45면
19. 이상옥 역저, 예기, 2003, 명문당, 1602면
20. 맹자, 2009, 학민문화사, 1권 571면
21. 박일봉 역저, 장자 내편, 2000, 육문사, 25-32면 참조
22. 풍우란, 중국철학사 하, 2005, 까치, 189-229면 참조
23. 생텍쥐페리, 안응렬 역, 어린 왕자, 2001, 신원문화사, 119면
24. 칼릴 지브란, 강은교 역, 2014, 예언자, 문예출판사, 28-9면
25. 키케로, 김창성 역, 국가론, 2013, 한길사, 316면
26. 논어, 2003, 학민문화사, 2권 330면
27. 논어, 2003, 학민문화사, 2권 330면 참조
28. 논어, 2003, 학민문화사, 3권 308-9면
29. 논어, 2003, 학민문화사, 3권 310면

30. 대학중용, 2000, 학민문화사, 대학 112면
31. 권오석 역해, 장자 외편, 2012, 홍신문화사, 14면
32. 맹자, 2009, 학민문화사, 2권 527면

4장
1. 한비, 이운구 역, 한비자, 2011, 한길그레이트북스, 830-1면
2. 최대림 역해, 순자, 1991, 홍신신서, 116면
3. 김학주 역저, 시경, 2002, 명문당, 552면
4. 맹자, 2009, 학민문화사, 1권 30-1면
5. 맹자, 2009, 학민문화사, 1권 103면
6. 맹자, 2009, 학민문화사, 1권 103-4면
7. 권오석 역해, 장자 외편, 2012, 홍신문화사, 173면
8. 天視 自我民視 天聽 自我民聽 천시 자아민시 천청 자아민청. 맹자, 2009, 학민문화사, 2권 128면
9. 맹자, 2009, 학민문화사, 1권 271면 참조
10. 권덕주 역해, 서경, 혜원출판사, 208면
11. 논어, 2003, 학민문화사, 3권 37면
12. 성백효 역주, 맹자집주, 2013, 전통문화연구회, 31면 주석 참조
13. 맹자, 2009, 학민문화사, 2권 290면
14. 맹자, 2009, 학민문화사, 2권 291면 참조
15. 맹자, 2009, 학민문화사, 2권 418면
16. 논어, 2003, 학민문화사, 3권 234면
17. 논어, 2003, 학민문화사, 3권 234면
18. 논어, 2003, 학민문화사, 1권 306면
19. 논어, 2003, 학민문화사, 1권 309면
20. 대학중용, 2000, 학민문화사, 대학 134-5면
21. 존 롤스, 황경식 역, 정의론, 2012, 이학사, 46면 참조
22. 이기석 역해, 소학, 2002, 홍신문화사, 306면
23. 임헌규, 노자도덕경, 2021, 학아재, 591면
24. 유향 찬, 임동석 역주, 설원1권, 2013, 동서문화사, 199면
25. 유향 찬, 임동석 역주, 설원1권, 2013, 동서문화사, 199-200면

5장
1. 이상옥 역저, 예기, 2003, 명문당, 732면
2. 이기석 역해, 소학, 2002, 홍신문화사, 92면
3. 婦人伏於人也 부인복어인야, 이기석 역해, 소학, 2002, 홍신문화사, 91면
4. 唯女子與小人 爲難養也 近之則不遜 遠之則怨 유여자여소인 위난양야 근지즉불손 원지즉원, 논어, 2003, 학민문화사, 3권 395면
5. 이상옥 역저, 예기, 2003, 명문당, 786면
6. 헤시오도스, 김원익 역, 신통기, 2009, 민음사, 140면
7. 김형준 엮음, 이야기인도사, 2004, 청아출판사, 334면 참조

8. 이기석 역해, 소학, 2002, 홍신문화사, 193·361·365면 참조

9. 김형준 엮음, 이야기인도사, 2004, 청아출판사, 334면 참조

10. Plato, Republic, 2008, Oxford world's classics, p168－170

11. 김용선 역주, 코란, 2011, 명문당, 119면

12. 이상옥 역저, 예기, 2003, 명문당, 800-4면

13. 이지, 김혜경 역, 분서1, 2004, 한길사, 492면

14. 존 그레이, 김경숙 역, 화성에서 온 남자 금성에서 온 여자, 1999, 친구미디어, 25-8면 참조

15. 존 그레이, 김경숙 역, 화성에서 온 남자 금성에서 온 여자, 1999, 친구미디어, 19면

16. 앨런 피즈 등, 이종인 역, 말을 듣지 않는 남자, 지도를 읽지 못하는 여자, 2001, 가야넷, 194면

17. 앨런 피즈 등, 이종인 역, 말을 듣지 않는 남자, 지도를 읽지 못하는 여자, 2001, 가야넷, 81-2면 참조

18. 앨런 피즈 등, 이종인 역, 말을 듣지 않는 남자, 지도를 읽지 못하는 여자, 2001, 가야넷, 192-3면참조

19. 앨런 피즈 등, 이종인 역, 말을 듣지 않는 남자, 지도를 읽지 못하는 여자, 2001, 가야넷, 110면 참조

20. 앨런 피즈 등, 이종인 역, 말을 듣지 않는 남자, 지도를 읽지 못하는 여자, 2001, 가야넷, 149면 참조

21. 앨런 피즈 등, 이종인 역, 말을 듣지 않는 남자, 지도를 읽지 못하는 여자, 2001, 가야넷, 195면 참조

22. 앨런 피즈 등, 이종인 역, 말을 듣지 않는 남자, 지도를 읽지 못하는 여자, 2001, 가야넷, 194면 참조

23. 게리 채프먼, 장동숙 역, 2002, 생명의 말씀사, 134면 참조

24. 게리 채프먼, 장동숙 역, 2002, 생명의 말씀사, 140-1면 참조

25. 네이버백과, 철학사전 '기질'

26. 네이버백과, 시사상식사전 '히포크라테스 기질테스트' 참조

27. 신동기·신태영 공저, 오늘 행복에 한걸음 더 다가갑니다, 2018, m31, 32·37면

28. 신동기·신태영 공저, 오늘 행복에 한걸음 더 다가갑니다, 2018, m31, 33면 참조

29. 이지, 김혜경 역, 분서1, 2004, 한길사, 516면

30. 이상옥 역저, 예기, 2003, 명문당, 1530면

31. 헤겔, 임석진 역, 법철학, 2012, 한길사, 321면

32. 헤겔, 임석진 역, 법철학, 2012, 한길사, 326-7면 참조

33. 헤겔, 임석진 역, 법철학, 2012, 한길사, 323면 참조

34. 이기석 역해, 소학, 2002, 홍신문화사.389-90면 참조

35. 조두현 역해, 시경, 1999, 혜원출판사, 246면 참조

36. 조지프 캠벨, 과학세대 역, 신화의 세계, 1999, 까치글방, 310면

37. 맹자, 2009, 학민문화사, 2권 239면

38. 헤겔, 임석진 역, 법철학, 2012, 한길사, 328면

39. 로크, 강정인 등 역, 통치론, 2006, 까치, 78-9면 참조

40. 몽테스키외, 하재홍 역, 법의 정신, 2012, 동서문화사, 442면

41. 니체, 장희창 역, 차라투스트라는 이렇게 말했다, 2004, 민음사, 120-1면

42. 신동기·신태영, 오늘 행복에 한 걸음 더 다가갑니다, 2018, m31, 68면 참조

6장

1. 이상옥 역저, 예기, 2003, 명문당, 652면

2. 황견 엮음, 이장우 외 역, 고문진보 전집, 2004, 을유문화사, 56면

3. 이기석 역해, 동몽선습, 2004, 홍신문화사, 44-5면

4. 이기석 역해, 소학, 2002, 홍신문화사, 370면

5. 이기석 역해, 소학, 2002, 홍신문화사, 273-4면
6. 이기석 역해, 소학, 2002, 홍신문화사, 377면
7. 애덤 스미스, 박세일·민경국 공역, 도덕감정론, 2010, 비봉출판사, 221면
8. 이기석 역해, 소학, 2002, 홍신문화사, 117면
9. 네이버 지식백과, 한국민족문화대백과 '교육'
10. 네이버 지식백과, 한국민족문화대백과 '교육'
11. 네이버 지식백과, 한국민족문화대백과 '전인교육' 참조
12. 여정덕 편, 허탁 등 역주, 주자어류3, 2001, 청계, 33면 참조
13. 논어, 2003, 학민문화사, 1권 151면
14. 맹자, 2009, 학민문화사, 2권 549면
15. 有父兄在 如之何其聞斯行之 유부형재 여지하기문사행지, 논어, 2003, 학민문화사, 2권 366면
16. 聞斯行之 문사행지, 논어, 2003, 학민문화사, 2권 366면
17. 논어, 2003, 학민문화사, 2권 366면
18. 논어, 2003, 학민문화사, 2권 90면
19. 논어, 2003, 학민문화사, 3권 330면
20. 이상옥 역저, 예기, 2003, 명문당, 947면
21. 논어, 2003, 학민문화사, 1권 426면
22. 네이버 지식백과, 한국민족대백과 '교육' 참조
23. 논어, 2003, 학민문화사, 3권 84면
24. 이기석 역해, 소학, 2002, 홍신문화사, 180면
25. 禮聞來學 不聞往敎 예문래학 불문왕교, 이상옥 역저, 예기, 2003, 명문당, 45면
26. 논어, 2003, 학민문화사, 2권 25면
27. 안동림 역주, 벽암록, 2003, 현암사, 131면 참조
28. 논어, 2003, 학민문화사, 1권 158면
29. 이지, 김혜경 역, 분서2, 2004, 한길사, 484면
30. 르네 데카르트, 이현복 역, 방법서설, 2011, 문예출판사, 228면
31. 맹자, 2009, 학민문화사, 1권 76면
32. 대학중용, 2000, 학민문화사, 중용196면
33. 대학중용, 2000, 학민문화사, 중용225면
34. 논어, 2003, 학민문화사, 1권 361면
35. 네이버 지식백과, 한시어사전 '혜가'
36. 니체, 장희창 역, 차라투스트라는 이렇게 말했다, 2004, 민음사, 135면
37. 최대림 역해, 순자, 1991, 홍신신서, 10면
38. 이상옥 역저, 예기, 2003, 명문당, 652면
39. 이상옥 역저, 예기, 2003, 명문당, 685면
40. 권오석 역해, 장자(외편), 2012, 홍신문화사, 173면
41. 논어, 2003, 학민문화사, 2권 188면
42. 맹자, 2009, 학민문화사, 2권 455면

7장

1. 니체, 장희창 역, 차라투스트라는 이렇게 말했다, 2004, 민음사, 154면
2. 이지, 김혜경 역, 분서1, 2004, 한길사, 495면
3. 박일봉 역저, 장자 내편, 2000, 육문사, 162면
4. 논어, 2003, 학민문화사, 3권 54면
5. 맹자, 2009, 학민문화사, 2권 184면
6. 생텍쥐페리, 안응렬 역, 중학생이 보는 어린 왕자, 2001, 신원문화사, 107면
7. 맹자, 2009, 학민문화사, 2권 510면
8. 논어, 2003, 학민문화사, 1권 378면
9. 논어, 2003, 학민문화사, 3권 395면
10. 不偏不倚 無過不及 불편불의 부과불급, 대학중용, 2000, 학민문화사, 중용 23면
11. 여불위, 김근 역, 여씨춘추, 2014, 글항아리, 341-2면 참조
12. 버나드 맨더빌, 최윤재 역, 꿀벌의 우화, 2011, 문예출판사, 231면
13. 맹자, 2009, 학민문화사, 2권 217면
14. 생텍쥐페리, 안응렬 역, 2001, 신원문화사, 92면
15. 니체, 장희창 역, 차라투스트라는 이렇게 말했다, 2004, 민음사, 154면
16. 좌구명, 신동준 역주, 춘추좌전 하, 2020, 인간사랑, 33면
17. 事君數 斯辱矣 朋友數 斯疏矣 사군삭 사욕의 붕우삭 사소의, 논어, 2003, 학민문화사, 1권 334면
18. 맹자, 2009, 학민문화사, 2권 86면
19. 논어, 2003, 학민문화사, 2권 489면
20. 니체, 장희창 역, 차라투스트라는 이렇게 말했다, 2004, 민음사, 135면
21. 대학중용, 2000, 학민문화사, 대학112면
22. 師友原是一樣 사우원시일양, 이지, 김혜경 역, 분서1, 2004, 한길사, 509면
23. 논어, 2003, 학민문화사, 2권 490면
24. 논어, 2003, 학민문화사, 3권 286면
25. 대학중용, 2000, 학민문화사, 대학65면

• 참고문헌

· 강건기, 불교와의 만남, 2002, 불지사
· 게리 채프먼, 장동숙 역, 2002, 생명의 말씀사
· 성서(공동번역 성서, 가톨릭용) 1992, 대한성서공회
· 권덕주 역해, 서경, 혜원출판사
· 권오석 역해, 장자(외편), 2012, 홍신문화사
· 김용선 역주, 코란, 2011, 명문당
· 김학주 역저, 시경, 2002, 명문당
· 김형준 엮음, 이야기인도사, 2004, 청아출판사
· 논어, 2003, 학민문화사
· 니체, 장희창 역, 차라투스트라는 이렇게 말했다, 2004, 민음사
· 대학중용, 2000, 학민문화사
· 로크, 강정인 등 역, 통치론, 2006, 까치
· 르네 데카르트, 이현복 역, 방법서설, 2011, 문예출판사
· 맹자, 2009, 학민문화사
· 몽테스키외, 하재홍 역, 법의 정신, 2012, 동서문화사
· 박일봉 역저, 장자 내편, 2000, 육문사
· 버나드 맨더빌, 최윤재 역, 꿀벌의 우화, 2011, 문예출판사
· 변원종, 주자학과 육왕학, 2008, 한국학술정보
· 생텍쥐페리, 안응렬 역, 2001, 신원문화사
· 성백효 역주, 맹자집주, 2013, 전통문화연구회
· 순자, 1991, 홍익신서
· 신동기, 네 글자의 힘, 2015, 티핑포인트
· 신동기·신태영, 오늘 행복에 한걸음 더 다가갑니다, 2018, m31
· 애덤 스미스, 박세일·민경국 공역, 도덕감정론, 2010, 비봉출판사
· 안동림 역주, 벽암록, 2003, 현암사
· 앨런 피즈 등, 이종인 역, 말을 듣지 않는 남자, 지도를 읽지 못하는 여자, 2001, 가야넷
· 여불위, 김근 역, 여씨춘추, 2014, 글항아리
· 여정덕 편, 허탁 등 역주, 주자어류2, 2000, 청계
· 여정덕 편, 허탁 등 역주, 주자어류3, 2001, 청계
· 오극 찬, 최호 역해, 정관정요, 2001, 홍신문화사
· 유안 편, 안길환 편역, 회남자 상, 2013, 명문당
· 유향 찬, 임동석 역주, 설원1권, 2013, 동서문화사
· 이기석 역해, 동몽선습, 2004, 홍신문화사
· 이기석 역해, 소학, 2002, 홍신문화사
· 이사주당 등, 김경미 등 역, 태교신기, 2020, 문사철

· 이상옥 역저, 예기, 2003, 명문당
· 이이, 동호문답, 2014, 아카넷
· 이지, 김혜경 역, 분서1, 2004, 한길사
· 이지, 김혜경 역, 분서2, 2004, 한길사
· 임헌규, 노자도덕경, 2021, 학아재
· 조두현 역해, 시경, 1999, 혜원출판사
· 조지프 캠벨, 과학세대 역, 신화의 세계, 1999, 까치글방
· 존 그레이, 김경숙 역, 화성에서 온 남자 금성에서 온 여자, 1999, 친구미디어
· 존 롤스, 황경식 역, 정의론, 2012, 이학사
· 좌구명, 신동준 역주, 춘추좌전, 2020, 인간사랑
· 주희 엮음, 이기석 역해, 소학, 2002, 홍신문화사
· 최대림 역해, 순자, 1991, 홍신신서
· 칼릴 지브란, 강은교 역, 예언자, 2014, 문예출판사
· 칸트, 백종현 역, 실천이성비판, 2009, 아카넷
· 키케로, 김창성 역, 국가론, 2013, 한길사
· 키케로, 성염 역, 법률론, 2013, 한길사
· 펑우란, 중국철학사 하, 2005, 까치
· 플루타르크, 이성규 역, 플루타르크 영웅전 전집, 2003, 현대지성사
· 한비, 이운구 역, 한비자, 2011, 한길그레이트북스
· 헤겔, 임석진 역, 법철학, 2012, 한길사
· 헤시오도스, 김원익 역, 신통기, 2009, 민음사
· 황건 엮음, 이장우 외 역, 고문진보 전집, 2004, 을유문화사
· Aristotle, The politics, 1992, Penguin classics
· Plato, Republic, 2008, Oxford world's classics
· 네이버 지식백과
· 병역법
· 교육기본법

내 아이의 인생을 바꾸는 동서양 3천 년의 '본성' 여행

부모의 인성 공부

ⓒ 신동기 2023

인쇄일 2023년 12월 15일
발행일 2024년 1월 1일
지은이 신동기
편집 추지영
디자인 이다오
발행처 생각여행
사업자등록번호 161-93-01927
전화 010-3254-0825 **팩스** 050-4319-0825 **이메일** dgshin0825@daum.net
ISBN 979-11-984688-2-6(04190) 979-11-984688-1-9(세트)